普通高等教育经管类专业系列教材
重庆市高等学校“三特行动计划”特色专业建设管理类教材
重庆市“人文社会科学龙门阵”科普系列丛书

管理学概论

(第三版)

彭小兵　彭　蛟　姚　斌　主编

清华大学出版社
北　京

内 容 简 介

本书以独特的体例全面、系统地介绍了管理学的基本原理和理论，主要对管理的基本职能进行了系统的阐述，并结合案例进行了拓展。本书共 11 章，主要内容包括管理的基本概念、管理理论的演进、组织文化与组织环境、决策、计划、组织、沟通、激励、领导、控制、社会责任与管理道德。

本书为适应应用型高校经济管理类专业学生学习现代管理知识的需要而编写，在让学生掌握管理相关基础知识的同时，旨在培养学生的大局观和逻辑性。

本书可作为高等院校经济管理类相关专业的教材，也可作为经济管理类研究生、MBA、EMBA、企业中高层管理人员短期培训的教材或教学参考书，还可作为报考经济管理类硕士研究生的参考用书。

图书在版编目(CIP)数据

管理学概论 / 彭小兵，彭蛟，姚斌主编. —3 版. —北京：清华大学出版社，2023.8
普通高等教育经管类专业系列教材
ISBN 978-7-302-63951-0

I. ①管… II. ①彭… ②彭… ③姚… III. ①管理学—高等学校—教材 IV. ①C93

中国国家版本馆 CIP 数据核字(2023)第 115238 号

责任编辑：刘金喜
封面设计：周晓亮
版式设计：孔祥峰
责任校对：成凤进
责任印制：沈　露

出版发行：清华大学出版社
网　　址：http://www.tup.com.cn，http://www.wqbook.com
地　　址：北京清华大学学研大厦 A 座　　邮　　编：100084
社 总 机：010-83470000　　邮　　购：010-62786544
投稿与读者服务：010-62776969，c-service@tup.tsinghua.edu.cn
质 量 反 馈：010-62772015，zhiliang@tup.tsinghua.edu.cn
印 装 者：三河市铭诚印务有限公司
经　　销：全国新华书店
开　　本：185mm×260mm　　印　　张：15.75　　字　　数：353 千字
版　　次：2017 年 10 月第 1 版　　2023 年 8 月第 3 版　　印　　次：2023 年 8 月第 1 次印刷
定　　价：68.00 元

产品编号：100389-01

前 言

人类在开发、利用大自然和处理人类社会关系的实践活动中，逐渐探索、发展出了一系列管理思想，至今已形成一套相对完整的管理学理论体系。尽管管理学理论像一个丛林世界，有众多流派和支流派，但作为一种科学理论体系，管理学也具有自身的客观规律。因此，与管理相关的一系列活动，都能以一些反映管理客观规律的理论和方法为指导。

管理学课程是经济学、管理学等专业的必修课，对应用型高校经济管理类专业学生的知识能力建构产生了非常重要的影响，实用性强，适用面广。管理学的理论体系和整个知识架构主要围绕两个问题展开：其一，管理是什么？涉及管理的基本原理，如管理的定义、管理的本质、管理的职能，以及管理行为的性质、特征等。其二，如何进行管理？涉及管理的基本方法，如目标管理、系统管理、权变管理、人本管理等。管理的目的是在一定的客观条件下，通过合理地组织、沟通及配置人、财、物等要素，来提高生产力水平。绝大多数管理学教材中的主要内容都呈现了上述两方面的知识体系和目标体系。

本书依据编者 18 年来的“管理学”课程教学的讲义、教案，以及编者多年来在事业单位基层管理实践中获得的经验编写而成，融合了经济全球化及互联网技术、人工智能带来的组织形态、组织边界和组织沟通形态剧烈变革条件下的最新管理实践、管理变革需求，并在理论观点、知识体系上借鉴、参照了美国著名的管理学教授、组织行为学权威斯蒂芬•罗宾斯(Stephen P. Robbins)先生的《管理学》一书中的体例和架构(编者使用罗宾斯教授的《管理学》第 7 版、第 9 版、第 11 版中文译本教材从事大学本科教学长达 10 年)，也参考了被誉为现代管理学之父的彼得•德鲁克(Peter F. Drucker)和国内管理学前辈周三多、刘志坚等学者的一些学术观点、管理理念和知识架构，在此表示衷心的感谢。本书在前两版的基础上，进行了第三次修订，具有以下特点。

(1) 本书按照实践型创新创业人才培养的知识目标、能力目标、素质目标对管理学知识体系进行编排，涵盖了管理学最核心的理论框架，内容上浓缩了国内外经典教材的知识精华，满足了工商管理、公共管理和其他非管理类不同学科专业对掌握管理学基础知识的不同需求。

(2) 本书每章的最后均对该章的核心知识进行了提炼、归纳，并将基础概念、理论知识，通过多种习题、经典案例剖析、自我测试等形式抽取出来，便于读者理解、分析、掌握和应用，大大增加了现实性、趣味性和应用性，有助于作为一种“生活中的管理学”的准科普读物向全社会普及、推广。

(3) 本书在坚持文化自信理念的基础上，引入相关思政元素，并嵌入了华为等企业的相关素材，进一步培养学生的家国情怀和社会责任感，确保人才培养质量。

(4) 为兼顾应用技术型大学本科教学和在各类企事业单位、社区、社会组织中从事管理、服务第一线工作的高级应用技术型人才培养的需要，本书在内容上聚焦于生产或服务第一线领域所需要的管理知识、管理技术和管理方法，更注重学生实际操作和动手能力的提高。

本书由彭小兵、彭蛟、姚斌担任主编。全书共 11 章，其中，彭小兵负责前言、第一章～第四章和附录的编写，姚斌负责第五章～第七章和第九章的编写，彭蛟负责第八章、第十章和第十一章的编写。全书由彭小兵统稿。此外，彭蛟在此次教材编写中付出了大量的精力与时间，其劳动成果与第一主编等同。

本书的编写和出版获得了重庆市社会科学规划普及项目(重庆市“人文社会科学龙门阵”科普系列丛书之一)的资助，同时还得到了 2016 年重庆市本科高校“三特行动计划”特色专业建设项目(行政管理)、重庆大学“三进”工作专题课程建设项目的大力支持。此外，重庆大学公共管理学院、重庆市人文社会科学重点研究基地——重庆大学公共经济与公共政策研究中心、重庆城市科技学院“大经管生态圈实验实训基地”、重庆长江工商管理研究院为本书的编写提供了大量的素材，以及重要的指导和帮助，在此一并表示感谢。

由于编者水平有限，书中难免存在不足之处，敬请读者批评指正。

本书 PPT 教学课件可通过扫描下方二维码下载。

服务邮箱：476371891@qq.com。

教学课件下载

编　者

作者简介

彭小兵，男，管理学博士，重庆大学公共管理学院教授、博士生导师，重庆市人文社会科学重点研究基地——重庆大学公共经济与公共政策研究中心副主任，重庆长江工商管理研究院研究员，安诚财产保险股份有限公司独立董事，重庆市应急管理专家，重庆市沙坪坝区人大常委会预算审查专家委员会成员，入选第二批重庆市社会科学专家库。

目　录

第一章　管理的基本概念

■ 知识目标

1. 掌握管理、管理者和管理学的定义
2. 能够区分管理的效率和效果
3. 能够描述管理的基本职能和管理过程
4. 能够描述管理者所需的技能
5. 了解组织的定义

■ 能力目标

1. 识别管理者所扮演的角色
2. 结合实例理解管理者的概念和技能

■ 素质目标

1. 区分成功的管理者与有效的管理者
2. 理解研究管理的价值所在
3. 结合自身的理想和现实，谈一谈如何看待与运用管理学

第一节　管理和管理者

通过对本节的学习，了解并掌握下列问题：什么是管理？谁是管理者？管理者是做什么的？为什么要花时间学习管理的相关知识？

一、管理

纵观人类社会的发展史，不难发现，管理是小到一个家庭，大到一个国家的各种组织由强变弱或由弱变强的根本。实践证明，在其他条件不变的情况下，一个单位、一家企业中，不同的管理层或不同的管理方式可以完全改变其原有状态，既可能“起死回生”，也可能“一败涂地”。下面的故事比较突出地体现了管理的重要性及实践性。

在一个周末，记者、律师和企业家三人相约到高尔夫球场打球，可到了球场后，却发现场面十分混乱，一大群人像被蒙住了眼睛一样，胡乱挥舞着球杆，三人非常惊异且生气，当即叫来了老板，质问他为何如此。

老板平心静气地说：“我经商多年，钱也赚得够多了，想着高尔夫球是一种富人的娱乐，而老百姓很可能一辈子都享受不到，便抽出一些时间专门安排他们免费娱乐，今天上午刚好轮到盲人，所以才会这样混乱。”

律师说：“一个商人居然能够理解他人的痛苦，你真了不起！”记者说：“我要写稿赞扬你。”企业家说：“主意是挺好的，但你为什么不把盲人的时间安排在晚上呢？既能实现你的愿望又不影响赚钱，两全其美！”

由此可知，管理者需要用另一种思维去考虑问题，想人们所不想，既要考虑经济效益又要考虑社会效益。

尽管有效的管理无法直接创造自然资源，但是它可以促使人们有效地利用自然资源，用较少的资源做更多的事情。从这个意义上来说，管理是一种基础国力，管理科学是兴国之道。那么究竟什么是管理呢？

1. 管理的定义

不同的学者对管理的定义有不同的认识。功能学派认为，管理是计划、组织、指挥、协调和控制。行为学派认为，管理是利用各种手段，把人的积极性充分调动起来。管理科学学派认为，管理是利用数学模型进行方案选择。决策学派认为，管理就是决策。强调领导艺术的人认为，管理就是领导。强调工作任务的人认为，管理就是由一个人或多个人来协调其他人的活动，以便实现个人单独活动所不能达到的效果。此外，哈罗德•孔茨(Harold Koontz)认为各级管理者都担负着创造并保持一种使人们在群体中相互配合工作的环境的责任，从而达成精心制定的任务和目标。

本书提出，管理是指一个协调工作活动的过程，以便能够有效率、有效果地同别人一起或通过别人实现组织的目标。这里，可以将“过程”的含义理解为管理者发挥的职能或从事的主要活动，这些职能可以概括地称为计划、组织、领导和控制，下文将详细阐述这些职能。

若想要更好地理解管理定义的具体内涵，还需要理解以下四方面内容：其一，管理是一个过程，代表了一系列进行中的、有管理者参与的职能或活动；其二，管理活动主要是一种协调，这样就区分了管理岗位与非管理岗位；其三，管理是为实现组织目标服务的，管理本身是没有目标的，不能为管理而管理，而只能服务于“实现组织目标”；其四，管理工作是在特定环境下开展的。

2. 管理的基本矛盾

管理是人类活动中较为重要的活动之一。任何集体活动及个人的多个活动都需要管理，没有管理的协调，集体中每个成员的行动方向并不一定相同，即使目标一致，若没有整体配合，也可能达不到总体的目标。儒家主张的“修身齐家治国平天下”，既是一种处世和治国、理政的哲学，也体现了中国古人的管理智慧，其表明了管理由近及远的层次和管理领域范围。

管理的基本矛盾来源于人们社会活动遇到的基本矛盾——资源的有限性和人们需求的无限性的矛盾。资源是稀缺的，而人的欲望是无限的。倘若没有管理，世界就会陷入冲突混乱中。

3. 管理的效率和效果

效率是输出与输入之间的一种比例关系，是管理极其重要的组成部分。对于给定的输入，如果能够获得的输出越多，则效率就越高。同样地，如果能够获得同样的输出，输入的越少，效率就越高。因为管理者经营的输入资源(资金、人员、设备等)是稀缺的，所以管理者必须关心这些资源的有效利用。因此，管理就是使资源成本最小化，或者说，管理要求以尽可能少的投入获得尽可能多的产品，即“正确地做事”，关注做事的方式。

然而，仅有效率是不够的，管理还必须使活动实现预定的目标，即追求活动的效果。当管理者实现了组织的目标时，其管理工作或活动是有效果的。显然，管理的效果就意味着所从事的工作或活动有助于组织达到其目标，即“做正确的事”，关注做事的结果。因此，效果涉及的是活动的结果。图 1-1 揭示了效率和效果的机理。

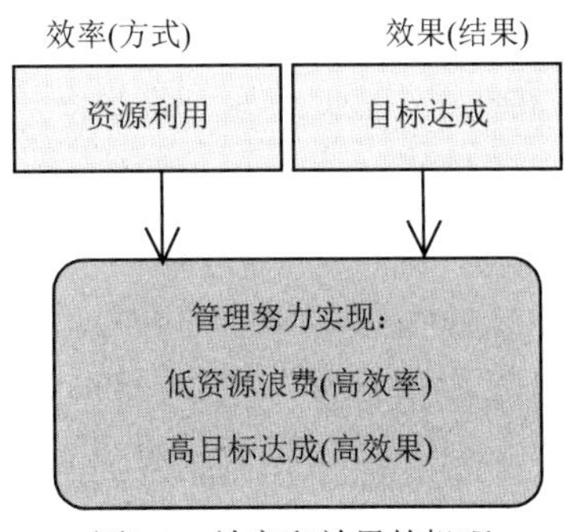

图1-1　效率和效果的机理

效率和效果是互相联系的。一些组织的服务经常受到公众的抨击，按道理说他们是有效果的，但他们的效率太低，也就是说，他们做了工作，但耗费的时间成本太高。因此，管理不仅要使活动达到目标，而且要尽可能地有效率。反过来，组织也可能存在有效率但却没有效果的情形，那种要把“错”事干好的组织就是如此。例如，某企业采用标准化流水作业线的形式生产某产品，虽然这种生产方式效率很高，但是产品一成不变的设计，致使市场对此产品的接受度不高，即市场反馈效果并不好。

不过，在多数情况下，高效率还是与高效果相关联的。低水平的管理绝大多数是由于无效率或无效果，或者是通过牺牲效率来取得效果。

二、管理者

(一) 管理者与组织

管理者可以是不同性别、不同年龄阶段的人，他们在各类组织中履行着自己的职责，既有大公司，也有小企业，还有各级党政机构、军队、医院、博物馆、学校、球队、社团，以及基金会、合作社、慈善机构等社会组织。其中，有的管理者身居组织的最高领导岗位，而有的管理者则担任基层管理职务。

从上一段的描述中可以看出，管理者与组织是密不可分的。因此，在明确管理者的概念之前，我们应该先了解组织的概念。

组织是指按照一定目的、程序和规则组成的一种多层次、多岗位及具有相应人员隶属关系的权责角色结构，它是职、责、权、利四位一体的机构，如大学生社团、政府机构、教会、中国银行、华为公司、重庆长江工商管理研究院、中国红十字会、加油站、医院、美国芝加哥公牛篮球队等都是组织。组织一般会建立规则和制度；选拔某些成员作为“老板”，以赋予他们领导其他成员的职权；编写职务说明书，以使组织中的成员知道他们应该做什么。

组织分为营利性组织和非营利性组织两种基本类型。其中，营利性组织是指自主从事生产经营活动的企业。非营利性组织主要提供公共产品与服务，不以营利为目的，强调社会效益。以利润最大化为目标，赢得经济利益是企业管理的最本质要求，也是区分营利性组织与非营利性组织的关键特征。但无论是营利性组织还是非营利性组织，都具有以下 3 个共同特征。

(1) 每一个组织都有一个明确的目的，该目的一般以一个或一组目标来表示。

(2) 每一个组织都是由人组成的。

(3) 每一个组织都拥有一种系统性的结构，用以规范和限制组织成员的行为。

在中文语境里，组织既是动词，又是名词。作为实体的组织，是指为达到组织目标而结合在一起的、具有正式关系的一群人，或者说，名词形态的组织是一种由人组成的、具有明确目的和系统性结构的实体。作为过程的组织，是指为实现组织目标对组织资源进行有效配置的过程。

管理者在组织中工作，但并非在组织中工作的每个人都是管理者。为简化起见，我们将组织中的成员分为操作者和管理者两种类型。操作者是指直接从事某项工作或任务，进行具体的生产业务活动或专门技术活动的组织成员，他们不具有监督其他人工作的职责。例如，汽车生产线上安装防护板的装配工人，麦当劳快餐店中烹制汉堡包的厨师，医院里为人看病或服务的医生、护士，教室里为学生提供教学服务的教师等，这些人都是操作者，从事的活动是组织所分派的具体的作业工作。管理者是指挥别人活动的人，其通过协调其他人的活动达到与别人一起或通过别人实现组织目标的目的。管理者处于操作者之上，为作业工作提供服务，通常在组织中监督、指挥或协调他人完成具体任务，并对他人工作负有最终责任。当然，有时管理者也会做一些作业工作，例如，医院院长为病人做手术，大学校长为学生上课，保险索赔监督员除了负责监督保险索赔部门办事人员的工作以外，还可能承担一部分办理保险索赔业务的职责，但管理者必须把主要的时间和精力用于管理工作。

(二) 管理者的层次分类与管理者头衔

1. 管理者的层次分类

组织的管理者可以根据其所处的管理层次分为高层管理者、中层管理者、基层管理者 3 个层次，如图 1-2 所示。

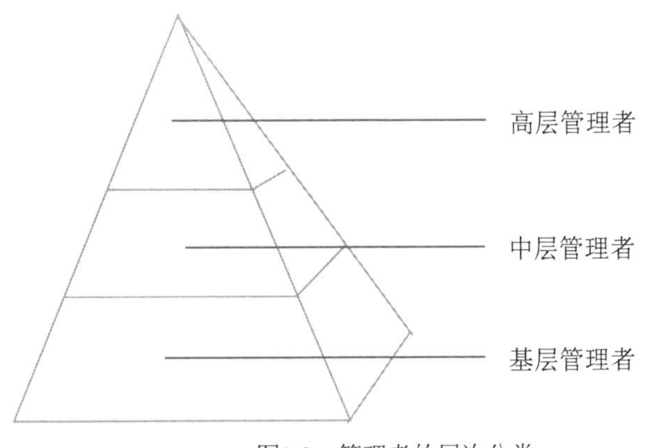

图1-2 管理者的层次分类

高层管理者是指对整个组织负有全面责任的管理人员，其承担着制定广泛的组织决策、为整个组织制订计划和目标的责任，包括制定组织的总目标、总战略，掌握组织的大政方针并评价整个组织的绩效。

中层管理者是处于高层管理人员与基层管理人员之间的一个或若干个中间层次的管理人员，其职责为：贯彻执行高层管理人员所制定的重大决策，监督和协调基层管理人员的工作。与高层管理者相比，中层管理者更注重日常的管理事务。

基层管理者是组织中处于最低层次的一线管理人员，其直接管理作业人员。基层管理者的职责为：管理非管理雇员所从事的生产、研发或服务工作，包括给下属的作业人员分派具体工作任务，直接指挥和监督现场作业活动，以保证各项工作任务的有效完成。

不同层次的管理者，其工作内容和性质存在很大的差异。基层管理者主要关心战术性工作，在处理问题时往往凭借其丰富的生产、销售或研究的工作经验和熟练的技术。而高层管理者则对组织的长远目标和战略规划更感兴趣，关心战略性工作，包括如何制订战略性计划、争夺竞争对手的市场，以扩大自己的市场占有率等。

2. 管理者头衔

在一个组织中，准确地识别出谁是管理者很容易，通过留意组织成员各式各样的头衔就可以大致辨认出来。例如，基层管理者通常称为监工，在制造业工厂中，基层(或最低层)管理者可能被称为领班、车间主任；在足球队中，这项职务由教练担任。中层管理者可能享有部门或办事处主任、项目经理、生产主管、地区经理、院长、主教、财务经理的头衔。而处在或接近组织最高领导位置的管理者的头衔，通常被称为董事长或董事会主席、总裁或首席执行官(CEO)、副总裁、校长、总监、总经理。在制造业工厂中，一个有着25年管理生涯的人所拥有的管理头衔可能会包括一个职衔系列：生产工长、领班、调度经理、厂长助理、厂长、工厂经理、地区经理、东部地区制造经理、制造副总裁。在一所大学里，一个有25年管理经历的人的升迁阶梯中也许包括这样一些头衔：辅导员、教研室主任或系主任、副院长、院长、校长助理或副校长、校长。

3. 管理领域与管理人员

按照图1-3所示的管理领域划分，管理者又可以分为专业管理人员与综合管理人员，其扮演着不同的角色。其中，综合管理人员是指负责管理整个组织或组织中某个事业部的全部活动的管理者，如总经理和副总经理、事业部负责人等。专业管理人员是指负责管理组织中某一类活动或职能的管理者，如企业职能部门的管理人员、医院的科室主任、高校的教研室主任等。

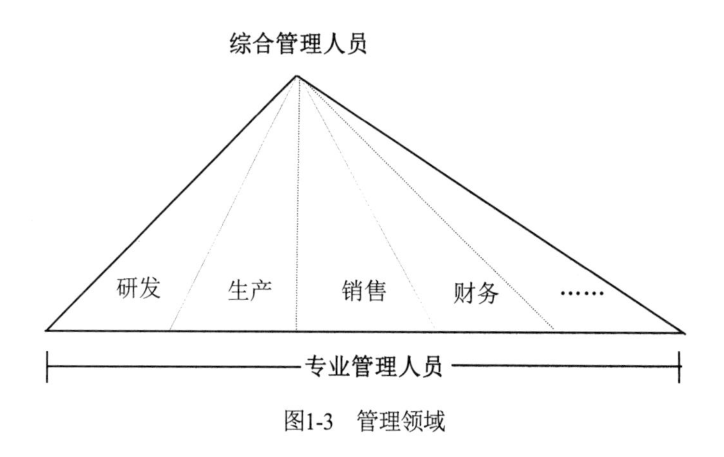

图1-3　管理领域

(三) 管理职能

20世纪初，法国管理学家亨利•法约尔(Henri Fayol)提出，所有的管理者都履行着5种管理职能：计划、组织、指挥、协调和控制。20世纪50年代中期，美国加州大学洛杉矶分校(UCLA)的两位教授哈罗德•孔茨(Harold Koontz)和西里尔•奥唐奈(Cyril O'Donnell)将计划、组织、人事、领导和控制5种职能作为管理学教科书的框架，不过学术界一般已将管理职能精简为计划、组织、领导和控制4项基本职能。

由于组织的存在是为了实现某些目的，因此就需要有人来规定组织要实现的目的和方法，这就是计划职能。计划职能包括定义组织的目标，制定整体战略以实现这些目标，以及将计划逐层展开，以便协调和将各种活动一体化。

管理者还承担着设计组织结构的职责，即组织职能，包括决定从事哪些任务、由谁来从事这些任务、任务怎么分类和归集、谁向谁报告，以及在哪一级做出决策。

每个组织都是由人组成的，管理的任务是指导和协调组织中的人，这就是领导职能。当管理者激励下属、指导他们活动、选择最有效的沟通渠道、处理雇员的行为问题、解决组织成员之间的冲突时，就是在进行领导。

管理者还要履行控制职能。控制即监控，以确保事情按计划进行。当设定了目标后，就要开始制订计划、向各部门分派任务、雇用人员、对人员进行培训和激励。为了保证事情按照既定的计划进行，管理者必须监控组织的绩效，将实际的表现与预先设定的目标进行比较。如果出现了任何显著的偏差，管理者的任务就是使组织回到正确的轨道上来。这种监控、比较，以及对可能发生的错误进行纠正的活动就是控制职能。

管理职能回答了管理者在做什么的问题，即他们在计划、组织、领导和控制。当然，由于分工不同，一个组织中不是所有的管理者都在做计划、组织、领导和控制，但不管怎么样，管理过程是一组进行中的、通常以连续的方式体现出来的决策和工作活动，在这个过程中管理者从事着计划、组织、领导和控制工作。

(四) 管理者角色

20 世纪 60 年代末期，亨利•明茨伯格(Henry Mintzberg)对 5 位总经理的工作进行了研究，发现他们常常陷入大量的、变化的、无一定模式的和短期的活动中，几乎没有时间静下心来思考，因为他们的工作经常被打断。根据观察和分析，明茨伯格提出，管理者扮演着 10 种不同但却高度相关的角色，这 10 种角色可以进一步组合成人际关系角色、信息传递角色和决策制定角色三方面。

1. 人际关系角色

(1) 挂名首脑或象征性首脑。挂名首脑或象征性首脑必须履行许多法定或社会性例行义务，包括迎接来访者、签署法律文件等。例如，大学校长在毕业典礼上颁发毕业文凭，就是在扮演挂名首脑的角色。

(2) 领导者。领导者负责激励和动员下属，承担人员配备、培训、激励、惩戒雇员的职责，从事所有有下级参与的活动。所有的管理者都扮演着领导者的角色。

(3) 联络者。联络者负责与外部保持接触和联系，披露信息，发感谢信，从事有外部人员参加的活动或其他外事工作。联络者与组织内外提供信息的来源接触，例如，销售经理从人事经理处获得信息属于内部联络关系，当销售经理通过市场营销协会与其他公司的销售经理接触时，则属于外部联络关系。

2. 信息传递角色

(1) 监听者。监听者寻求和获取各种特定的信息(包括各种即时信息)，以便透彻地了解组织与环境，作为组织内部和外部信息的“神经中枢”，阅读期刊和报告，保持私人接触。例如，通过阅读杂志和与他人谈话来了解公众趣味的变化，了解竞争对手的动向。

(2) 传播者。管理者还是一种信息通道，发挥着向组织成员传递信息的作用，包括将从外部人员和下级处获得的信息传递给组织的其他成员，举行信息交流会等。

(3) 发言人。当代表组织向外界表态时，管理者扮演的是发言人的角色，包括向外界发布有关组织的计划、政策、行动、结果等信息，举行董事会议，向媒体发布信息等。

3. 决策制定角色

(1) 企业家。企业家负责探寻组织和竞争环境中的机会，制定战略与持续发展的方案，监督决策的执行进程，不断开发新的项目。

(2) 混乱驾驭者或故障排除者。作为混乱驾驭者(故障排除者)，管理者采取纠正行动应对未预料到的问题。当组织生变或面临重大的、意外的动乱时，管理者负责采取补救行动，把控混乱局势，应对危机。

(3) 资源分配者。管理者肩负分配人力、物力和财力的责任，批准所有重要的决策，包括调度、询问、授权，从事涉及预算的各种活动，安排下级的工作。

(4) 谈判者。当管理者为了自己组织的利益与其他团体议价、商定成交条件时，他们就是在扮演谈判者的角色。

虽然大量的研究证据支持不论何种类型的组织及在组织的哪个层次上，管理者都扮演着相似的角色这一观点，但管理者角色的侧重点是随组织的等级层次变化的，特别是传播者、挂名首脑、谈判者、联络者和发言人的角色对于高层管理者要比低层管理者更重要，而领导者角色对于低层管理者要比中、高层管理者更重要。

(五) 管理技能

与普通的操作者不同，管理者在从事管理工作时需要具备一定的管理技能。大体上，管理者的技能可以分为三类，不同管理层次的管理者所需的技能有所不同，如图 1-4 所示。

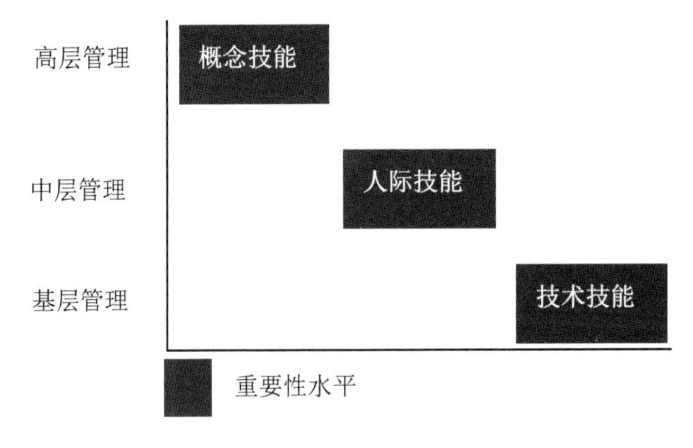

图1-4 不同管理层次的管理者所需的技能

1. 技术技能

技术技能是指从事自己管理范围内的管理工作所需要的技术和方法。管理者要熟悉和精通某种特定专业领域的知识，如财务总监要熟悉财经制度、记账方法、预决算的编制方法等。

2. 人际技能

人际技能是指与人共事、激励或指导组织中的各类员工或群体的能力。管理是一种群体性的工作，因此，管理者的表达能力、协调能力、激励能力等，都非常重要。

3. 概念技能

概念技能是指一种通观全局、洞察环境复杂程度并减少这种复杂性的能力，也是一种协调和整合组织利益与行为的能力，具体包括，将组织看作一个整体，通观全局的能力；了解组织与环境的相互关联从而找出关键影响因素的能力；确定和协调各方面关系的能力；权衡不同方案优劣和内在风险的能力。

(六) 管理中的问题

1. 平均的、成功的和有效的管理者

现实中存在这样的现象，在工作上最有成绩的管理者，不一定是组织中晋升得最快的人。针对这种现象，弗雷德 • 卢森斯(Fred Luthans)和他的副手提出了这样的问题：在组织中晋升得最快的管理者与在组织中成绩最佳的管理者从事的是同样的活动吗？他们对管理者工作的强调重点一样吗？带着这些问题，卢森斯和他的副手对450位管理者进行了研究，发现有效管理者与成功管理者都从事以下四项活动。

(1) 传统管理，如决策、计划和控制等。

(2) 沟通，主要是一些交流例行信息和处理文书的工作。

(3) 人力资源管理，包括激励、惩戒、调解冲突、人员配备和培训。

(4) 网络联系，包括社交活动、政治活动、与外界交往等。

研究表明，平均意义上的管理者、成功的管理者和有效的管理者在上述四项活动中所花的时间和精力显著不同。如表1-1所示，成功的管理者(以在组织中晋升的速度作为标准)在对各种活动的强调重点上与有效的管理者(以工作成绩的数量和质量及下级对其满意和承诺的程度作为标准)的不同之处在于：成功的管理者中，维护网络联系的相对贡献最大，从事人力资源管理活动的相对贡献最小；而有效的管理者，沟通的相对贡献最大，维护网络联系的贡献最小。由此说明，重视网络联系活动对于在组织中获得更快的晋升起着重要的作用。

表1-1　平均的、成功的和有效的管理者的活动时间分布

管理者类型	传统管理	沟通	人力资源管理	网络联系
平均的管理者	32%	29%	20%	19%
成功的管理者	13%	28%	11%	48%
有效的管理者	19%	44%	26%	11%

2. 不同组织类型中的管理工作

一个税务机关的管理者与一个工商企业的管理者从事的是同样的工作吗？营利性组织(如中国银行)与非营利性组织(如中国红十字会)的管理者的工作是一样的吗？答案是：大部分是一样的。下面是一些关于公共组织管理者的谬论及对其的纠正。

谬论 1： 公共组织中的决策强调的是政治的优先目标，而企业组织的决策是理性的、不涉及政治的。真相是：所有组织中的决策都受到政治的影响。

谬论 2： 公共决策的制定者与企业决策者不同，他们在职权和自主权方面受到行政程序的限制。真相是：几乎所有的管理者都觉得他们的管理抉择受到种种限制。

谬论 3： 使公共部门的管理者做出高绩效很难，因为他们过于小心谨慎，且缺少动机，而企业的管理者则不同。真相是：有证据表明，公共部门和企业的管理者在需求动机上没有明显差异。

无论何种类型的组织，管理者的工作都具有共性，都要做决策、设立目标、建立有效的组织结构、雇用和激励员工、从法律上保障组织的生存、获得内部的政治支持以实现计划。当然，还是存在一些显著差别的：对于营利性组织，衡量绩效最重要也最明确的指标是利润，即纯收入或“底线收入”(the bottom line)；而对于非营利性组织，就找不到这种一般性的指标，因为考核学校、博物馆、政府机构、公益慈善组织的绩效是相当困难的，这些组织中的管理者不会有市场检验他们的绩效。总之，一般的研究结论是，尽管营利性和非营利性组织的管理存在显著差异，但两者的共性远超过它们之间的差异。当这两类组织的管理者履行计划、组织、领导和控制职能时，都要研究如何扮演决策制定者的角色。

3. 不同组织规模中的管理工作

小型组织与大型组织中的管理者的工作有不同之处吗？实际上，管理者在小型组织和大型组织中从事的工作基本相同，区别在于程度和侧重点不同，以及具体做法和花费的时间不同。

一项比较研究表明，管理者角色的重要性在两类企业中显著不同。通常，小企业管理者扮演的最重要的角色是发言人。小企业管理者要花大量的时间处理外部事务，如接待消费者、会晤银行家寻求贷款、寻求新的生意机会，以及促进组织变革。相反，大企业的管理者主要关心的是企业的内部事务，如怎样在组织单位间分配现有的资源等。根据此项研究，企业家的角色(寻求生意机会和规划变革的活动)对于大企业的管理者来说处于相对次要的地位。

不过，与大企业的管理者相比，小企业的管理者更可能是一个多面手。他们的工作综合了大公司总裁和第一线监工的活动。不仅如此，大企业管理者从事的是结构化和正规性的工作，而小企业管理者从事的往往是非正规性的工作。

第二节　管理学的概念及其特性

一、管理学的概念

管理学是一门专门研究管理活动，以及管理过程中的普遍规律、基本原理和一般方法的科学与艺术。管理学不仅适用于工商企业，也适用于医院、学校、军队、政府组织、社会组织及科研单位，是一门应用性学科。管理学的整个知识体系主要围绕 “管理是什么”及“如何进行管理”这两个问题展开，前者属于认识论范畴，后者属于方法论范畴。

二、管理学的特性

管理学发展至今，已经有了不同于其他学科的独特的学科知识体系，它既是一门科学，又是一门艺术。

1. 管理的科学性

管理的科学性是指管理作为一个活动过程，存在着其自身运动发展的客观规律。管理的科学性体现在管理的系统性上，其具有相对完整的理论体系。具体而言，管理有自己明确的概念、范畴和普遍原理、一般原则，并且相互依存，形成了独特的知识体系，当属科学无疑，其科学的方法能够通过对事物、现象的观察对事物的本质做出判定，并通过持续不断地观察对这些本质的确切性进行检验。

2. 管理的艺术性

管理的艺术性是指管理者在掌握一定理论和方法的基础上，灵活运用这些知识和管理技能的能力。管理的艺术性体现在以人为管理对象的特殊性、管理手段的弹性、管理方法的经验性。当然，管理的艺术性，既不是指文学、绘画、音乐、舞蹈等用形象来反映现实的社会意识形态，也不是指事物的形态独特而美观，而是指富有创造性的方式和方法，也就是在工作或广义的实践活动中，创造性地灵活应用科学知识，将知识转化为生产力和能力的一种技巧。艺术性来自个人的经验、直觉、智慧和能力。另外，管理是一种艺术强调的是管理的实践性，没有实践便没有所谓的艺术。管理人员不能靠生搬硬套管理原则、原理进行管理活动，因为管理面对的不是一次又一次可以设定完全相同条件的实验环境，而是时刻都在变化的组织内外环境，因而没有一成不变的规律可循。

总结起来，管理含有特定的艺术成分，主要体现在以下几方面。

(1) 管理没有一成不变的规律可循，不是因为自身的缺陷，而是所处的条件不同，决策因人而异，显现艺术性。

(2) 管理对同一决策对象而言，决策本身既包含实验意义，又具有实施价值，不存在严格意义上的可以重新再来的机会，因而显现决策者对机遇的把握程度。

(3) 管理者的三项重要技能，即概念技能、人际技能和技术技能均是因决策者个人而异的，更多地体现为一种艺术。

(4) 管理具有很强的实践性。优秀的管理专业毕业生并非就一定能管好一个企业。

总之，管理不仅要求科学严谨而且要有艺术性。正因为有了管理，一个企业、一个城市、一个国家乃至整个地球才能够秩序井然，才能产生、保持和发展经济效益。

三、为什么要学习管理学

学习管理学有以下几个原因。

(1) 改进组织的管理方式关系每个人的切身利益。不管是否从事管理工作，我们每天都在和管理打交道。可以说，各种规模、类型的组织，以及所有的组织层次都需要管理，所有的工作领域中都存在管理问题，管理是不可或缺的(见图 1-5)。因此，我们要从切身利益出发要求组织改进它的管理方式。

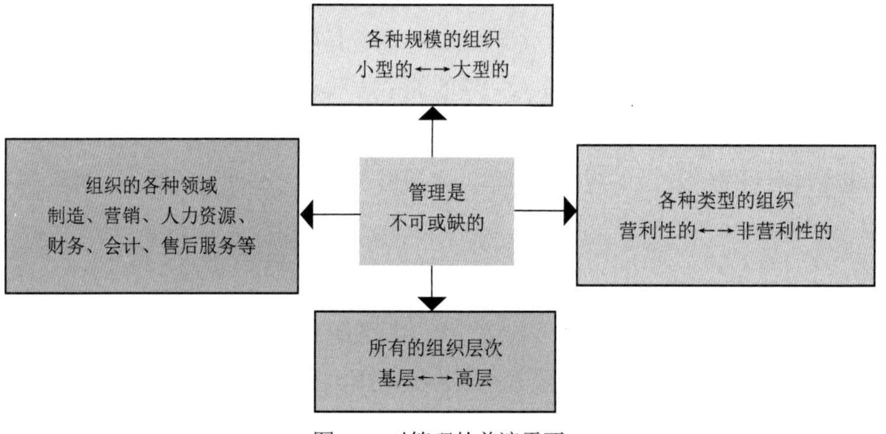

图1-5　对管理的普遍需要

(2) 人人都离不开管理。当我们从大学毕业开始步入职场时，所面对的工作现实是，要么管理别人，要么被别人管理，即有的人有管理责任，有的人则是在为管理者工作。

对于选择做管理者的人来说，理解管理过程是培养管理技能的基础，而且在学习管理的过程中，会从老师的行为和组织的内部运作中领悟到许多道理。虽然每个学习管理的人未必都打算从事管理工作，但不要把学习管理当作无关紧要的事情，因为只要出去工作，就几乎都是在某个组织中，所以，我们要么是管理者，要么为管理者而工作。

(3) 成为一名管理者有大量的回报。通常情况下，成为管理者的挑战有：管理工作非常艰辛；必须与各种性格的人打交道；当员工面对不确定性时，必须激励员工。但成为管理者也有大量的回报：有机会创造一种工作环境使组织成员能够充分发挥他们的能力；有机会创造性地思考；有机会帮助他人发现工作的意义，协助他们完成工作；有机会和各种人打交道，从而提升自己，锻炼或磨炼自己的意志和毅力。当然，有一点需要指出的是，我们不要指望仅从一门管理课程中就能学会怎样做管理者。

本章提要

1. 管理者是组织中指挥他人活动的人，拥有各种头衔，如监工、主任、院长、经理、CEO、董事长等。操作者是非管理人员，他们直接从事某项生产工作或服务。

2. 管理是同别人一起或通过别人使活动完成得更有效的过程。这一过程体现在计划、组织、领导和控制的管理职能或基本活动中。

3. 效果与活动的完成、目标的实现相联系，而效率涉及使完成活动的资源成本最小化。

4. 管理者扮演着三方面 10 种不同的角色：人际关系角色(挂名首脑、领导者、联络者)、信息传递角色(监听者、传播者、发言人)、决策制定角色(企业家、混乱驾驭者、资源分配者、谈判者)。

5. 成功的管理者强调网络联系活动，有效的管理者则强调沟通。通过研究表明，社交和政治技巧对于管理者在组织中的晋升是非常重要的。

6. 管理者需要具备技术技能、人际技能、概念技能。

案例分析

❖ 案例 1-1 | 刘老板的日常活动

刘老板经营一家劳动密集型企业，员工达 600 多人。就企业组织框架而言，刘老板既是企业董事长也是企业总经理，其下有营销和生产两位副总。刘老板一天的工作安排如表 1-2 所示。

表1-2 刘老板一天的工作安排

时间	工作事项
7:00	到办公室批阅昨天的文件资料
7:30	站在公司门口迎接上班的员工
8:00	员工开始上班，刘老板在厂内走马观花地转一圈
8:30	乘车外出打高尔夫球
11:30	回到公司上网看当日时事新闻
12:00	和公司员工一起在食堂用餐

(续表)

时间	工作事项
12:20	回办公室休息
13:00	和上午一样，在厂内走马观花地转一圈
13:30	乘车外出和朋友或客户喝茶
14:00	开车慰问家庭困难的员工或开车将蛋糕送至当天过生日的员工家中
17:00	回到公司，站在公司门口欢送员工下班
17:20	结束一天的工作，自行回家

资料来源：刘老板工作日的时间管理. 百度文库[EB/OL]. http://wenku.baidu.com/. 作者有删改

用明茨伯格的框架分析刘老板的活动，回答以下问题。

(1) 你认为刘老板有效利用了他的时间吗？请说明理由。

(2) 你认为刘老板应该怎么安排时间？为什么？

(3) 讨论：刘老板“上班迎、下班送，与员工共同进餐”，会不会削弱管理者的权威？

❖ 案例 1-2 | 李经理的烦恼

一次偶然的机会，李经理发现了他的一位得力的工程师小王正偷偷地与竞争对手联络，准备跳槽。李经理又惊又怒，为了栽培小王，李经理曾花过不少的培训费与培训时间。

同时，公司目前的两个系统集成项目正是工程师小王负责的。如果小王去竞争对手公司工作，无疑对李经理的事业打击很大，但如果李经理不开除小王，心里又难以咽下这口气。

资料来源：经营决策案例. 百度文库[EB/OL]. http://wenku.baidu.com/. 作者有删改

如果你是李经理，将如何处理这一问题呢？开动你的脑筋，展现你的管理才能吧！

思考与练习

一、单项选择题

1. 以下对管理的应用范围的认识，正确的是(　　)。

   A. 管理仅适用于企业组织　　B. 管理适用于所有组织

   C. 管理不适用于非营利性组织　　D. 管理仅适用于大型组织

2. 从发生的先后顺序来看，下列四种管理职能的排列方式更合逻辑的是(　　)。

   A. 计划、控制、组织、领导　　B. 计划、领导、组织、控制

   C. 计划、组织、控制、领导　　D. 计划、组织、领导、控制

3. 一个管理者所处的层次越高，面临的问题越复杂，越无先例可循，越需要具备(　　)。

A. 领导技能　　B. 组织技能

C. 概念技能　　D. 人事技能

4. 管理是人类社会普遍的社会现象，它是伴随着(　　)的出现而产生的。

A. 自然界　　B. 人类　　C. 生物　　D. 组织

5. 管理既是一门科学又是一门艺术，管理的艺术性是强调管理的(　　)。

A. 复杂性　　B. 有效性　　C. 实践性　　D. 精确性

二、名词解释

管理　　非营利性组织　　概念技能

三、简答题

1. 什么是组织？为什么管理者对组织的成功起着重要作用？
2. 有效果的组织一定是有效率的吗？试着讨论一下。
3. 将四种管理职能与明茨伯格提出的 10 种角色相对照。
4. 描述管理者的工作是怎样随着他在组织中的等级发生变化的。

四、应用与自我评估

1. 市长的管理工作在哪些方面与公司总经理的工作相似？在哪些方面有所不同？这种不同说明了什么问题？

2. 如果一个经济类或管理类专业的毕业生打算：①在政府组织中工作；②在公司企业中工作；③在一个非营利性组织中工作。那么，学习管理学对他有什么好处？

3. 大学教师是管理者吗？从法约尔的管理职能观和明茨伯格的管理者角色观进行讨论。

4. 自我评估：你在一个组织中从事管理工作的动机有多强？

表 1-3 所示的问题用于评价你在一个大型组织中从事管理工作的动机。它们基于 7 种管理者工作的角色维度。对每一个问题，在最能反映你的动机强烈程度的数字上画个圆圈(1～7，由弱到强)。

表1-3　用于评价的问题

我希望与我的上级建立积极的关系	1　2　3　4　5　6　7
我希望与我同等地位的人在游戏中和体育比赛中竞争	1　2　3　4　5　6　7
我希望与我同等地位的人在与工作有关的活动中竞争	1　2　3　4　5　6　7
我希望以主动和果断的方式行事	1　2　3　4　5　6　7
我希望吩咐别人做什么并用法令对别人施加影响	1　2　3　4　5　6　7
我希望在群体中以独特的和引人注目的方式出人头地	1　2　3　4　5　6　7

(续表)

我希望完成与管理工作有关的例行职责	1 2 3 4 5 6 7
总分	

参考答案：计算你的总分，你的得分将在 7～49 的区间内。

评分标准：7～21 分=较低的管理动机；22～34 分=中等的管理动机；35～49 分=较高的管理动机。

第二章 管理理论的演进

知识目标

1. 掌握管理理论的演变和发展
2. 掌握科学管理的主要观点
3. 掌握人际关系学说的主要观点
4. 掌握彼得·德鲁克关于管理的三项任务
5. 掌握彼得·德鲁克关于管理者的两项要务、五项基本作业

能力目标

1. 理解管理的数量方法
2. 描述早期组织行为倡导者的贡献
3. 解释霍桑研究对管理理论发展的重要性
4. 理解系统管理理论和权变理论的主要思想
5. 描述一般行政管理理论的贡献
6. 理解彼得·德鲁克的创新、决策和绩效精神

素质目标

1. 了解学习管理史的价值
2. 学习管理理论主要贡献者的开拓精神
3. 塑造创新意识
4. 理解彼得·德鲁克关于做企业的三个境界

第一节　早期的管理活动及管理理论的萌芽

过去的管理知识能够帮助我们理解现在的管理理论和实践。本节将介绍当代管理概念的起源，并说明管理概念是如何反映组织和社会的变化要求而不断演进的。

古代的哪些人类活动反映了管理思想？从史料记载来看，在四大文明古国的发源地就先后出现了大规模、高水平的管理活动，并在实践中产生了丰富的管理思想。古埃及的金字塔、中国的长城、古巴比伦的“空中花园”等远古建筑包含着伟大的管理实践，闪耀着古代的管理思想，表明几千年前人类就能够完成规模浩大的、有成千上万人参与的大型工程。例如，建筑一座金字塔要动用10万人干20年，那么谁来吩咐每个人该干什么？谁来保证现场有足够的石料让每个人都有活干？答案一定是现代意义上的管理：需有人计划要做什么，需有人组织人力和物力去做这件事，需有人指挥人们去做，以及采取某些控制措施来保证每件事情按计划进行。这些计划、组织、领导、控制等管理活动，显然在地球上已经存在了几千年。

曾经有一个很经典的问题，如果秦朝的军队遇到同时期的古罗马军队，双方打一仗，输赢如何？秦国的强得益于商鞅变法，它彻底改变了秦国。自那时开始，秦国接受先进的法家思想，削弱奴隶主的权利和利益，以鼓励争名夺利为手段，刺激人们积极参与战争，解放奴隶和下层人民，允许他们通过杀敌晋爵的方式得到改变生存状态的机会。秦军队最小战术单位为伍，由5名士兵组成，10个伍组成一个屯，2个屯组成一个将，5个屯组成一个主，2个主组成一个大将。秦法把军爵分为20级，每一级都有严格的晋爵条件。晋爵的唯一途径就是斩获敌人的首级，斩获多少敌首，就相应得到规定的爵位，而爵位不同，社会地位和生存状态就不同，就连军人的伙食标准都因为爵位的不同而不同。例如，三级爵每顿饭有精米一斗，菜羹一盘，酱半升；二级爵只能吃粗米；最低的一级爵能吃饱就不错了。这种严格的等级待遇差别强烈地刺激着每个秦国人的神经，使他们为了赢得更好的生存状态而在战场上奋勇杀敌。这说明，一个大型组织的管理者，需要了解下级的需求并通过有效激励才能取得理想的结果。

对古典经济学说做出了主要贡献、被誉为西方经济学鼻祖的亚当•斯密(Adam Smith)于1776年出版了《国富论》一书，阐述了组织和社会将从劳动分工(division of labor)中获得巨大经济利益的伟大论断。斯密认为，劳动分工之所以能够提高生产率，是因为它提高了每个工人的工作技巧和熟练程度，节约了由于变换工作浪费的时间。劳动分工也有利于机器的发明和应用，今天广泛普及的工作专业化、专门化(如教学、医疗、汽车厂的装配线等)及其带来的巨大经济效益，无疑是斯密在240年前提出的劳动分工的反映。

20世纪以前，产业革命对管理产生了重要影响，它开始于18世纪的英国。产业革命的结果是机械力迅速取代了人力，使得在工厂中制造商品更加经济。机械力的出现、商品的大量生产、迅速扩展的铁路系统带来的运输成本的降低，以及几乎没有任何政府法令的限制，这一切促进了大公司的发展。约翰•戴维森•洛克菲勒(John Davison Rockefeller)建立了垄断性的标准石油公司(Standard Oil)，安德鲁•卡内基(Andrew Carnegie)控制了美国钢铁行业的2/3，其他企业家也建立了很多大型企业，这些企业需要正规化的管理，因此对于规范的管理理论的需求也应运而生。

不过，在产业革命以前还谈不上研究管理或提出管理理论。在产业革命或工业化前，社会组织主要是家庭、部落、教会、军队和国家，有些人也从事较小规模的经济活动，但其规模无法与工业化时期相比，所以当时的管理思想主要体现在教会、军队和国家的管理上。产业革命后，由于工业的发展和厂商的增多，出现了一批杰出的企业家，他们总结自己的管理经验，共同探讨管理的问题，为管理理论的产生做出了贡献。但此时依然没有形成正式的管理理论体系，其主要原因是当时的研究重点是技术而不是管理，占主导地位的是技术天才、发明家和工厂的创始人，他们的成败多数取决于个人的性格而不是一般的管理。这时，实践中的管理具有所有者与管理者职能未分离、没有严密的管理制度、凭经验管理等特征。直到20世纪初叶，建立正式管理理论的尝试才迈出了决定性的第一步，管理才被系统地加以研究，逐渐形成一种共同的知识体系，成为一门正式的学科。

第二节 管理理论的形成与发展

20世纪前半期是管理思想多样化的时期。科学管理理论从如何改进作业人员生产率的角度看待管理；一般行政管理理论关心的是整个组织的管理和如何使之更有效；行为科学理论强调人力资源或管理的“人的方面”；管理的定量方法则专注于开发应用数量方法。在本节中，主要描述这4种理论对管理的贡献，但严格地讲，这4种理论都与同一个对象有关，它们之间的差异反映出研究者不同的背景和兴趣，犹如“盲人摸象”的寓言，其实每个盲人触到的都是同一头大象，他们对大象的认识取决于他们各自所站的位置。因此，他们的每个人的观点都正确，但每一种观点都有它的局限性。

一、科学管理理论

弗雷德里克•温斯洛•泰勒(Frederick Winslow Taylor)的科学管理(scientific management)研究及其在1911年出版的《科学管理原理》，确立了他作为科学管理之父的地位。泰勒工作生涯中大部分时间是在美国宾夕法尼亚州的米德韦尔钢铁厂(Midvale Steel Works)和伯利恒钢铁公司(Bethlehem Steel Corp)度过的。他当时对工人“磨洋工”、工人和管理者没有明确的责任概念、工厂缺乏有效的工作标准、管理者凭预感和直觉做决定，以及管理当局与工人之间固有的对立观念等低效率工作状况感到震惊。于是，泰勒开始在车间里用科学方法来纠正这种状况，以极大的热情寻求从事每一项工作的“最佳方法”，前后持续了近20年时间。

泰勒提出了提高生产率的指导方针，并定义了以下4项管理原则。

(1) 对工人工作的每一个要素开发出科学方法，用以代替旧的经验方法。

(2) 科学地挑选工人，并对他们进行培训、教育，使之成长。

(3) 与工人衷心地合作，以保证一切工作都按已形成的科学原则去进行。

(4) 管理当局与工人在工作和职责的划分上几乎是相等的，管理当局把自己比工人更胜任的各种工作都承揽过来。

泰勒相信，遵循这些原则会给工人和管理当局都带来利益，工人们会挣更多的钱，管理当局会获得更多的利润。生铁实验、铁锹实验、金属切削实验，美国制造业应用科学管理方法后效率的提升，以及这些管理原则在美国联合包裹运送服务公司的应用，都为泰勒的预言提供了证据支持。

泰勒的思想激起了人们研究和发展科学管理方法的热情，他的忠实的追随者是弗兰克•吉尔布雷斯(Frank Bunker Gilbreth)和莉莲•吉尔布雷斯(Lillian Moller Gilbreth)夫妇，他们致力于研究工作安排和消除手及身体动作的浪费问题。还有一位著名的追随者是泰勒在米德韦尔钢铁厂和伯利恒钢铁公司的亲密同事——年轻的工程师亨利•劳伦斯•甘特(Henry Laurence Gantt)，他发明了一种奖金制度，对那些少于标准规定时间完成工作的人给予额外奖励；他还引入了一种关于领班的奖金制度，只要领班手下的所有工人都完成了定额，工人和领班本人都可以得到一份额外的奖金，从而使科学管理的应用对象不仅包括操作者还包括工作的管理者。甘特最著名的发明是创造了一种使管理者能够用来进行计划和控制的甘特图(Gantt chart)，其通过在一个坐标轴上表示出计划的工作与完成的工作，在另一个坐标轴上表示出已经过去的时间，使管理当局能够随时看到计划的进展情况并及时采取必要的行动保证项目按时完成。

科学管理的产生是管理从经验走向理论的标志，也是管理走向现代化、科学化的标志，其意义不亚于蒸汽机的发明引发的工业革命。图2-1所示是科学管理的理论体系。

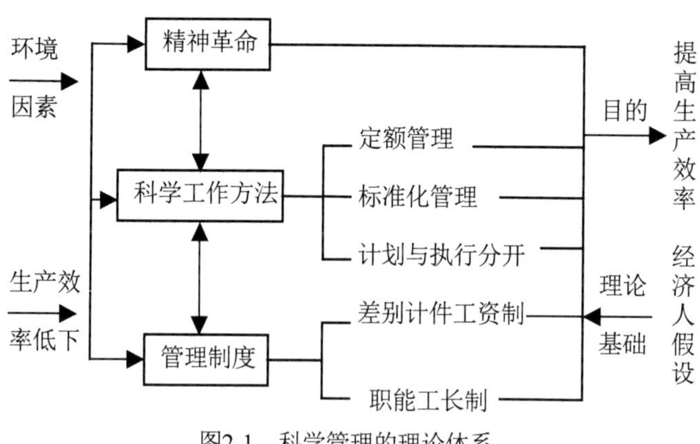

图2-1 科学管理的理论体系

当然，泰勒开创的科学管理理论也存在历史局限性，体现在以下几方面。

(1) 把人看成“经济人”。泰勒认为工人工作的主要动机是金钱，工人最关心的是提高自己的经济收入。

(2) 只重视技术因素，不重视人的社会因素。由于强调采用科学的、合理的、最快的方法，所以工人的分工越来越细，操作越来越简单，也越来越成为机器的附属品。

(3) 把管理看成狭窄的车间管理，这在今天看来是不可思议的。

二、一般行政管理理论

与此同时，另一批思想家也在思考管理问题，不过他们关注的焦点是组织。管理学界称这些人为一般行政管理理论家，其中的杰出代表是亨利•法约尔(Henri Fayol)和马克斯•韦伯(Max Weber)。这些理论家在解释管理者的工作是什么及有效的管理由哪些要素构成等方面发挥了重要作用。

1. 亨利•法约尔的一般管理理论

亨利•法约尔把管理看作是一组普遍的职能，即计划、组织、指挥、协调和控制。法约尔与泰勒差不多在同一时期，但是，泰勒关心的是车间层的管理，采用的是科学方法；而法约尔关注的是所有管理者的活动，并把他的个人经验上升为理论。泰勒是一个科学家，而法约尔作为法国一家大型煤炭企业的经理，是一个实践者。如表2-1所示，法约尔从管理实践中总结出了14条管理原则，并强调了管理是工商企业、政府甚至家庭中所有涉及人的管理的一种共同活动。

表2-1 法约尔的14条管理原则

管理原则	主要内容
工作分工	与亚当•斯密的“劳动分工”原则一致。专业化使雇员们的工作更高效，从而提高了工作效率
职权	管理者必须有命令下级的权力，职权赋予管理者的就是这种权力。但是，责任应当是权力的孪生物，凡行使职权的地方，就应当建立责任
纪律	雇员必须遵守和尊重组织的规则，违反规则的行为会被施以惩罚。对管理者与工人之间关系的清楚认识关系组织的规则
统一指挥	每一个雇员应当只接受来自一位上级的命令
统一领导	具有同一目标的组织活动，应在一位管理者和一个计划的指导下进行
个人服从整体	任何雇员个人或雇员群体的利益，不应当置于组织的整体利益之上
报酬	对于工作人员的服务必须付给公平的工资

(续表)

管理原则	主要内容
集中	决策制定是集中于管理当局还是分散给下属，只是一个适当程度的问题，管理当局的任务是找到在每种情况下最适合的集中程度
等级链	最高层到最底层的直线职权代表了一个等级链，信息应当按等级链传递。但是，如果遵循等级链会导致信息传递的延迟，则可以横向交流，条件是所有当事人同意并通知各自的上级
秩序	人员和物料应当在恰当的时间处在恰当的位置上
公平	管理者应当公平地对待下级
人员稳定	雇员的高流动率是低效率的，管理当局应当提供有规则的人事计划，并保证有合适的人选填补职位的空缺
首创精神	允许雇员发起和实施他们的计划，这将会调动雇员们的极大热情
团结精神	鼓励团队精神将会使组织和谐、团结

2. 马克斯•韦伯的行政组织理论

马克斯•韦伯是德国社会学家。在20世纪初，韦伯提出了一种权威结构理论，并依据权威关系来描述组织活动。他描述了一种称为官僚行政组织的、可供选择来重构现实世界的理想组织模式，这是一种体现劳动分工原则，有着明确定义的等级和详细的规则与制度，以及非个人关系的组织模式。韦伯的官僚行政组织特征如表2-2所示。

表2-2 韦伯的官僚行政组织特征

组织特征	特征说明
劳动分工	工作应当被分解成简单的、例行的和明确定义的任务
职权等级	职位应当按等级来组织。每个下级应当接受上级的控制和监督
正式的选拔	所有组织成员都要根据培训、教育或考试取得的技术资格来进行选拔
正式规则和制度	为确保一贯性和全体雇员的活动，管理者需倚重正式的组织规则
非人格性	规则和控制的实施具有一致性，避免掺杂个性和雇员的个人偏好
职业定向	管理者是职业化的官员而不是他所管理的单位的所有者，他们领取固定的工资并在组织中追求职业生涯的成就

科学管理理论和一般行政管理理论被称为古典管理理论，虽然它们研究的内容各有不同的侧重点，但它们有两个共同的特点：一是把“人”看成“机器”，忽视了“人”的因素、人的需要和人的行为(包括心理活动)；二是将组织与外部环境分离，只关心组织内部的问题，处于一种“封闭系统”的管理时代中。

三、行为科学理论

1. 人力资源方法

人是组织中最积极、最活跃的要素，因此，运用人力资源方法考察组织的管理问题成为管理学中一个重要的视角。人力资源方法的早期倡导者有罗伯特•欧文(Robert Owen)、雨果•明斯特伯格(Hugo Munsterberg)、玛丽•帕克•福莱特(Mary Parker Follett)和切斯特•巴纳德(Chester Irving Barnard)等人。

罗伯特•欧文是一位成功的苏格兰商人。他憎恶苏格兰许多工厂中的粗劣做法，如雇用童工、13 个小时的工作时长及恶劣的工作条件等，谴责工厂主们关心设备胜过关心员工。欧文设想了一个乌托邦式的工作场所，提出应在法律上规定工作时长，制定童工法，普及教育，由公司提供工作餐，以及企业参与社区发展计划。

雨果•明斯特伯格对工作中的个人进行研究以使其生产率和心理调适最大化，并于 1913 年发表了《心理学与工业效率》，开创了工业心理学领域。他建议用心理测验来改进雇员的选拔，用学习理论促进培训方法的开发，以及对人类行为进行研究，以便搞清激励工人最有效的方法。现今人力资源管理中关于甄选技术、雇员培训、工作设计和激励的知识，大多都建立在明斯特伯格的研究工作基础上。

社会哲学家玛丽•帕克•福莱特是最早认识到应当从个人和群体行为的角度来考察组织的学者，他的人本思想影响了人们看待动机、领导、权力和权威的方式。福莱特认为，组织应该基于群体道德而不是个人主义，个人的潜能只有通过群体才能释放出来。管理者和工人都是共同群体里的合作者，而管理者的任务就是协调群体。此时，管理者应当更多地依靠他的知识和专长去领导下属，而不是依靠他的职务权力。

切斯特•巴纳德曾任新泽西贝尔电话公司的总裁，他深受韦伯思想的影响。但与韦伯对组织的机械论和非人格性观点不同，巴纳德将组织看作是一个社会系统，该系统要求人们之间进行合作。他在发表于 1938 年的《经理的职能》一书中阐述了以下观点：①组织是由具有相互作用的社会关系的人组成的，管理者的主要作用是尽最大努力沟通和激励下级；②组织的成功主要取决于员工的合作，员工和组织要与外部机构保持良好关系；③组织依赖于投资者、供应商、顾客和其他外部机构，因此管理者必须审视环境，调整组织以保持与外部环境的平衡；④权威来自下级接受它的意愿，如果一个雇员不服从上级的命令，这种不服从是对权威的拒绝，虽然上级也许能够惩罚不服从命令的下级，但关键是，“上级的命令没有被照办”这件事已经发生了。

2. 霍桑实验与人际关系学说

从 1924 年开始，美国西方电气公司(Western Electric)在芝加哥附近的霍桑工厂进行了一系列被称为霍桑研究的实验。实验最初的目的是根据科学管理原理，探讨工作环境对劳动生产率的影响。后来，哈佛大学心理学教授埃尔顿•梅奥(Elton Mayo)作为顾问加入了该项实验，重点研究心理和社会因素对工人劳动过程的影响，并于1933年出版了《工业文明的人类问题》，提出著名的“人际关系学说”，开辟了行为科学研究的道路。

霍桑实验共分为以下5个阶段。

(1) 照明实验。当时关于生产效率的理论占统治地位的是劳动医学的观点，认为影响工人生产效率的是疲劳感和单调感等，于是当时的实验假设便是“提高照明度有助于减少疲劳，使生产效率提高”。可是经过两年多的实验发现，照明度的改变对生产效率并无影响。

(2) 福利实验。福利实验的目的是查明福利待遇的变化与生产效率的关系。但通过实验发现，不管福利待遇如何改变(包括工资支付方法的改变、优惠措施的增减、休息时间的增减等)，都不影响产量的持续上升。后来，通过进一步分析发现，导致生产效率上升的主要原因如下：一是参加实验的光荣感，实验开始时6名参加实验的女工曾被召进部长办公室谈话，她们认为这是莫大的荣誉，这说明被重视的自豪感对人的积极性有明显的促进作用；二是成员间良好的相互关系。

(3) 访谈实验。访谈实验最初的想法是让工人就管理当局的规划和政策、工头的态度和工作条件等问题做出回答，但工人表示想就工作提纲以外的事情进行交谈，他们认为重要的事情并不是公司或调查者认为意义重大的那些事。访谈者了解到这一点后，及时把访谈计划改为事先不规定访谈内容，多听少说，详细记录工人的不满和意见。访谈计划持续了两年多，工人的工作效率得到了大幅提高。

(4) 群体实验。在该实验中梅奥等人将14名男工人组成一个班组，使其在单独的房间里从事绕线、焊接和检验工作，并对该班组实行特殊的工人计件工资制度。实验者设想，实行这套奖励办法后，工人会更加努力工作，以便得到更多的报酬。但得到的结果是，产量只保持在中等水平，每个工人的平均日产量都差不多，而且工人并不如实地报告产量。深入调查发现，该班组为了维护他们群体的利益，自发地形成了一些规范，例如，约定谁也不能干得太多，突出自己；谁也不能干得太少，影响全组的产量；并且约法三章，不准向管理当局告密，如有人违反这些规定，轻则挖苦谩骂，重则拳打脚踢。通过进一步调查发现，工人们之所以维持中等水平的产量是担心产量提高，管理当局会改变现行奖励制度或裁减人员，使部分工人失业，或使干得慢的伙伴受到惩罚。这一实验表明，为了维护班组内部的团结，工人可以放弃物质利益。由此提出“非正式群体”的概念，认为在正式的组织中存在着自发形成的非正式群体，这种群体有自己特殊的行为规范，对人的行为起调节和控制作用。

(5) 态度实验。该实验对两万多人次进行态度调查，规定管理者必须耐心倾听工人的意见、牢骚，并做详细记录，不可以进行反驳和训斥，而且对工人的情况要深表同情，结果工厂的产量大幅度提高，因为谈话内容缓解了工人与管理者之间的矛盾冲突，形成了良好的人际关系。

上述由于受到额外的关注而引起绩效或努力上升的情况称为“霍桑效应”。霍桑效应所揭示的基本结论包括以下几项。

(1) 员工是“社会人”。“社会人”的观点强调金钱并非刺激职工积极性的唯一动力，新的刺激重点必须放在社会、心理方面，以使人们之间更好地合作并提高生产率。

(2) 企业中存在着“非正式组织”。这种无形的组织有其特殊的感情、规范和倾向，并且左右着群体中每一位成员的行为。

(3) 满足职工的社会欲望、提高职工的士气，是提高生产效率的关键。士气的高低主要取决于职工的满足度，这种满足度首先体现为人际关系，如职工在企业中是否被同事、上司和社会所承认；其次才是金钱的刺激。因此，新的领导能力在于提高职工的满意度。

3. 人际关系运动

人际关系运动的代表人物有戴尔 • 卡内基(Dale Carnegie)、亚伯拉罕 • 马斯洛(Abraham Maslow)和道格拉斯 • 麦格雷戈(Douglas McGregor)。不过，他们个人观点的形成基于大量的研究证据，但更多的是来自于自己的哲学观点。

戴尔 • 卡内基认为成功的方式是争取其他人的合作，成功之路在于：

(1) 通过对人们的努力的真诚赞赏使人们感到自己是重要的；

(2) 建立良好的第一印象；

(3) 通过让别人倾诉，对其表示同情，以及“从不对一个人说他错了”的方式，使人们接受你的思维方式；

(4) 赞扬人们的优点，让反对者有机会来维护他们的尊严，以此来改变人们的态度。

亚伯拉罕 • 马斯洛是一位人道主义心理学家，他提出了人类需要的 5 个层次：生理需要、安全需要、社会需要、尊重需要和自我实现的需要。从动机的角度来看，马斯洛认为，只有需要层次中的每一步都得到满足，下一层次的需要才会被激活；一旦某种需要被充分满足，它就不再对行为产生激励作用。此外，马斯洛相信自我实现是人类生存的最高需要。

道格拉斯 • 麦格雷戈最著名的理论是关于人性的两套系统性假设——X 理论和 Y 理论。X 理论是一种关于人性的消极观点，它假设人们缺乏雄心壮志，不喜欢工作，总想回避责任，以及需要在严格的监督下才能有效地工作；Y 理论提出了一种积极观点，它假设人们能够自我管理，愿意承担责任，以及把工作看得像休息和玩一样自然。麦格雷戈相信 Y 理论假设最恰当地抓住了工人的本质，对管理实践具有指导意义。

四、管理的定量方法

管理的定量方法是在第二次世界大战期间用于解决军事问题的数学和统计算法的基础上发展起来的。例如，当英国面临如何使有限的空军力量在与德国大规模空军力量的对抗中取得最佳效果的问题时，他们转向数学家们寻求最优的配置模型。类似地，美国反潜战斗队为了提高穿越北大西洋的同盟军船队护航的生存概率，以及为了确定飞机和水面舰艇袭击德国 U 型潜艇的最佳投弹深度，采用了运筹学技术，获得了满意的效果。战争结束后，许多用于解决军事问题的定量方法被移植到工商领域。

管理的定量方法包括统计学的应用、最优化模型、信息模型和计算机模拟等。例如，线性规划方法可以使管理者改进资源分配的方案；关键路线分析可以使工作进度计划更有效；经济订货批量模型可以辅助企业决定应维持的最佳库存水平。定量方法最直接的贡献是在管理决策方面，特别是计划与控制决策，但在其他领域的应用受到限制，原因在于：许多管理者不熟悉数量工具；行为问题涉及面太广而又很直观。绝大多数管理者可以直接了解组织中的现实问题，而无须借助建立定量模型这种抽象的方法。

第三节　管理理论的一体化趋势

像大多数研究领域一样，管理学在20世纪60年代初进入成熟阶段后，开始趋向一体化。

一、过程方法

过程方法最初由亨利•法约尔提出，即计划、组织、领导、控制等管理职能是一个连续的循环过程。

1961年12月，哈罗德•孔茨教授发表了一篇论文，详细阐述了管理研究的各种方法及“管理理论的丛林”现象。孔茨承认每一种方法都对管理理论有一定贡献，并指出：①人力资源方法和数量方法更像是管理者采用的一种方法，而不是一种管理理论；②过程方法能够包含和综合当今的各种管理理论。

二、系统方法

20世纪60年代中期，很多学者认为组织应当按照系统框架来加以分析，这就是系统方法。生理学家用系统观点来解释动物是怎样通过获取输入和产生输出保持一种平衡状态的。系统是指一组相互联系和相互制约的要素按一定方式形成的整体，如社会、汽车、动物、人体等都是系统。系统管理理论的主要观点包括以下几方面。

(1) 组织是一个由相互依存的诸多要素组成的系统。

一个好的系统会产生整体大于部分之和的协同作用。法国农业工程师林格曼(Ringelmann)设计的“拉绳实验”表明，局部最优不等于整体最优。实验过程如下：把被试者分成一人组、二人组、三人组和八人组，要求各组用尽全力拉绳，同时用灵敏度很高的测力器分别测量其拉力。结果二人组的拉力是两个单人拉绳时拉力和的95%；三人组的拉力是三个单人拉绳时拉力和的85%；八人组的拉力则降到八个单人拉绳时拉力和的49%。“拉绳实验”中出现了“1+1＜2”的情况：独立操作时每个人都竭尽全力，集体操作时责任被悄然分解。为什么会出现了这种现象？社会心理学研究认为，责任越具体，人的潜力发挥得越充分，偷奸耍滑的人就越少，实干的人发展的空间越大。

(2) 组织是一个开放系统。

系统有两种基本类型：封闭系统和开放系统。封闭系统不受环境影响，也不与环境发生相互作用。例如，泰勒关于人和组织的机械论观点基本上是一种封闭系统观点。相反，开放系统是与环境相互作用的系统。

主张系统观点的学者将组织想象成是由“相互依赖的多种因素，包括个人、群体、态度、动机、正式结构、相互作用、目标、状态和职权”组成的，管理者的任务是协调组织的各个部分以实现组织的目标。例如，按照管理的系统观点，无论生产部门多么有效率，如果营销部门没有预测到顾客需求的变化，也没能与产品开发部门合作开发出顾客需要的产品，那么组织的整体绩效将受到影响。此外，开放系统方法认识到组织不是自我包含的，它依赖于从环境获取维持生命的输入，并将环境作为吸纳自身输出的源泉。没有一个组织能够无视政府的法令、工会、供应商关系或大量的顾客而长期生存下去。

三、权变方法

权变方法也称为情境方法，用来综合各种各样的管理理论，取代过分简单化的管理原则。例如，将一个高考状元的学习方法用在其他同学身上是否一定有效？回答这个问题就要运用权变思想。

权变就是随机制宜、随机应变的意思。权变管理思想强调管理应随环境的变化而变化。世界上没有一成不变的、普遍适用的“最佳”管理理论与方法，任何管理模式和方法都不可能是普遍且最佳的，而只可能是合适的、适用的。按照权变管理理论的观点，管理者的任务是明确在特定的情况、环境、时间内，哪种方法对实现管理目标最有帮助。

对照早期的管理理论可以发现，虽然劳动分工无疑在许多情况下是有价值的，但工作可能会变得过于专业化；官僚行政组织作为一种组织形式在许多情况下是很理想的，但也有许多情况下其他结构设计更有效；有时候允许员工参与决策制定是有效的领导方式，但并非任何时候都是如此，很多情况下领导应当专断地做出决策，然后告诉雇员应该怎么做。

对于管理研究来说，权变方法有一种直观的逻辑性，因为组织在规模、目标、任务等方面都是多样化的。表 2-3 描述了一般性的权变变量。

表2-3　一般性的权变变量

权变变量	说明
组织规模	组织规模扩张时，协调的问题也随之增多。例如，当一种组织结构适用于拥有 5 万名雇员的组织时，可能对只有 50 名雇员的组织来说是低效率的
任务技术的例行程度	组织为了实现目标，需要采用技术将输入转化为输出。例行技术所要求的组织结构、领导风格和控制系统，不同于用户定制化和非例行技术的要求

(续表)

权变变量	说明
环境的不确定性	由于政治、技术、社会和经济变化引起的不确定性影响着管理过程，那些在稳定的和可预见的环境中有效的方法，对于快速变化的和不可预见的环境来说可能不适用
个体差异	个体在成长的愿望、自主性、对规模的承受力及期望方面存在明显差异。这些差异对管理者选择激励方法、领导风格和职位设计有重要影响

第四节　管理实践的当前趋势和问题

一、全球化问题

自由贸易和全球经济一体化，使得所有组织都面临着全球市场的经营机会和挑战。除了可口可乐、麦当劳、肯德基、星巴克、丰田汽车、通用汽车、福特汽车、波音飞机等全球性企业或品牌以外，中国的高铁、联想、华为、阿里巴巴等知名企业或品牌也都融入了世界经济中。这说明世界已成为一个全球市场，有效的管理者需要适应不同的文化、制度和技术条件。

二、劳动力的多样化

劳动力的多样化是组织的特征之一，现代企业的员工队伍在性别、种族、民族、年龄方面更加具有异质性，全球劳动力老龄化趋势明显，亚洲和拉丁美洲的劳动力增长比例很大。例如，美国硅谷很多高科技公司的员工是少数族裔或移民。劳动力的多样化还包括任何不同劳动特征的人，如残疾人、中老年人、体重超重者。“溶化锅”假设(将组织中的差异融合，不同特征的人会自动趋向一致)曾经被用来处理组织内的差异，但现在这种假设越来越难以成立。因此，管理面临的挑战是，通过处理不同的生活方式、家庭需要和工作风格，使组织更能够包容多样化的人群。“溶化锅”假设正在被承认，也正在被“欢迎多样化”的观念所取代。

三、激励创新和变革

管理者面对的是正在以前所未有的速度发生变革的环境，新的竞争者不断涌现，而老的竞争者正在被合并、兼并或由于跟不上市场的变化而消失。鉴于信息技术领域的持续创新，加上全球化的产品和金融市场，造成了一种混乱状态，其结果是，许多过去的指导原则已不再适用。

对创新和变革的需要正要求许多组织进行重构。管理者通过取消不必要的管理层次，消减多余的职能，撤销绩效不佳的经营单位来重构组织。而管理者自己也在改变风格，他们把自己的角色从老板转变为团队领导者。越来越多的管理者发现，当不再吩咐员工应该做什么，而是给予激励、指导和鼓励时，他们工作起来会更有效率。

四、全面质量管理

无论工商企业还是公共组织都在进行着质量革命，描绘这场革命的通用术语是全面质量管理(total quality management，TQM)。这场革命是由一小群质量专家掀起的，其中最突出的是一位名叫威廉•爱德华兹•戴明(William Edwards Deming)的美国人。他认为，一个管理得好的组织，应当用统计控制减少变异性，从而产生均匀的和可预见的产出质量。全面质量管理是一种由顾客的需要和期望驱动的管理哲学，具体含义如下。

(1) 强烈地关注顾客。顾客不仅包括外部购买组织产品和服务的人，还包括内部顾客(如回收应收账款的人员)，他们向组织中的其他人提供服务并与之发生相互作用。

(2) 不断地改进。全面质量管理是一种永不满足的承诺，“非常好”还不够，质量总能得到改进。

(3) 改进每项工作的质量。全面质量管理采用广义的质量定义，它不仅与最终产品有关，而且与组织如何交货、如何迅速地响应顾客的投诉、如何有礼貌地接听电话等都有关系。

(4) 精确地度量。全面质量管理采用统计技术度量组织作业中的每一个关键变量，然后与标准和基准进行比较，从中发现问题，追踪问题的根源，消除问题产生的原因。

(5) 向雇员授权。全面质量管理允许生产线上的工人加入改进过程，并将团队作为授权的载体，依靠团队发现和解决问题，其目标是建立组织对持续改进的承诺。

五、学习型组织

美国斯隆管理学院的教授彼得•圣吉(Peter M. Senge)在1990年出版了《第五项修炼：学习型组织的艺术与实践》一书 ，提出了学习型组织的五项修炼，即学习型组织的技能，具体如下。

(1) 自我超越。不断地认识自己、认识外界的变化，不断地赋予自己新的奋斗目标，并超越过去，超越自己，迎接未来。

(2) 改善心智模式。“心智模式”是指根深蒂固地存在于每个人或组织中的思想方式和行为模式。改善心智模式就是摒弃旧的思维方式和常规程序，把“镜子”转向自己，先修炼自己。

(3) 建立共同愿景。要求组织能在今天与未来环境中寻找和建立一种愿景。“愿景”是指对组织理想未来的构想或设想。愿景不是由高层领导独自制定的，而是在自上而下、自下而上和左右协商的过程中形成的，应得到广大员工的一致认可。

(4) 团队学习。团队的智慧总是高于个人的智慧。当团队真正在学习时，不但团队能产生出色的效果，而且个别成员的成长速度也比利用其他学习方式更快。

(5) 系统思考。组织成员对组织的所有过程、活动、功能和与环境的相互作用进行积极的思考，形成系统观察的能力，以此来观察世界，决定正确的行动。

第五节　彼得·德鲁克的管理思想

彼得·德鲁克(Peter F. Drucker，1909.11.19—2005.11.11)被誉为“现代管理学之父”，其首次提出了“管理学”概念，并创建了管理这门学科。他的管理思想对世人有卓越的贡献，其著作影响了数代追求创新及最佳管理实践的学者和企业家们。作为管理专业的学生，有必要了解这位被西方管理学界尊为“大师中的大师”的管理思想的精髓。

一、管理与组织使命

掌握彼得·德鲁克管理思想的精髓，要从他对管理的定义入手。或者说，身为一名管理者，首先要弄明白管理是什么？管理为了什么？

德鲁克说：“管理就是界定企业的使命，并激励和组织人力资源去实现这个使命。界定使命是企业家的任务，而激励与组织人力资源是领导力的范畴，两者的结合就是管理。”

该定义中，德鲁克使用了一个关键词——使命。什么是使命呢？使命就是组织存在的原因。关于使命的假设规定了组织把什么结果看作是有意义的，指明了该组织对整个经济和社会应做出何种贡献。

二、管理者的两项要务

德鲁克认为，仅将管理者定义为“对他人的工作负有责任的人”还不够，管理者应该是“对企业的绩效负有责任的人”，其中绩效就是合理使用资源(如人员、设备、原材料等)。基于此，管理者的两项核心要务如下。

1. 建立团队

管理者必须建立一个团队。团队并非个体成员能力的简单集合，因为良好的团队能使全体成员的能力倍增。两个齐心协力的人的工作绩效将超过十个单打独斗的人。

协调是管理的精要所在，作为管理者，要协调大量活动。企业必须协调股东、客户、社会、员工和管理人员之间的冲突。经理人的任务是创造出一个大于其各组成部分总和的、真正的、富有活力的整体，把投入其中的资源转化为比单项资源总和更多的东西。

2. 权衡利益

管理者必须权衡目前利益与长远利益，所做的一切必须既有利于当前，又有利于根本的长期目标和原则，即使不能把这两方面协调起来，至少也必须使之取得平衡。管理者必须计算为获得当前利益而在长期利益方面做出的牺牲，以及为了获得长期利益而在当前利益方面做出的牺牲，并使这两方面的牺牲尽可能地小并尽快地得到弥补。管理者生活与活动于当前和未来两个时间维度之中，对整个组织系统的绩效负责。

三、管理的三项任务

1. 实现组织的特定目的和使命

一个组织的存在，是为了实现其特定的目的、使命和社会功能，对营利性组织而言，就是实现经济绩效；对非营利性组织而言，就是实现公共利益。即企业与非营利性组织的目的、使命是不同的，只有企业才有实现经济绩效这项特殊任务，这虽然不是社会赋予企业的唯一任务，但它是优先的任务，因为所有的其他社会任务，如教育、卫生、国防及知识的更新均依赖于经济资源的剩余，而经济资源的剩余源自成功的经济绩效产生的利润和其他储蓄。

企业管理必须始终将经济绩效放在首位。管理层只能以它创造的经济成果来证明自己存在的必要性与权威性。如果管理未能创造经济效益，那么管理就是失败的；如果管理层不能以顾客愿意支付的价格提供顾客需要的商品和服务，未能用交付于它的经济资源提高或至少保持其生产财富的能力，那么管理也是失败的。

2. 使工作富有成效，使员工获得成就感

企业只有一个真正的资源——人。只有使人力资源具有生产力，企业才能运作。今天的组织已经逐渐变为个人赖以谋生、取得社会地位、获得个人成就与满足的工具。因此，使员工获得成就感不仅重要，也是一种衡量组织绩效的尺度。

人力资源是所有经济资源中使用效率最低的资源，提高经济绩效的最大机会在于提高人们工作的效率。企业能否运作，归根结底取决于它促使人们尽职尽责地完成工作的能力。因此，对员工和工作的管理是管理层的一项基本职能。

3. 处理对社会的影响与承担社会责任

没有一个机构能够独立生存并以己身之存在为存在的目的。每个组织都是社会的一个“器官”，作为营利性组织的企业也不例外，因此企业应具有社会效益。

无论是一个企业、一家医院，还是一所大学，它们所要承担的社会责任都可能来自于两方面：一方面是机构对社会的影响；另一方面是社会本身的问题。这两方面产生的问题虽然不同，但都与管理有关。

现代组织存在的目的是向社会提供某种特定的服务，所以它必须在一定的社会环境中工作，也必须雇用人员为其工作，因此，不可避免地会对社会产生一些影响。

四、管理者五项基本作业

1. 制定目标

管理者首先要制定目标，即决定目标是什么，为了实现这些目标需做什么，这些目标在每个领域中的具体目标是什么。管理者把这些目标告诉与目标实现有关的人员，以便目标得以有效实现。制定目标是在“企业成果”与“一个人信奉的原则的实现”之间进行平衡；在企业的“当前需要”与“未来需要”之间进行平衡；在“所要达到的目标”与“现有的条件”之间进行平衡。

德鲁克认为，制定目标显然要求管理者具有分析能力和综合能力。一个人能够制定目标，不一定就能成为经理人，但是，一个人没有制定目标的能力，就绝不能成为称职的管理者。管理者通过提高其各项工作的技术和成就，可以使自己成为更好的经理人。

2. 从事组织工作

从一定意义上说，管理者所从事的就是组织工作。管理者分析所需的各项活动、决策和关系，对工作进行分类，把工作划分成各项可以管理的活动，又进一步把这些活动划分成各项可以管理的作业，并把这些单位和作业组合成一个组织结构。

同时，管理者选择人员来管理这些单位并执行这些作业。组织工作也要求管理者具有分析能力，因为组织工作要求最经济地利用稀缺资源。组织工作是同人打交道，所以管理者还必须具有公正、正直的品格。

3. 从事激励和信息交流工作

人们工作是出于不同的原因，有人为了金钱，有人为了社会地位，有人为了得到别人的欣赏，也有人是为了在工作中获得满足感和自我发展。作为管理者，一定要明晰这些人的需求并察觉其变化，确保员工尽可能最有效地工作。简言之，激励就是鼓舞和指导员工取得好绩效。管理者要培训员工，为他们提供有挑战性和有趣味的工作，激励他们在工作中追求优异。更重要的是，身为管理者，一定要相信员工并公平地对待他们。

除了激励以外，管理者还要做好沟通工作。管理者需要把担任各项职务的人组成一个团队，而要做到这点，需要通过：日常的工作实践，员工关系，有关的报酬、安置和提升的“人事决定”，以及同其下级、上级和同级之间经常性的信息交流与沟通。

4. 建立绩效衡量标准

管理者要建立绩效衡量标准，这对于提高组织绩效和个人绩效至关重要，不但要专注于整个组织的绩效，而且要专注于个人的工作并帮助他做好。管理者要对成就进行分析、评价和解释，把衡量的意义、结果通报给下级、同级和上级。衡量是用来促使实现自我控制的工具，不能用来控制他人。

德鲁克提倡应将衡量的结果告知当事人，但衡量常被人滥用为一种控制工具，有时被甚至用来作为一种内部“秘密警察”的工具。

5. 培养他人(包括自己)

管理者最重要的工作就是培养人，培养的方向决定着人(既作为人，又作为一种资源)能否变得更富活力，或者最终完全失去活力。这一点不仅适用于被管理的人，而且适用于管理者自身。管理者是否按正确的方向来培养下属、是否帮助他们成长并成为更高大和更丰富的人，将直接决定他本人是否得到发展。

管理者应该为下属提供发展的机会。人们都希望不断地提升自己，而只有在承担有挑战性的工作时，能力才能得到发展，此时就需要培训、指导和鼓励。当人们工作时，不可避免地会犯各种各样的错误，对他人所犯的错误应给予宽容的态度。德鲁克说：“一个人越好，他犯的错误就越多，因为他会努力尝试更多的新东西。我永远不会提拔一个从不犯错误，特别是从不犯大错误的人担任最高层的工作，否则他肯定将成为一个工作平庸的管理者。”

五、创新是一项提升财富创造能力的任务

在当今这个结构快速变迁的时代，管理最大的挑战是使组织成为变革的领导者，此时，管理者需要让组织具有创新活力。德鲁克将创新定义为一项赋予人力和物质资源以提升创造财富能力的任务；同时，创新也意味着管理者必须把社会的需要转变为企业的盈利机会。

组织创新应包括但不限于：①持续改善、改进某项产品或服务，使之成为真正与众不同的产品或服务；②必须学会充分利用组织掌握的知识，在成功的基础上不断开发下一代应用(产品)；③必须是一种系统化的过程。

六、有效的决策从解决分歧开始

德鲁克认为决策就是判断，是在各种可行方案之间进行选择。但决策很少是在正确和错误之间进行选择，而主要是在“几乎正确”和“可能错误”之间进行选择，更常见的情况是，在两种不同行为方案之间进行选择，而这两者之间很难说哪个更正确。

德鲁克关于“有效决策”的基本概念、方式和方法的提出是基于他多年的管理咨询工作，与传统教科书中的“科学决策”颇有不同。决策者只有从看法开始，才能发现决策是关于什么

事的。德鲁克认为，人们所提供的答案当然是各不相同的，但这些不同并非是备选方案本身的差异，而绝大多数是看法上的分歧，反映了一种潜在的(也常常是隐蔽的)关于决策实际上要解决什么问题的分歧。因此，有效决策的第一步是确定各种可能的问题。

七、绩效精神要求每个人都充分发挥他的长处

德鲁克认为，组织的目的是使平凡的人做出不平凡的事。组织不能依赖于天才，因为天才稀少，如凤毛麟角。一个真正优秀的组织，能够使组织中那些并非优秀的平常人取得比他们看来所能取得的更好的绩效，能够使组织中所有成员发挥出长处，并利用每个人的长处来帮助其他人取得绩效。此时，组织的任务在于使其成员的缺点相抵消。

因此，组织的绩效精神要求每个人都充分发挥他的长处，绩效评价的重点应放在一个人的长处上，即放在他能做什么事，而不是他不能做什么事。

德鲁克认为，组织的人际关系或氛围的检验标准应该是绩效。如果人际关系不以达成出色绩效为目标，那么实际上就是不良的人际关系，是互相迁就，并会导致士气萎靡。

八、没有永远的领导者

世界变化非常快速，很多企业领导人都苦恼于无法有效地将成功经验复制或转移给他们所领导的人或组织，或者传给其接班人。德鲁克认为，经验没办法“复制”或“转移”。例如，你闻到一朵玫瑰花很香，这样的经验是无法移转的，每个人都必须自己去闻。因此，组织领导人最大的挑战是如何透过组织的设计，有系统地提供精确的管理实务经验(而非所谓的成功经验)给年轻一辈的经理人，让他们可以从中得到启发，并在实际管理中创造出属于他们自己的模式。

九、做企业的三个境界

德鲁克曾以“三个石匠的比喻”来说明做企业的三个境界：

第一个石匠说，我终于找到了一个好饭碗；

第二个石匠说，我做的是一流的石匠活；

第三个石匠说，我在建一座大教堂。

德鲁克认为，第三个石匠才代表了做企业的最高境界。

通过石匠寓言来审视中国企业，目前的“成功企业”中，有很大一部分仍属于第一种境界，有少数企业属于第二种境界，具备第三种境界的企业少之又少，几近于无。而中国要想获得强大的国家竞争力，就必须拥有一批不仅能够进入《财富》500强，而且真正堪称“伟大公司”

的企业。中国企业要想在下一个 20 年从表面的胜利走向实质的成功，就必须从第一种境界进入第二种境界，进而达到第三种境界。“伟大”是一种“永远在路上”的状态，是一种认为自己“永远不够伟大”的心态下对于“伟大”的持续追求。

十、管理当局的责任

进入德鲁克管理世界的捷径就是从认识管理人员的责任、员工的责任和企业的责任开始。实际上，在 1973 年出版的《管理：任务、责任、实践》(*Management：Tasks，Responsibilities，Practices*)一书中，德鲁克把管理诠释为：管理任务、承担责任、勇于实践。在该书中，德鲁克还告诫人们，作为管理者不应以自己的性格行事，更不得以显示自己的权力行事，而是要按自己的职责行事。

德鲁克认为来，“权力和职权是两回事。管理当局并没有权力，而只有责任。它需要而且必须有职权来完成其责任——但除此之外，绝不能再多要一点儿”。管理当局只有在它进行工作时才有职权，而并没有什么所谓的“权力”。

德鲁克反复强调，认真负责的员工会要求经理人能真正胜任工作、认真对待工作、对自己的任务和成绩负起责任。

如果只对别人而不对自己提出要求，是没有用的，而且是不负责任的。如果员工不能肯定自己的公司是认真、负责、有能力的，那他们就不会为自己的工作、团队和所在单位的事务承担起责任。

同时，要使员工承担起责任、有所成就，必须由实现工作目标的人员同其上级一起为每一项工作制定目标。此外，确保自己的目标与整个团体的目标相一致，也是所有成员的责任。公司必须使工作富有活力，以便员工能通过工作使自己有所成就，而员工则需要有他们承担责任而引起的要求、纪律和激励。

十一、德鲁克的经典著作导读

1.《公司的概念》

1946 年出版的《公司的概念》(*Concept of the Corporation*)是德鲁克从组织角度审视企业社会结构，审视组织、管理和工业社会的著作，这本书同时也是首个把“管理”视为承担特定工作与责任、履行组织特定功能的著作。在该书中，德鲁克首次提到了“组织”的概念，奠定了组织学的基础。传统社会学没有“组织”的概念，因为传统社会学研究的是社会和社区，而“组织”既不是社会，也不是社区，却又兼具两者的成分。

2.《管理的实践》

1954年出版的《管理的实践》(*The Practice of Management*)是管理学的诞生及管理这门学科创建的标志。在该书中，德鲁克精辟地阐述：管理是一种实践，其本质不在于“知”而在于“行”；其验证不在于逻辑，而在于成果；其唯一权威就是成就。

3.《卓有成效的管理者》

1966年出版的《卓有成效的管理者》(*The Effective Executive*)提出，管理者的价值所在是帮助同事(包括上司和下属)发挥其长处并克服其短处。该书讨论的对象并不是那些决定要做些什么或应该做些什么的高级主管，而是为每一位对促进机构有效运转负有行动与决策责任的知识工作者。管理部门的核心不是职能而是服务；管理如果脱离了其服务机构及对象，就失去了存在的意义。

4.《管理：任务、责任、实践》

虽然管理在开始时将注意力放在企业等营利性组织上，但管理实际上是所有现代社会机构的“器官”。德鲁克在《管理：任务、责任、实践》一书中指出：“管理是一种‘器官’，是赋予机构以生命的、能动的、动态的‘器官’。没有机构(如工商企业)，就不会有管理。但是，如果没有管理，那也就只会有一群乌合之众，而不会有一个机构。而机构本身又是社会的一个‘器官’，它之所以存在，只是为了给社会、经济和个人提供所需的成果。可是，‘器官’不是由它们做些什么，也不是由它们怎么做来确定的，而是由其贡献来确定的。”德鲁克把管理比作“器官”，也就是要揭示“管理”的重要性所在，不是由它想做些什么或它是怎么做来决定，而是像判断一个身体器官的功能一样，由它在整个组织中到底起到什么作用来决定。

5.《旁观者》

《旁观者》(*Adventures of a Bystander*)出版于1978年。对于该书的重要价值，德鲁克说：“我希望借此呈现社会的图像，捕捉并传达这一代人难以想象的精髓、韵味与感觉。在我的著作中，没有一本反刍的时间像这本这么长——20年来，这些人物一直在我脑海中挥之不去，行、住、坐、卧，无所不在；也没有一本书这么快就问世了——从我坐在打字机前写下第一个字到完成全书，不到一年的光景。这本书虽不是我最重要的著作，却是我最喜爱的一本。”

6.《变动中的管理界》

《变动中的管理界》(*The Changing World of the Executive*)出版于1982年，主要探讨了管理者的角色内涵的变化、任务和使命、面临的问题和机遇，以及他们的发展趋势等问题。在该书中，德鲁克对传统的管理者概念提出了一系列质疑，对其日常工作内容、决策和绩效标准提出了一些新的见解，重点内容包括管理者的工作事项、企业绩效、非营利性部门、在工作的人们、变化中的世界5个方面。

7.《创新与企业家精神》

1985 年出版的《创新与企业家精神》(*Innovation and Entrepreneurship*)是一部有关创新理论和实践的经典之作，通过大量真实案例和解析，探讨了有关创新的观点、行动、规则和警示，首次将实践创新与企业家精神视为所有企业和机构有组织、有目的、系统化的工作，展示了如何寻找创新机遇，将创意发展为可行的事业需注意的原则和禁忌，并把机构——创新的载体作为重点，从现存企业、公共服务机构及新企业 3 个方向来讨论企业家管理。全书强调目前的经济已由“管理的经济”转变为“创新的经济”。

8.《21世纪的管理挑战》

德鲁克在 1999 年出版的《21 世纪的管理挑战》(*Management Challenges for the 21st Century*)一书中指出：“管理”最初并不是应用在企业，而是应用在非营利性组织和政府机构中。1912 年，泰勒在美国国会上作证时谈到“科学管理”，美国因此初次注意到“管理”。当时泰勒没有提及任何其他企业，而是以非营利的美友诊所为例。泰勒的“科学管理”最广为人知的实例也不是应用在企业，而是应用在美国陆军的毕特城兵工厂，虽然最后因工会的压力而放弃。

本章提要

1. 古典管理理论力图打破传统的经验管理，实现对作业与组织的科学、理性的管理，但这些思想都忽视了人的因素和环境的影响。

2. 霍桑实验引起了人们对组织中人的因素的重视，提供了有关群体规范及行为的新见解，管理者开始积极地寻求提高雇员的工作满意度和士气的途径。

3. 定量管理思想是数量方法在管理中的应用，它通过将运筹学、统计学及计算机等科学知识和方法用于研究与解决复杂的管理问题，以帮助管理者更好地制定目标和行动方案。

4. 组织是一个与环境保持密切联系的开放系统，系统管理和权变管理这两种管理思想冲破了以往着重于组织的内部并倾向于寻找普遍适用的最佳管理模式的做法。

5. 工作人员多样化是指工人们在性别、民族、种族、年龄或其他任何人类特征方面的异质性，这些特征构成人与人的差异。

6. 成功的组织应是灵活和反应迅速的，管理者应能够有效地发起大规模的创新革命，关注顾客的需要，追求持续的改进，追求精确的度量，努力提高产品的质量。

7. 德鲁克说：管理就是界定企业的使命，并激励和组织人力资源去实现这个使命。界定使命是企业家的任务，而激励与组织人力资源是领导力的范畴，两者的结合就是管理。他曾以“三个石匠的比喻”来说明做企业的三个境界，把管理诠释为：管理任务、承担责任、勇于实践。

8. 德鲁克指出，管理者两项核心要务是：①建立团队；②权衡利益。管理的三项任务包括：①实现组织的特定目的和使命；②使工作富有成效，使员工获得成就感；③处理对社会的影响，承担社会责任。管理者五项基本作业包括：①制定目标；②从事组织工作；③从事激励和信息交流工作；④建立绩效衡量标准；⑤培养他人(包括自己)。

9. 德鲁克将创新定义为一项赋予人力和物质资源以提升创造财富能力的任务；同时，创新也意味着管理者必须把社会的需要转变为企业的盈利机会。决策者只有从看法开始，才能发现决策是关于什么事的。因此，有效决策的第一步是确定各种可能的问题。

10. 德鲁克认为，绩效精神要求每个人都能充分发挥长处。经验是无法“转移”的。组织领导人最大的挑战是如何透过组织的设计，有系统地提供精确的管理实务经验(而非所谓的成功经验)给年轻一辈的经理人。

案例分析

❖ 案例 2-1 | 社区矫正管理

近年来，君塘司法所每月开展集中报到、现场点验、教育学习、集中公益劳动、集中汇报思想及矫正情况、个别走访等活动，创造了社区矫正良好的工作秩序，取得了显著的工作成效，使得所有社区服刑人员思想稳定、活动正常、服从判决、服从管理、工作努力、积极向上，为维护当地一方平安、构建和谐社会做出了一定的贡献。其中君塘司法所在开展针对社区矫正人员的矫正工作中，使用创新工作方法归纳总结出了“八能”工作法，即：每月定期对其打电话，确保“能闻其声”；每月对其进行见面谈话，确保“能见其面”；每月定期、不定期地开展社区服务活动，确保“能观其为”；在重大节假日及特殊时段，对其发送短信进行提醒，确保“能警其行”；认真开展走访活动，时刻了解动向，确保“能知其情”；对其积极开展个别教育谈话，确保“能见其心”；通过社区矫正定位监管平台，随时掌握其活动轨迹，确保“能知其踪”；通过开展技能培训，增强其融入社会的能力，确保“能增其智”。通过日常监管的“八能”措施，增强矫正人员的在刑意识和法治观念，使其能够做到自觉主动地进行思想汇报、参加教育学习和社区服务，确保了矫正效果。

资料来源：社区矫正管理. 搜狐网[EB/OL]. https://www.sohu.com/. 作者有删改

管理启示：如何做好社区矫正工作，是每个从事社区矫正工作的人都应该探究的问题。社区矫正不是冷冰冰地一味按照司法规章制度办事，也不是在情感上施以同情。社区矫正虽具有惩罚性，但它也具有社区参与性，能纠正监禁矫正的弊端。为此，严格管理和人文关怀的有机结合或许是更优的解决方案。社区矫正中的社会工作包括：缓刑、假释、监外执行人员的监督管理和教育帮扶，院舍训练的组织管理，社会服务计划的执行，为社区服刑人员提供社会服务等。这些都需要做到思想教育从严，生活关心到位，让矫正对象感受到社会的温暖，树立健康、积极向上的人生观、价值观，帮助他们早日回归社会，回到正常的生活轨道上来。社区矫正工作本身就是一项社会性的工作，旨在建设美好社会，因此在一定程度上承担了社会责任，其也应当立足于社会发展，将责任和使命融入日常活动中，全心全意为人民服务。

❖ **案例 2-2** | 在咨询行业流行这样一个故事

一个咨询顾问到一家公司去做咨询，老板非常高兴地说："你来得正好，帮助我培训员工，因为他们笨得像猪一样，我说什么他们也听不懂。"接下来这个顾问去培训员工，但是员工们却对顾问讲："你快去培训我们老板吧，他讲的全是鸟语，我们根本听不懂。"

资料来源：管理就是让下属明白什么最重要. 搜狐网[EB/OL]. https://www.sohu.com/. 作者有删改

问题：请应用彼得•德鲁克的管理思想，分析该公司老板在管理上存在的问题。

点评："既然员工'笨得像猪'，就应该用猪的语言去说，老板却用'鸟语'，员工当然不懂！"，尽管这样表述有些粗鲁，但却一语道破管理的核心所在。换句话说，就是老板和员工根本无法对话。

管理者有时喜欢把简单事情复杂化，以显示自己卓尔不群且有深度，但是管理是要做决定并让所有人执行这个决定。管理所要求的合格决策，就是让下属明白什么是最重要的。企业的管理者每日忙于决定他们认为重要的问题，但是对于下属及每个岗位人员应该做什么却从来不做分析和安排，结果每个员工都是凭着自己对这份工作的理解及对企业的热情和责任在工作，结果就是工作效果就很难达到要求。

思考与练习

一、单项选择题

1. 科学管理的中心问题是(　　)。

A. 制定定额　　B. 刺激工资制
C. 提高效率　　D. 提高质量

2. 管理活动的本质是(　　)。

A. 对人的管理　　B. 对物的管理
C. 对资金的管理　　D. 对技术的管理

3. 决策理论学派认为，管理者的主要任务是(　　)。

A. 计划　　B. 决策
C. 组织　　D. 控制

二、名词解释

霍桑实验　　权变理论

三、简答题

1. 简述科学管理理论对现代企业管理的指导意义。
2. 简述人际关系学说的主要观点。

四、应用分析题

1. 20 世纪初的管理实践并非都是那么诚实的。科内利尔斯•范德比尔特(Cornelius Vanderbilt)和约翰•戴维森•洛克菲勒建立了巨大而成功的铁路和石油公司，但他们从事商业活动的方式在一些人看来却是不道德和不负责任的。范德比尔特控制纽约和哈勒姆铁路是通过贿赂纽约州议会和操纵股票市场的方式，洛克菲勒密谋策划在铁路运费中给回扣并从竞争对手发运的石油中获取佣金，他还进行冷酷无情的竞争，迫使他的竞争对手破产，然后压低价格收买他们的资产。

尽管他们的经营手段声名狼藉，但这些早期的公司巨人却创造了成千上万个工作岗位，并为美国制造业在 20 世纪前 60 年期间的卓越表现打下了产业基础，例如，范德比尔特雇用的美国人比任何一家公司都多。其中一些公司巨人还将很大一部分利润通过慈善捐款的方式返还给社会，例如，洛克菲勒资助过芝加哥大学，并向南部黑人教育资助了几百万美元，还建立了洛克菲勒基金会，该基金会每年的资助金额都在几千万美元。

问题：

(1) 像范德比尔特和洛克菲勒这样的商业巨人，是社会的捐助者还是剥削者？他们的活动是非道德的吗？你是怎么看的？

(2) 你是否同意“管理思想的发展是由时代和当时的条件决定的”这种说法，试着讨论一下。

2. 请根据彼得•德鲁克的“三个石匠的比喻”，系统地阐释你对管理者的要务，管理的任务、创新、决策、领导、绩效评估的理解。

第三章 组织文化与组织环境

知识目标

1. 了解组织文化的定义
2. 能够描述构成组织具体环境和一般环境的各种要素

能力目标

1. 解释组织文化是如何反映组织个性的
2. 解释如何才能形成强文化或弱文化
3. 描述组织雇员学习组织文化的各种途径
4. 比较确定的与不确定的环境
5. 识别管理者可能与之打交道的各个利益相关者

素质目标

1. 解释组织文化是如何约束管理者和雇员的
2. 阐述管理者如何对待并组织外部的各种利益相关者

第一节 管理的万能论与象征论

社会中有一种占支配地位的观念是，管理者对组织的成败负有直接的责任，即当组织运行不良时，管理者是负有责任的，一般称此观点为管理万能论(omnipotent view of management)。相反，另一种观念认为，管理者对组织成果的影响十分有限，管理者在组织成败上起到的实际作用非常小，组织的成败在很大程度上要归因于管理者无法控制的外部力量。此时，管理者必须对随机性、混淆性和模糊性中的内在含义做出判断，这种观点则称为管理象征论(symbolic view of management)。本节将仔细对比这两种观点，以阐明管理者应该从他们的组织绩效中得到多大程度的荣誉或责备。

一、管理万能论

管理学理论中有一个占主导地位的假设：一个组织的管理者的素质，决定了该组织本身的素质。也就是说，组织的效果和效率的差别，在于组织中管理者的决策和行动。优秀的管理者应预测变化，挖掘机会，改善不良绩效，并领导其组织实现目标或在必要的时候改变目标。基于这种假设，当公司的利润增加时，管理当局就会获得极大的荣誉和红利，以及股票、期权等形式的报酬；而当利润下降时，董事会就会撤换最高管理层，期待新的管理班子带来公司业绩的改善。在公共管理领域也是如此：某个市长或县长的撤换，除了换届等政治原因外，也常常是基于政绩或地方治理业绩上的考量。

管理万能论将最高管理者视为组织的中流砥柱，认为他们能够克服任何障碍去实现组织的目标，无论是工商组织、公共组织，还是一个体育团队，都有大量案例来印证这一点，如乔布斯与苹果公司、郎平与中国女排。一个组织或团队的命运与辉煌与它的领导人息息相关，当然，一部分情有可原的情况除外，如天灾、政治因素等。当组织运行不良时，必须有人承担责任，且承担责任的角色往往是由管理者扮演的。

二、管理象征论

管理象征论是假定管理者影响组织绩效的能力非常有限。按照象征论的观点，一个组织的成败受到大量的管理当局无法控制的因素影响，这些因素包括经济形势、政府政策、竞争对手、技术垄断、自然灾害、特定产业的状况及组织前任管理者的决策。因此，管理当局实际上对组织成果的影响是极其有限的。

管理当局真正能够影响的大部分是象征性的成果。管理当局的作用被看作是对随机性、混淆性及模糊性中的内在含义做出判断，很容易使股东、顾客、雇员及公众产生他们在控制着事态的错觉。当事情进行得顺利时，人们需要有人受到赞扬，这一角色由管理当局来扮演。相同地，当事情进行得不顺利时，人们便需要一个替罪羊，这一角色也由管理当局来承担。在组织的成功与失败中，管理当局所起的实际作用是很小的。

三、管理的综合论

既然万能论和象征论在特定的场景中都存在，那么现实情况就是两种观点的综合。从管理实践来看，管理者既不是无能的，也不是全能的。每一个组织中都存在着限制管理者决策的内部约束力量，这些内部约束源于组织的文化。此外，外部约束也冲击着组织，并限制着管理的自由，这些外部约束来自组织环境。

总之，组织文化与环境会对管理者造成压力，制约着他们的选择。但是，尽管存在着各种约束，管理者也并非无能为力，在一个相当大的范围里，管理者还是能够对组织的绩效施加重大影响的，并使优秀的管理者有别于拙劣的管理者。我们不应当把这些约束力量看作是任何情况下的固定因素。对某些组织来说，在某些情况下，管理者是有可能改变并影响他们的文化与环境的，这种可能性扩展了管理当局可自由斟酌决定的范围。

第二节 组织文化

我们知道，每个人都具有某些心理学家所说的“个性”。一个人的个性是由一套相对持久和稳定的特征组成的。当我们说一个人热情、富有创新精神、轻松活泼或保守时，我们正在描述他的个性。一个组织也同样有自己的个性，我们称这种个性为组织文化。

一、组织文化的概念及内涵

组织文化是指一个组织成员共有的价值和信念体系，而且这一体系在很大程度上决定了组织成员的行为方式。就像部落文化中拥有支配每个成员对待同部落人及外来人的图腾和戒律一样，组织拥有支配其成员行为的文化。在每个组织中，都存在着随时间变化的价值观、信条、仪式、神话及实践的体系或模式，这些共有的价值观在很大程度上决定了雇员的看法及对周围世界的反应。当遇到问题时，组织文化通过提供正确的途径来约束雇员行为，并对问题进行概念化、定义、分析和解决。

上述组织文化的定义有以下几方面的含义，首先，文化是一种知觉，或者说是一种共同感知。这种知觉存在于组织中而不是个人中。组织中具有不同背景的人，试图以相似的术语来描述组织的文化，这就是文化的共有方面。其次，组织文化是一个描述性术语，它与成员如何看待组织有关，而无论他们是否喜欢自己的组织，它都是描述性的而不是评价性的。

尽管现在还没有规范性的方法来判定组织的文化，但可以通过评价一个组织具有的 10 个特征的程度来识别组织文化，组织文化是这 10 个特征的复合体，如表 3-1 所示。

表3-1　组织文化的10个特征

特征	说明
成员的同一性	雇员与组织的一致程度，而不只体现雇员的工作类型或专业特征
团体的重要性	工作活动围绕团队而不是围绕个人的程度
对人的关注	管理决策要考虑结果对组织中的人的影响程度
单位的一体化	鼓励组织中各单位以协作或相互依存的方式运作的程度
控制	用于监督和控制雇员行为的规章、制度及直接监督的程度
风险承受度	鼓励雇员进取、革新及冒险的程度
报酬标准	同资历、偏爱或其他非绩效因素相比，依据雇员绩效决定工资增长和晋升等报酬的程度
冲突的宽容度	鼓励雇员自由争辩及公开批评的程度
手段—结果倾向性	管理更注重结果或成果，而不是取得这些成果的技术和过程的程度
系统的开放性	组织掌握外界环境变化并及时对这些变化做出反应的程度

不同的组织可能有完全不同的文化，一些组织鼓励员工自由发表争论性的或不同的意见，并以正式的规章来保护员工，而另一些组织可能相反。以下是两种截然不同的组织文化。

组织 A：雇员对公司忠诚；公司有大量严密的规章制度和明确的部门及权力线，管理者密切监督员工以保证不发生偏差；管理当局关心的是高生产率；工作活动是围绕个人设计的；公司对努力、忠诚、协作及避免出错都给予表扬及奖励，仅从内部提升管理者。

组织 B：员工以其技术诀窍和专业知识及同公司外的广泛交往为荣；公司只有少量的规章制度，监督较松；管理当局关心高生产率，但相信高生产率来自正确地对待员工；工作活动是围绕团队设计的，并鼓励团队成员跨越职能领域及权力等级进行交流；评价管理者不仅依据其部门的绩效，还要看其部门同组织内其他部门协调工作的好坏程度；职务晋升与物质奖励给予贡献最大的员工，而不看其个人性格或工作习惯；将最优秀的人员安排到高层位置，而不管其出身；公司对顾客变化的需求做出快速的反应。

思考：

结合组织文化的内涵，讨论一下怎样理解华为的口号：“小改进，大奖励；大改进，只鼓励”。

二、组织文化的结构

物质文化、行为文化、制度文化和精神文化构成了组织文化结构的四个层次。

1. 物质文化

物质文化是一种由组织创造的器物文化，如组织的各种标志、标识等，具有看得见、摸得着、很直观等特点，属于组织文化的表层。

现实中，为什么要把一些物质实体作为文化来看待呢？这是因为，不仅仪器设备、技术装备、工艺流程、操作手段等这些与组织生产直接相关的物质现象会体现组织的文化素质，而且厂区布局、建筑形态、工作环境等也会体现组织的文化素质。

2. 行为文化

行为文化既包括组织的生产行为、分配行为、交换行为和消费行为所反映的文化内涵与意义，也包括注入企业形象、企业风尚和企业礼仪等组织行为文化因素。相对于表层的物质文化而言，行为文化是组织文化的浅层。

3. 制度文化

制度文化是组织文化的中层，体现在组织与领导、工艺与工作管理、职工管理、分配管理等制度中，不同的文化意识会有不同的制度建设思想。

4. 精神文化

精神文化是组织文化中的核心和主体，是广大员工共同而潜在的意识形态，包括管理哲学、敬业精神、基本信念、价值标准、道德观念等。

精神是在组织信奉的价值观念的基础上所形成的一种群体意识和精神状态。相对于中层的制度文化、浅层的行为文化和表层的物质文化而言，精神文化是组织文化结构中的核心层。

三、文化的来源

一个组织的文化常常会反映组织创始人的远见、使命，因为创始人有着独创性的思想，所以他们对如何实施这些想法存在着倾向性，并且不会被已有的习惯或意识所束缚。创始人通过描绘组织应该是什么样子的方式来建立组织早期的文化。新组织的规模往往较小，因此创始人能够使他的远见深刻地影响组织的全体成员。

一个组织的文化是以下两方面相互作用的结果。

一是创始人的倾向性和假设。

二是每一批成员从自己的经验中领悟到的东西。

例如，微软公司的创始人比尔·盖茨具有强烈的进取心和冒险精神，因此，微软公司的文化特点是富于进取和创新，敢于冒险，在用人方面也愿意聘用那些犯过错误但能够吸取经验教训的人；IBM公司的情形却相反，其创始人托马斯·沃森几乎为每件事都制定了规则，他规定员工在工作期间的着装必须为深色西装、白衬衣和条纹领带，并禁止员工喝酒(甚至在下班后也禁止)，因此，IBM公司的企业文化表现出稳健和保守的特点。

组织的员工学习或继承组织文化主要有以下几种方法。

(1) 故事。讲述组织历史上对组织文化具有奠基作用的重大事件或重要人物。

(2) 仪式。通过一些固定的组织仪式或重复性的活动来传承组织文化。

(3) 有形信条。通常，有形的信条是创造组织个性的本质。

(4) 语言。组织设计出独一无二的术语，有助于传承组织文化和精神。

四、强文化和弱文化

虽然所有的组织都有文化，但并非所有的文化对雇员都有同等程度的影响。一般地，强文化(强烈拥有并广泛共享基本价值观的组织)比弱文化对员工的影响更大；雇员对组织的基本价值观的接受程度越大，组织文化就越强。其基本逻辑是，在强文化中，组织的核心价值观得到了强烈的认可和广泛的认同；接受这种核心价值观的组织成员越多，他们对这种价值观的信仰越坚定，组织文化就越强；组织文化越强，对员工的行为产生的影响就越大，并在组织内部营造了一种很强的行为控制氛围。

组织文化的强弱程度，取决于组织的规模、历史、雇员的流动程度及文化起源。一些组织分不清什么是重要的或不重要的，这是弱文化的一个特征；或者说，在这样的组织中，文化对管理者的影响很小。大多数组织已向强文化转变，它们在什么是重要的、什么是正确的雇员行为、什么推动了组织的前进等问题上达成了共识。我们有理由相信，当组织文化变得更强时，它将会对管理人员的所作所为产生越来越大的影响。

当然，强文化有时也会有负面作用，表现在以下几个方面。

(1) 成为创新和变革的障碍。在不断发展、变化的环境中，组织内部必然会产生变革和创新的客观要求，当组织文化及核心价值观与创新要求不相符甚至相互矛盾时，组织文化固有的稳定性和惯性就变成了组织创新的障碍。

(2) 多样化的障碍。组织雇用各具特色的个体，是因为他们能给组织带来多种选择上的优势。但当个体在强文化作用下努力地去适应组织文化时，个体优势的多样化就丧失了。当强文化大大消减了不同背景的个体带到组织中的独特优势时，它就成了组织的束缚。

(3) 兼并和收购的障碍。组织文化具有排异倾向，任何人要进入某组织并被组织所认可和接受就必须顺应和接受这个组织的固有文化，否则就会被视为“异类”，就要承受来自其他成员的巨大压力，直到融入或退出为止。

五、组织文化对管理实践的影响

首先，组织文化有助于管理者建立适当的管理行为。组织文化与管理者深度相关，因为文化建立了对人们应该做什么、不应该做什么的软约束。尽管这些约束很少是清晰的，通常也没有用文字写下来，甚至很少听到有人谈论它们，但它们确实存在，而且组织中所有的管理者依据组织文化很快就会领会“该知道什么和不该知道什么”。

例如，一个企业的文化如果支持这样的观点：削减费用能带来利润的增加、低速平稳增长的季度收入能给公司带来最佳的收益，那么在这种情况下，管理者不可能追求创新的、有风险的、长期的或扩张的计划。同样，组织文化把什么是恰当的行为传递给了管理者，如果一个组织的文化以对雇员的不信任为基础，那么管理者更可能采用独裁的而不是民主的领导方式。

其次，一个组织的文化，尤其是强文化，会制约管理者的涉及所有管理职能的决策选择。例如，组织文化会影响以下管理者职能决策事项：①计划应由个人还是群体制订？②雇员在工作中有多大的自主权，任务是由个人还是小组来完成？③管理者在多大程度上关心雇员日益增长的工作满意度？哪种领导方式更合适？是否所有的分歧(甚至是建设性的分歧)都应当消除？④组织更多的是通过雇员控制自己的行为还是施加外部控制？雇员绩效评价中应强调哪些标准？个人预算超支，组织将会产生什么反响？

六、组织文化的测量

瑞士洛桑国际管理学院教授丹尼尔·丹尼森(Daniel Deniso)设计的丹尼森组织文化测量量表是进行组织文化诊断的有利工具，其以“信仰与假设”作为模型系统的中央，指标体系包括适应性(adaptability)、使命(mission)、参与性(involvement)、一致性(consistency)。

其中，适应性表示公司是否可以顺应市场趋势、能否将市场需求转化为公司的行动，包括创造变革、顾客至上、组织学习。使命表示一个企业的奋斗目标、未来导向和发展蓝图，包括战略导向与意图、愿景和目标。参与性涉及员工的工作能力、主人翁精神和责任感的培养，包括授权、团队导向、能力发展。一致性往往用于衡量公司的内部凝聚力和向心力，包括协调与整合、配合、核心价值观。

这里，适应性和使命属于外部关注，而参与性和一致性属于内部关注。适应性与参与性用于判断企业的灵活性，以及是否有变革野心、能力；使命和一致性强调企业对未来的预测和平稳发展。变革是外部市场，稳定是公司内部经营，两者是组织文化建设的主要冲突点，是组织文化建设成败的关键。

第三节 组织环境

一个公司的成败不总是归咎于内部的管理，任何组织都不是独立存在的，外部环境会对管理带来巨大的冲击。例如，雾霾等环境污染的严峻形势给汽车、钢铁、化工、建筑业等行业企业造成了压力；而交通拥堵问题，却给公交公司、轨道交通公司带来了发展机遇。如果把一个国家理解为一个巨型组织，那么新冠肺炎疫情的全球暴发表明任何组织都会受外部环境的深刻影响。这些例子都可以证明，环境中的某些力量在管理者行为的形成过程中起着重要作用。本节中提出了几种影响管理的关键环境力量，并说明了这些力量是如何制约组织的创新战略及管理者的决策自由的。

1. 环境的定义

环境是指对组织绩效有潜在影响的外部力量。任何组织都是在一定的环境中从事活动的，环境的特点和变化都会对组织产生影响，影响决策者的决策(即对组织活动方向、内容、计划方式的选择)。环境由一般环境和具体环境构成，并具有不确定性。

2. 环境构成

(1) 一般环境。一般环境是指组织活动所处的大环境，它对不同类型的组织均产生相似的影响，主要包括经济环境、政治与法律环境、社会环境、技术条件，以及能影响组织但相互关系尚不清晰的力量。通常来说，一般环境是组织的管理者无法影响和控制的，因此，管理者常用的管理对策主要是适应和利用一般环境。

① 经济环境。利率、通胀率、可支配收入的变动、证券市场指数及一般商业周期，是经济环境中能够影响组织管理实践的一些因素。

② 政治与法律环境。政治与法律环境包括一个组织在东道国的政治(政权)稳定性及政府首脑对工商企业的作用所持的态度。在中国，各类组织大体上在一个稳定的政治环境中运行。但由于管理是一种世界范围的活动，一些国家的政治稳定性是很不规律的，甚至有些国家或地区长年处于战乱中，因此管理内在地要求组织努力预测其所在国的政治气候及政策变化。

③ 社会环境。管理当局必须使企业经营适应变化的社会预期，包括符合当地的文化传统、价值观、风俗和品位。组织提供的产品、服务及其内部政策都必须适应当地的社会条件。例如，一个组织如果没有照顾孩子的设施，那么它也许会失去招聘到才干女职员的机会；面对人口老龄化问题，各类组织必须针对这种年龄结构和不同年龄细分市场重新设计产品和服务。

④ 技术条件。人类生活在一个技术日新月异的时代，如自动化的办公室、机器人、激光、自媒体、新能源、智能手机、网上支付等，影响人们生活的方方面面。高科技的应用对所有组织的管理而言，意味着更快、更好的决策制定能力和客户服务能力，因此，技术应用领先的医院、大学、机场、商场，比没有采用先进技术的同类组织具有更强的竞争力。

(2) 具体环境。具体环境是与特定组织直接发生联系的环境要素，它是由对组织绩效产生积极或消极影响的关键顾客群或要素组成的，包括供应商、顾客、竞争者、政府、公众压力集团(社会团体及利益相关者)等。

① 供应商。一个组织的供应商既包括为组织供应原材料和设备的公司，也包括资金及劳动投入的供给者，如资本的供给者，工会、职业协会、地方劳动力市场等雇员的供给者。管理当局寻求以尽可能低的成本来保证所需投入的持续稳定供应。因为这些投入物具有不确定性，它们的不可获得或延误均能极大地降低组织的效果，管理当局必须尽最大努力保证输入流的持续稳定。因此，大多数大型组织会设采购、财务及人力资源部门，以专门应对在获取机器、设

备、资本及劳动力投入上的不确定性问题。

② 顾客。组织是为满足顾客需要而存在的。工商业组织的顾客或代理商是吸收组织产出的主体；政府组织的存在是为了向公众提供公共物品或服务。通常，公众以投票的方式表明其对政府的满意度，此时，公众就像顾客一样。显然，对于一个组织，顾客代表着潜在的不确定性，因为顾客的口味会改变，他们会对组织的产品或服务感到不满。

③ 竞争者。所有组织甚至垄断组织都有一个或多个竞争者。例如，百事可乐公司、可口可乐公司与重庆天府可乐公司，通用汽车公司与丰田汽车公司，北京大学与清华大学，中国邮政与顺丰快递，招商银行与中国银行，等等。它们彼此是竞争者，在各自领域展开激烈的竞争。因此，任何组织的管理当局都不能忽视自己的竞争者，否则，它们会付出惨重的代价。

④ 政府。各级政府会制约着组织能做什么、不能做什么。政府通过汇率、税收、贸易壁垒、劳动法、反垄断法等的规定，制约着组织的发展。一些组织因业务之故，受到特定政府机构的仔细监察。例如，电信、网络、影视广播产业中的组织受政府的管制；上市公司必须受中国证券监督管理委员会的监管并遵守证券交易规定的财务标准；生产食品、药品的公司，需经国家食品药品监督管理总局的审查和批准；成立公司，必须经过国家市场监督管理总局、国家税务总局的注册批准并符合公司法的规定。组织需要耗费大量的时间和资金来满足政府法规的要求，限制了可供管理者选择的可行方案。

⑤ 公众压力集团。管理者应意识到特殊利益集团在试图影响组织的行为。例如，种族歧视、性别歧视等冒犯行为，雇用童工、侵犯人权等违法行为，极易受到公众的联合抵制。又如，绿色和平组织经过不懈努力，不但在捕鲸业、金枪鱼渔业及海豹皮制品业等方面做出了显著的改变，而且提高了公众对环境问题的关注。管理者应当意识到这些集团会影响他们的决策。

不过，具体环境对每一个组织而言都是不同的，并随条件的改变而变化。而且，一个组织的具体环境因素经过一段时间会转变成一般环境因素；反之亦然。但与一般环境相比，具体环境对特定组织的影响更为明显、直接，且容易被管理者识别、影响和控制。

3. 环境的特征

并非所有的环境都相同，例如，一个组织赖以存在及对其绩效起关键作用的因素，也许对别的组织毫无影响。因此，环境对管理者而言是很重要的。为了把握环境的不确定性，我们必须认识环境变化的特点和规律。环境的不同是由于环境的不确定性程度不同，可以分解为变化程度和复杂程度两个维度，体现以下两个特征。

一是动态性。动态性是指环境影响因素随时间的变化趋势，表现为一种不可预知的变化程度。如果组织环境要素大幅度改变，则称为动态环境；如果变化很小，或者主要环境影响因素不随时间而变化或变化的幅度不足以影响组织的经营，则称为稳态环境。在稳态环境中或许没有新的竞争者，或许现有竞争对手没有新的技术突破，或许公众压力集团极少有影响组织的活动，等等。

不过，有一种稍微复杂的情况是，对于可预测的快速变化又是何种情况呢？以零售百货商店、火车客运为例，它们的营业额具有可预见性，一般在中国的春节前后有较高的营业额，而其他季节销售额会大幅度下降。问题是，这种可预见的消费需求变化是否使百货商店、火车客运的环境具有动态性呢？不是的。当谈到变化程度时，我们所指的是不可预见的变化。如果变化能够被精确地预期，它就不是管理者必须应对的不确定性。但同样是零售百货商店，电子商务(网上购物、电子支付)的急速发展，到底会对传统百货零售业或超市带来什么样的影响，未来的零售业态究竟是什么样的格局，对大多数百货公司、超市的管理者来说难以预计，是一种不确定性。

二是复杂性。与不确定性相关的另一个维度是环境复杂性程度。复杂性程度是指组织环境中的要素数量及组织所拥有的与这些要素相关的知识广度，包括一个组织所面临的环境影响因素的多少，它们之间的关联性及处理这些环境影响所需要的知识的复杂性。签订合同、建立战略伙伴关系有助于降低环境的复杂性。一个组织要与之打交道的顾客、供应商、竞争者及政府机构越少，组织环境中的不确定性就越少。

复杂性还可依据一个组织需要掌握的有关自身环境的知识来衡量。例如，波音公司的管理者若想保证该公司制造的喷气式飞机没有缺陷，就要尽可能多地了解其供应商的经营活动。相反，零售杂货店的管理者对这一要求就要低很多。

根据组织所面临环境的动态性和复杂性的不同，可以把环境分为以下 4 种不确定性。

(1) 低不确定性。简单和稳定的环境具有低不确定性，即环境的影响因素不多，而且在较长时期内不会有很大的变化，在处理这些外部影响时不需要复杂的技术和知识。一般来说，离最终消费者越远，使用的技术越简单，组织面临的竞争和市场也越缓和、稳定。

(2) 较低不确定性。复杂和稳定的环境具有较低不确定性。随着组织所面临的环境因素的增加，环境的不确定性程度会相应地升高。

(3) 较高不确定性。简单和动态的环境具有较高不确定性。虽然影响环境的因素不多，但是，这些因素会随着时间而变化，甚至难以预见，从而使环境的不确定性明显升高。

(4) 高不确定性。复杂和动态的环境具有高不确定性。影响组织的环境因素错综复杂，而且随着时间不断地发生变化，这些变化很难预料，这种环境的不确定性程度最高。

面对上述不确定性的环境，管理者所能采取的办法是塑造竞争文化，积极地适应环境，主动地选择环境，改变甚至创造适合组织发展的新环境，尽力将不确定性降至最低程度。通常，鼓励承担风险和创新、更注重结果而不是方法、增加雇员的决策权限、加强内部部门之间的合作的组织文化，有助于对变化的环境做出更迅速的反应。一个组织面临的环境不确定性越大，环境对管理当局的选择和决定自身命运的自由的限制就越大。

第四节 跨文化管理

在经济全球化和对外贸易日益频繁的背景下，在母国以外的国家或地区从事管理工作或项目投资，已经成为一种越来越常见的现象。中国也有越来越多的组织成为跨国公司、多国公司甚至无国界组织，而在全球自由贸易条件下，国界变得不那么重要。这种全球扩张性活动在给组织带来巨大利益的同时，也向处于一个陌生国家的管理者提出了众多挑战。例如，假设你是一位跨国公司的经理，准备到一家跨国公司的国外分支机构工作，当地的环境与国内的不同，两者差异会达到什么程度？这时应该注意些什么呢？这其实就是一系列在外国环境中的跨文化管理问题。本节将考虑这些挑战，并对如何做出反应提供一些指导。

一、法律和政治环境

通常，管理者都习惯于稳定的法律和政治体系。因为在稳定的政治体系中，政治行为对市场的影响是缓慢的，程序是完善的，选举是定期进行的，即使一些国家执政党发生变化，通常也不会引起快速的、根本的改变。而支配个人和组织机构行为的法律的稳定，也有利于组织做出非常精确的预测，不至于形成投资与经商环境的过度不确定性。

但政治干预是一些国家现实生活的一个方面，一些国家的政府在相当长的历史时间内都是不稳定的。例如，南美、非洲及南亚的一些国家经常发生政变、内战或冲突，政府更迭频繁，每个新政府都有自己的新规则，既可能会促进自由企业，也可能会出现工商业的国有化。这些国家工商企业的管理者由于政治的不稳定而面对着剧烈变动的高度不确定性。

当然，并非只有法律和政治环境不稳定时才需要管理者引起注意，事实上，别的国家社会及政治体系与母国的差异才是管理中最重要的关注点。各国(地区)对工商业的贸易限制、工作条件、隐私权、工人权利等的法律是不同的，管理者如果想了解他们经营中的制约因素及存在的机会，则需要认识这些差异。

二、经济环境

全球管理者关注着经济因素，最明显的几个关注点是波动的货币汇率、多样化的税收政策及差异性的通货膨胀率，而一国的管理者则无此之虞。

一个多国公司的利润受本国货币的地位或其经营所在国货币的影响而剧烈变化。全球性的组织除了有生产和销售上的风险，还可能有来自于浮动汇率的风险(或利润潜力)。同样，多样化的税收政策也是全球管理者的一个主要担忧。许多东道国比公司所在国的约束更多，而有的则宽松一些。仅有一点可以肯定的是，国与国之间的税收规则不尽相同。管理者需要了解他们经营所在国的各种税收规则的实践知识，从而将其公司的纳税义务降至最低。此外，世界不同地区的通货膨胀率可能差异很大，全球管理者必须予以关注。

三、文化环境

另外，还有一个环境力量是各国文化的差异。不同组织有不同的内部文化，不同国家或民族的文化差异性大。像组织文化一样，民族文化是一国全体或大多数居民共有的价值观，它塑造了成员的行为及信仰，形成一个组织成员的行为及其看待世界的方式。

民族文化是否驾驭着组织文化呢？答案是不言而喻的。例如，2016 年英国公投脱离欧盟，与其说是一种国家政治行为，不如说是一种民族文化行为，尽管脱欧后英国的经济和企业可能会因此受损。研究表明，民族文化对雇员的影响要大于组织文化的影响。例如，在慕尼黑的 IBM 工厂的德国雇员受德国文化的影响将会比受美国 IBM 公司文化的影响大。这意味着，与组织文化对管理实践的影响相比，民族文化产生的影响更强。

各国之间法律、政治和经济的差异是相当明显的，分辨起来相对容易。例如，在中国工作的日本主管，能轻松地从国家的法律或税收政策中获得差异信息。然而，获取一个国家文化差异的信息却要困难得多，主要原因是当地“居民”缺乏向别人阐述他们文化差别特征的能力。基于此，自然会想到一个问题，如何进行跨文化管理呢？

迄今为止，能够帮助管理者更好地了解民族文化间差异的最有价值的理论框架，是由吉尔特•霍夫斯泰德(Geert Hofstede)提出的。他对在 40 个国家中为一家多国公司工作的 1116 万名雇员进行了调查，发现民族文化对雇员与工作相关的价值观和态度起主要影响。更为重要的是，霍夫斯泰德发现，管理者和雇员的文化差异表现在民族文化的 4 个维度上：个人主义与集体主义、权力差距、不确定性规避、生活的数量及质量。基于这 4 个维度，在管理的实践中可以据此考虑是否对组织的管理方式进行调整，并让管理者区分出“文化冲击”很大的、最迫切需要调整管理方式的国家。

(1) 个人主义与集体主义。个人主义是指一种松散结合的社会结构，在这一结构中，人人只关心自己或直系亲属的利益。这在一个允许个人有相当大自由度的国家或社会中是可能的。与个人主义相反的是集体主义，它是一种紧密结合的社会结构。在这一结构中，人们希望群体中(诸如家庭或一个组织)的其他人在他们有困难时帮助并保护他们。集体主义所换来的是成员对团体的绝对忠诚。

(2) 权力差距。人们天生具有不同的体力和智力，从而产生了财富和权力的差异。社会如何处理这种不平等呢？在不同的民族文化下，人们看待这种不平等问题的差异较大。霍夫斯泰德使用“权力差距”一词作为衡量社会承认机构和组织内权力分配的不平等程度的文化尺度。一个权力差距大的社会会承认组织内权力的巨大差别，雇员对权威显示出极大的尊敬，称号、头衔及地位是极其重要的；相反，权力差距小的社会会尽可能减少不平等。

(3) 不确定性规避。这是衡量人们承受风险和非传统行为程度的文化尺度。我们生活在一个不确定的世界中，未来在很大程度上是未知的，不同的社会以不同的方式对这种不确定性做出反应。一些社会使其成员沉着地接受这种不确定性，在这样的社会中，人们或多或少对风险泰然处之，他们还很能容忍不同于自己的行为和意见，因为他们并没有感受到威胁。霍夫斯泰德将其描述成低不确定性规避的社会，也就是说，人们感到相当安全。

相反，可以用人们日益增长的焦虑来表征一个高不确定性规避的社会。在这种社会中，人们表现出高度的神经紧张、压力和进取性。由于人们感受到了社会中不确定性和模糊性的威胁，因此创建机构来获得安全感、减少风险。他们的组织可能有更正式的规则，人们对异常的思想和行为缺乏容忍，社会成员趋向于相信绝对真理。毫不奇怪，在一个高不确定性规避的国家中，组织成员表现出较低的工作流动性，终身雇佣是一种普遍实行的政策。

(4) 生活的数量及质量。民族文化的第四个维度也分为两方面：有的民族文化强调生活需用的数量，过分自信并追求金钱和物质财富；而有的民族文化可能更强调生活的质量，他们更重视人与人之间的关系及对他人幸福的敏感和关心。

本章提要

1. 万能论认为管理者对组织的成败负有直接责任。相反，象征论指出，管理者对实质性的组织成果仅起着极为有限的作用，因为大量的因素是管理者所不能控制的。

2. 组织文化是组织内部的一种共享价值观体系，它在很大程度上决定了雇员的行为。

3. 组织文化由 10 个特征组成：成员的同一性；团体的重要性；对人的关注；单位的一体化；控制；风险承受度；报酬标准；冲突的宽容度；手段—结果倾向性；系统的开放性。

4. 文化制约着管理者的行为，左右着管理者的判断、思想及感觉。强文化传递哪种选择是可取的，哪种选择是不可取的信息，在很大程度上制约了管理者的决策。

5. 一般环境包含对组织有潜在影响，但其相互关系尚不清晰的力量，如经济环境、政治与法律环境、社会环境和技术条件等。具体环境是与实现组织目标直接相关的环境，如供应商、顾客、竞争者、政府和公众压力集团等。

6. 环境的不确定性取决于环境的变化程度和复杂程度。稳定、简单的环境是相当确定的；越是动荡和复杂的环境，不确定性越大，限制了管理当局的选择及决定自身命运的自由。

7. 霍夫斯泰德发现，在文化环境中，管理者和雇员的文化差异表现在民族文化的 4 个维度上：个人主义与集体主义、权力差距、不确定性规避、生活的数量及质量。

案例分析

❖ 案例3-1 | 安然为何不“安然”?

安然公司成立于1985年，由美国休斯敦天然气公司和北方内陆天然气公司合并而成，公司总部设在美国得克萨斯州的休斯敦。该公司拥有资产498亿美元，雇员达2万多人。安然公司在鼎盛时期的年收入达1000亿美元，是世界上最大的天然气交易商和最大的电力交易商，名列《财富》杂志“美国500强”的第七名，一度是全球领先企业。2001年年底，安然公司虚报近6亿美元的盈余和掩盖10亿多美元的巨额债务的问题被暴露出来。12月2日，安然公司根据美国破产法第十一章规定，向纽约破产法院申请破产保护，创下美国历史上最大宗的公司破产案纪录。安然为何会倒下?回顾公司的历程，可以看到:

1992年，安然跃升为跨国公司，将经营触角延伸到了欧洲、南美洲各国;之后又进入了印度和中国市场。不仅干自己老本行——天然气，还将业务扩展到了发电、管道及其他众多领域。安然公司先后在国外投下了75亿美元，然而这些扩张活动并没有像安然声称的那样，为公司带来丰厚的回报，两个最典型的商业败笔是印度的达博尔(Dabhol)电站项目和英国的埃瑟里克斯(Azurix)水处理项目。

达博尔项目还没有上马，就遇到了麻烦。由于认定其在经济上不可行，1993年，世界银行拒绝为这一项目提供贷款，结果安然公司自己投入了12亿美元。后来因印度国内政党更迭，工程再次下马，经过一年多的谈判才得以恢复。好不容易等到第一台740兆瓦的机组并网发电了，唯一的用户——马哈拉特拉邦电力委员会却认为其收费太高而拒绝支付电费。这一纠纷迟迟没能解决，安然公司只好停止电站的运行。基于同样的原因，第二台1444兆瓦机组也于2001年6月停工，当时已完成了工程总量的90%。

在埃瑟里克斯项目上，安然损失更惨重。公司于1998年投入28亿美元巨资，买下了英国外塞克斯水处理公司，期望以该公司为平台，经营水处理业务，将项目命名为埃瑟里克斯。项目于1999年6月步入市场后，由于经验不足，在投标竞争中屡屡败给经验丰富的对手。安然公司不得不出高价与他们抢生意做，而如此得到的订单肯定是赔钱的，糟糕的是，英格兰恰在此时降低了水价，从而影响了公司的主营收入，这使得公司的股价急剧下跌了40%。

安然公司在其国内投资宽带网项目也有类似的盲目举动。安然于1997年并购了一家小型光缆公司——波特兰通用电气，随即宣布将在全国建设自己的宽带网，为客户提供网络服务。公司承认，要想指望宽带网赚钱需要一些时日，但它相信这一领域的发展潜力巨大，公司为此投入了10亿美元，建造了18 000英里光纤网络，并购置了大量的服务器等设施。但事实证明宽带接入服务目前还不足以带来很多利润，为此，公司又捅了一个大窟窿。

安然经营的失败绝非偶然，与该公司的企业文化有着必然联系。安然公司业绩的奖励办法，让人十分费解。当经理人员完成一笔交易时，公司不是按照项目给公司带来的实际收入而是按预测的业绩来进行奖罚。这样一来，经理人员常常在项目计划上做手脚，让它们看上去有利可图，然后迅速敲定，拿到分红。时下美国贸易业通行的会计制度也助长了安然公司的经理人员在签署项目时草率行事的歪风。按照这一制度，公司在签署一份长期合同时，就将预计给公司带来的所有收入提前登记到账目上，日后如果经营业绩与预测的不符，再以亏损计算。

安然问题的存在没有引起华尔街人士和新闻媒体应有的警觉。之所以会这样，安然前CEO肯尼斯•莱一语道破了天机，因为安然总是不断抛出一些“新的热点”来吊投资者和华尔街分析人士的胃口，让他们总是“朝前看”，而不问“来时的路”。即使安达信会计师事务所、摩根大通公司及各位来自政界的朋友不是有意为其造假铺路，安然一味“朝前看”的诱导策略也确实让各界难以对该公司的情况有太多疑虑。

资料来源：管理学认知案例分析. 百度文库[EB/OL]. http://wenku.baidu.com/. 作者有删改

问题：结合组织环境分析美国安然公司崩塌的原因。

❖ 案例 3-2 | 源远流长的古井文化

古井酒厂建于1957年。建厂初期，共有32名职工，12间简陋厂房，1口酿酒锅甑，7条发酵池。1963年，古井贡酒被评为八大名酒第二名，40多年来荣获奖项100多种。古井贡酒以“色清如水晶、香醇似幽兰、入口甘美醇和、回味经久不息”的独特风格，四次蝉联全国白酒评比金奖，在巴黎第十三届国际食品博览会上荣获金夏尔奖，公司先后获得中国地理标志产品、全国重点文物保护单位、非物质文化遗产保护项目、安徽省政府质量奖、全国质量标杆、国家级工业设计中心、国家级绿色工厂等荣誉。2019年，“古井贡酒•年份原浆传统酿造区”成为国家级工业遗产，在“华樽杯”中国酒类品牌价值评议活动中，“古井贡”以1469.8亿元的品牌价值位列安徽省酒企第一名，中国白酒第四名。目前，古井酒厂已发展成为以名优白酒生产为龙头，致力多元化经营和国际化发展、集科工贸于一体的大型集团公司，拥有50多家子公司。

近30年来，古井集团乘改革的风帆，凭借现代化的经营管理，以人为本，强化管理，开拓市场，取得了卓越的经营业绩。近年来，公司每年的投资规模约为2亿元，其中国有资金占70%。先后投资建设的项目有：合肥古井大酒店、九方制药公司项目、热电站项目、乳制品项目等。值得一提的是，古井集团还积极利用收购、控股、兼并等经营手段，扩大集团资产经营规模，并取得了良好的效果，为古井集团的发展注入了强大的活力，保持了企业强劲的发展势头，实现了企业快速、健康的发展。

古井集团在从一个传统的手工酿酒作坊向多元化经营的企业集团发展过程中，以“效忠古井、业绩报国”的使命，树立了“敢为人先”的古井精神，通过“两场效应”管理法，走出了一条“名牌、名企、名人”的发展道路，培育了独具特色的“以人为本、天人合一”的古井文化。

一、“四子”立业学说

所谓“四子”立业学说就是“抓班子、立柱子、上路子、创牌子”，这是古井文化的凝练。董事长王效金认为，企业家是企业凝聚力的核心，但并非是企业中的某一个人，而是由具有帅才、将才、管家、参谋和监督等才能且博与专相结合的一群人所组成的领导班子集体。企业要想取得良好发展，首先得有一个好的领导班子。王效金强调“立柱子”思想，高度重视企业支柱性产品的发展，并形成支柱产品群，以支撑企业发展。古井人的“上路子”思想是指管理规范化、高效化、现代化，向管理要质量，要效益。强调企业管理“练内功”只有日积月累，执着追求，坚持不懈，才能不断优化。古井人力创民牌与名牌的统一，铸就属于广大消费者心目中的金牌，属于人民大众的名牌。

二、“三层文化”的系统运作

在精神文明层面上，古井人以“提高广大人民的生活质量，建设‘富有、文明、民主’的新古井”的经营哲学思想为指导，讲求“业绩报国，双向效忠”的企业道德，以“爱国、爱厂、爱岗位”的爱国思想和敬业精神塑造企业全体员工的“灵魂”，树立企业的精神支柱。在制度文化层面上，古井人极力强化制度建设，先后制定了《生产工艺法规》《产品质量法规》《现场管理法规》等 15 种企业内部规章制度，以约束员工行为，维护企业经营活动的正常秩序。同时，古井人还坚持“以人为本”，讲求以情动人、以理服人、以德信人的“情、理、德”相结合的柔性管理，做到软硬结合，优化企业管理行为。在物质文化层面上，古井人在厂容、厂貌、产品构成和包装、装备特色、建筑风格、厂旗、厂服、厂标、纪念物、纪念性建筑物等方面大做“文化”文章，创建了“花园式工厂”。“古井亭”“古井”“古槐”“古井酒文化博物馆”向人们展示了千年古井酒文化的历史渊源。

三、“两场效应”的管理文化

古井的“两场效应”管理法，简单来说就是“抓市场、促现场，抓现场、保市场”。利用现场与市场之间的“促保”互动关系，下真功夫做实做细。古井人抓市场就是抓经营，把眼睛向外，开辟市场、培育市场、建设市场，不断提高产品市场占有率、覆盖率和品牌美誉度；抓现场，就是抓管理。古井人实行综合管理，以实现质量、成本、设备、技术、人事、信息、纪律、工艺安全等系统运作，达到整体优化，形成了“一严、二细、三洁、四无、五不准、六统一”的十四字现场管理标准。市场的深入发展，不断向企业管理提出新要求，古井人始终围绕着市场需要不断改进管理，进而保证满足市场需求，两场彼此促进，周而复始，螺旋上升，形成良性循环。

资料来源：戴凯军. 管理案例博士评点[M]. 北京：中华工商联合出版社，2000.

点评：古井人创造了一个亲密友善的文化环境。这与创造力的发挥息息相关，如今一个企业的成功越来越靠员工的创造力而不是机器的性能。企业所经营的不仅是产品，更是人类才能的结晶。古井人成功地将企业文化转化为企业竞争力是非常具有借鉴意义的。

思考与练习

一、单项选择题

1. 一般来说，企业面临的不确定性最大的外部环境类型是(　　)。

A. 稳定而简单的环境　　B. 动态而简单的环境

C. 稳定而复杂的环境　　D. 动态而复杂的环境

2. 在企业物质文化基础要素中，专门用以代表企业或企业产品的固定图案、文字或其他形式的子要素是(　　)。

A. 企业名称　　B. 企业标准字

C. 企业标准色　　D. 企业标志

3. (　　)集中体现了一个组织独特的、鲜明的经营思想和个性风格，反映着组织的信念和追求，也是组织群体意识的集中体现。

A. 精神文化　　B. 制度文化

C. 行为文化　　D. 物质文化

二、名词解释

组织文化　　公众压力集团　　民族文化

三、简答题

1. 依据象征论，管理当局在组织中扮演什么角色？

2. 一般来说，谁对组织文化的影响更大？是公司的创始人还是现在的管理者？为什么？

3. 文化是如何影响管理者履行其 4 种管理的基本职能的？

4. 描述一种对相对稳定的环境及动态的环境都有效的文化。

四、应用分析题

1. 班级也有文化。描述你所在班级的文化。它约束了你的老师吗？如果是的，请说明它是怎么约束的。

2. 调查重庆一家本地火锅店的具体环境，分析并讨论它们是如何制约该店经理的。

3. 试运用霍夫斯泰德关于民族文化的结构框架，分析 2020 年世界各国政府和人民在应对新冠肺炎疫情上的差异。

第四章 决　　策

知识目标

1. 了解决策制定过程
2. 了解理性决策者的定义
3. 能够说明理性决策的局限性
4. 能够掌握决策方法

能力目标

1. 区分确定性、风险性和不确定性决策情况
2. 掌握群体决策的优缺点
3. 掌握改善群体决策的 4 种方法
4. 理解理性决策和有限理性决策

素质目标

1. 理解常见的决策偏见
2. 理解有限理性决策
3. 理解生活中的直觉决策

第一节　决策制定过程概述

一、决策的概念与特征

1. 决策的概念

决策是在两个或更多的方案中做出选择的过程。决策是管理工作的核心和基本要素。决策普遍存在。一般管理者每天有70%以上的时间是在做决策；所有的组织成员也都在制定决策。一项完整的决策包括：

(1) 决策者；

(2) 至少两个以上的可供选择的方案；

(3) 不以决策者主观意志为转移的客观环境；

(4) 可以测知各个方案与可能出现的状态相对应的结果；

(5) 衡量各种结果的价值标准。

决策不仅包括某一瞬间做出的明确、果断的决定，还包括在做决定之前所进行的一系列准备活动，并在决定之后采取具体措施落实决策方案。

2. 决策的特征

决策具有以下特征。

(1) 目标性。组织决策与纯粹个人的决策相比较具有更加明确的目的性和目标性，表现在：目标是决策的依据，是组织在未来特定时限内完成任务程度的标志；决策者根据目标拟订未来的活动方案，以目标为标准评价和比较这些方案，并对未来活动效果进行检查；组织决策是一种理性的决策。

(2) 可行性。决策的可行性是指：所依据的数据和资料比较准确、全面；决策能解决一定的问题，实现预定的目标；方案有实行的条件，即人、财、物和技术等；决策富有弹性，留有余地，以保证目标实现的最大可能性。

决策是为了付诸实践，不能实施的决策是毫无意义的。例如，企业的任何一项活动都需要资源，缺少必要的人力、物力和技术上的支持，方案都是不能实现的。因此，决策方案的拟订和选择，不仅要考察采取某种行动的必要性，而且要注意实施条件的限制。组织决策应该在外部环境与内部条件结合研究和寻求动态平衡的基础上制定。

(3) 选择性。决策的实质是选择，没有选择就没有决策，而要能有所选择，就必须提供多个可行的、相互替代的方案。为了实现相同的目标，组织可以从事多种不同的活动，这些活动在资源需求、可能结果及风险程度等方面都有所不同，从中选出较优方案才能保证决策的质量。

(4) 过程性。决策不是一项决策，而是一系列决策的综合，包括选择业务活动的内容和方向、具体开展业务活动、筹措资源、调整组织结构、人事安排等许多方面的工作。此外，一系列决策中的每一项决策，本身也是一个包含了许多工作、有许多人参与的过程。从决策目标的确定到决策方案的拟订、评价和选择，再到决策方案执行结果的评价，构成了一项完整的决策。

(5) 动态性。决策是一个动态的、不断循环的过程。决策没有真正的起点，也没有真正的终点。实际上，决策的目的之一是使组织活动适应外部环境的变化。外部环境是不断发生变化的，因此，决策只有保持动态性，才能更好地实现组织与环境的动态平衡。

二、决策制定过程

决策被描述为“在不同方案中进行选择”，这种“选择”是一个过程，而不是简单的选择方案的行为，这一过程包括发现问题—明确问题—拟订方案—评价及选择方案—实施方案—检查评价和反馈处理。没有这一选择过程，就很难保证决策的正确性、科学性和合理性。

决策制定过程可以分为 8 个步骤，从识别问题开始，到选择能解决问题的方案，最后结束于评价决策效果。这一过程既能用来描述个体决策，也能用来描述群体决策。接下来，以一个“购买电脑的决策”的例子来描述决策制定过程。

1. 识别决策问题

决策制定过程始于一个存在的问题。问题诞生于现实与期望状态之间的差异。因此，问题识别是主观的。也就是说，在某些事情被认为是问题前，管理者必须意识到差异，他们不得不承受采取行动的压力；同时，他们必须有采取行动所需的资源。

如何使管理者意识到事情的差异呢？答案是进行比较，即将事情的现状和某些标准进行比较，而比较的标准可以是过去的绩效、预先设置的目标或组织中其他单位的绩效，也可以是其他组织中类似单位的绩效。例如，在一个关于购买电脑的决策中，标准就是预先设定的目标——“我的销售代表需要一台新电脑”。

2. 确定决策标准

管理者确定了需要解决的问题后，就要明确决策标准。也就是说，管理者必须确定什么因素与决策相关。例如，在购买电脑时，决策者必须评价什么因素与他的决策相关。这些标准可能是价格、重量、保修期、屏幕类型、屏幕大小、可靠性(品牌机还是组装机)、制造厂家(国外的还是国内的)等。这些标准反映了管理者的想法，这与他的决策是相关的。无论表述清楚与否，每一位决策者都有指引他决策的标准。

3. 为决策标准分配权重

一个具体的决策所依据的标准可能有多个，但显然这些标准并非同等重要——有一些标准决策者更看重，而另一些标准决策者可能不那么看重。因此，为了在决策中恰当地考虑这些标准的优先权，有必要明确各类标准的重要性，其重要性体现为分配在各标准上的权重。

决策者如何衡量标准的重要性？一个简单的方法就是从 1 到 10 对标准打分。例如，最重要的标准是 10 分，最不重要的标准是 1 分。这样，与打 5 分的标准相比，最高分 10 分的标准将更重要一倍。例如，一个决策者可能认为电脑的可靠性比其屏幕类型更重要，因此他给电脑可靠性打的分可能大于给电脑屏幕类型打的分。

4. 拟订备选方案

接下来，决策制定者需拟订能成功解决问题的可行方案。这一步无须评价方案，仅列出即可。在购买电脑的案例中，可以列举出几个乃至十几、数十个备选方案。

5. 分析备选方案

方案一旦拟订，决策者必须批判性地分析每一个方案。将这些方案与步骤 2 和步骤 3 所述的标准及权重进行比较后，每个方案的优缺点就变得明显了。在购买电脑的例子中，依据标准评价每一个方案，即根据价格、重量、保修期、屏幕类型、屏幕大小、可靠性、制造厂家等标准，对每个备选方案进行评价。首先，我们要对每个标准进行打分，最高分为 10 分，最低分为 1 分。其次，基于第 3 步确定的权重和第 5 步对标准的打分(评价)，计算每个备选方案的加权总分。

需要指出的是，尽管有些打分、评价可达到相当客观的程度(例如，决策者可以通过当地经销商得到最低的市场价格、可以通过售后服务部门获得维修频率的数据)，但大多数评价仍然是一种个人的主观判断，这种主观判断具体反映在步骤 2 所选的标准的权重及方案评价过程中。这就说明了为什么两个同等出价的购买者会关心两套截然不同的方案，即使是同一套方案而其权重又是如此的不同。

6. 选择最优方案

这是从所列的和所评价的备选方案中选择最优方案的关键步骤。既然前面的步骤已经确定了所有与决策相关的因素，恰如其分地权衡了它们的重要性，并确认了可行的或备选的方案，那么决策者仅需选择步骤 5 中得分最高的方案即可。

7. 实施决策方案

所选择的方案需要得到有效的实施，因为如果方案得不到恰当的实施，仍可能是失败的。所以，这一步骤就涉及将方案付诸行动。

实施是指将决策传递给有关人员并得到他们行动的承诺。另外，如果即将执行决策的人参与了决策的制定过程，那么他们更可能热情地支持决策的执行，并取得成果，这在本书后面章节的“计划”“组织”“激励”“领导”等管理职能中会有所涉及。

8. 评价决策效果

决策制定过程的最后一步就是评价决策效果，看它是否已解决了问题。基于上述步骤所选择和实施的方案，取得了理想的结果吗？如何评价结果在控制职能中有所体现？

评价后若发现问题依然存在该怎么办呢？管理者需要仔细分析什么地方出错了。是没有正确认识问题？是评价方案时出错了？还是方案选对了但实施不当？这些都需要一一分析，对此类问题的回答将驱使管理者追溯前面的步骤，甚至可能需要重新制定决策。

三、决策的普遍性

决策对于管理者每一方面的工作都具有重要意义。如表 4-1 所示，决策渗透于管理的四大基本职能中，因此管理者在做计划、组织、领导和控制时常被称为决策者。

表4-1 管理职能中的决策

管理职能	决策问题的描述
计划	组织的长远目标是什么 什么战略能够最好地实现目标 组织的短期目标应该是什么 每个目标的困难程度有多大
组织	直接向决策者报告的下属有多少人 组织中的集中程度有多大 职务如何设计 组织何时应该实行改组
领导	应当如何对待缺乏积极性的雇员 在特定的环境中，哪一种领导方式最有效 一个具体的变化将如何影响工人的生产力 何时是激发冲突的最恰当时机
控制	组织中的哪些活动需要控制 如何控制这些活动 绩效偏差达到什么程度才算严重 组织应建立哪种类型的管理信息系统

一个管理者在制定决策的过程中所做的一切，对外界观察者而言并非是显而易见的。许多管理者的决策制定活动具有例行性。例如，决策每天中午吃什么的问题，这个问题很简单并能很快得以解决，以至于很多人认为这不算决策。实际上，管理者每天要制定许多例行性决策。针对某一问题，尽管管理者很容易做出决策或遇到过类似问题，但仍然算是决策。

四、群体决策

管理决策的制定，可以是管理者单个人做出决断或选择，也可以是群体讨论后做出决断或选择。组织中的许多决策，尤其是对组织的发展战略和人事有极大影响的重要决策，都是由集体制定的，很少有组织不采用委员会、联席会、办公会或代表大会作为制定决策的工具。接下来将比较群体决策和个人决策的优缺点及其各自的适应性。

1. 群体决策的优点和缺点

(1) 群体决策的优点。

个人决策和群体决策都各具优点，相对于个人决策，群体决策的优点如下。

① 提供更完整的信息。“三个臭皮匠，顶个诸葛亮”，一个群体将带来个人单独行动所不具备的多种经验、多条信息和多个不同的决策观点。

② 产生更多的方案。群体拥有更多数量和种类的信息，通常具有不同的专业背景，能比个人制定出更多的方案。多元化的“世界观”常产生更多的方案。

③ 增加对某个解决方案的接受性。通常，让受到决策影响或实施决策的人参与决策的制定过程，他们将更有可能接受决策，并倾向于鼓励他人也接受它。

④ 提高合法性。群体决策制定是与民主决策相一致的，因此人们觉得群体制定的决策比个人制定的决策更合法。拥有全权的个体决策者不与他人磋商，具有独裁和武断之嫌。

(2) 群体决策的缺点。

群体决策也并非完美无缺，其主要缺点如下。

① 消耗时间。群体讨论要耗费更多的时间，因此决策效率较低。

② 少数人统治。一个群体的成员不会是完全平等的，他们可能会因职位、经验、有关问题的知识、易受他人影响的程度、语言技巧、自信心等因素而不同。这就为单个或少数成员创造了发挥其优势，驾驭、支配群体中其他人的机会，导致其对最终决策有过多的影响。

③ 屈从压力。在群体中要屈从社会压力，导致群体思维抑制了不同观点，削弱了群体中的批判精神，损害了决策的质量。

④ 责任不清。群体成员会分担责任，但实际上谁对最后的结果负责却不清楚。在个人决策中，谁负责任是明确、具体的。而在群体决策中，任何一个成员的责任都可能被冲淡。

2. 个人决策的优点和缺点

(1) 个人决策的优点。

① 可以使人们对事物感知得更迅速、更有效。

② 有助于人们透过事物的表面现象抓住事物的本质。

③ 有助于人们从不完全的情报中获取重要的变化信息。

④ 有助于人们形成决心，做出果断而大胆的选择。

⑤ 个人能够产生较多主意及较独特的观点而不受多数相互不同意见的约束和个体心理因素的影响。

(2) 个人决策的缺点。

① 容易使人们在情况发生变化时固守过时的观点，因循守旧，错失成功的良机，以及坚持先入为主的成见等。

② 决策者还可能受个人经验、知识和能力的限制做出片面性的决策。

③ 难以找到杰出的个人决策者，而具备条件的个人又不一定能够成为掌握权力的个人决策者。

3. 群体决策的效果和效率

群体决策是否比个人决策更有效，取决于如何定义效果。“群体能比个人做出更好的决策”，是指群体决策可能优于群体中平均的个人所做的决策，但这绝不意味着个人决策的价值降低。

以反复交换意见为特点的群体决策过程也是耗费时间的过程。因此，如果决策的效果是以速度来定义的，那么个人决策更为优越。同时，效果也可以指一种方案所表明的创造性程度。如果创造性是重要的，那么群体决策比个人决策更为有效。但这要求培养群体思维的推动力必须受到限制。本章第四节描述的头脑风暴法、德尔菲法等决策方法，有助于医治“群体思维病”。

决策效果的另一个评价标准是最终决策的接受程度。由于群体决策参与的人更多，所以他们有可能制定出被更多人接受的方案。

群体决策的效果还受群体大小的影响。群体越大，异质性就越大，协调所耗费的时间就越多。因此，群体不宜过大：小到 5 人，大到 15 人即可。有证据表明，5 人或 7 人的群体在一定程度上是最有效的。因为 5 和 7 都是奇数，可避免陷入不愉快的僵局，这样的群体大得足以使成员变换角色、退出尴尬的状态，却又小得足以使不善辞令者也能积极参与讨论。

当然，离开了效率的评价，效果就无从谈起，群体决策者与个人决策者相比，其效率总是稍逊一筹，群体决策比个人决策消耗的工作时间更多。因此，在决定是否采用群体决策时，主要考虑的是效果的提高是否足以抵消效率的损失。

4. 民族文化对群体决策的影响

决策风格及决策者愿意承担的风险程度，是反映一国文化环境下决策差异的两个方面。管理者需要改变其决策风格，以反映他们所在国家的民族文化和所在公司的组织文化。

例如，日本人就比美国人更倾向于群体决策，这可以从日本民族文化的特征中得到解释。日本人崇尚尊奉与合作，通常在制定决策前，CEO 要收集大量的信息，以便在群体决策时形成一致的舆论。日本组织中的雇员享有高度的工作保障，因此管理决策一般是从长远观点出发的，而不是只考虑短期的利润。

其他国家(如法国、德国和瑞典)的高层管理者的决策风格同样受本国文化的影响：在法国，普遍以独裁方式制定决策；德国的管理方式反映了德国文化讲究结构和秩序的特征，组织中有大量的规则和条例，管理者有明确的责任并按规定的组织路径进行决策；瑞典管理者的决策风格更富于进取性，主动提出问题，不怕冒风险，并且把决策权层层委让，鼓励低层管理人员和雇员参与影响他们利益的决策。

课堂活动｜比较群体决策与个体决策——沙漠逃生

2014年5月17日，有一架飞机在沙漠上空发生了意外，你和一部分的生还者面临生死存亡的选择……

事件背景

事发在当天上午10点，飞机要在位于美国西南部的沙漠紧急着陆。着陆时，机师和副机师意外身亡，余下你和一群人所幸没有受伤。

出事前，机师无法通知任何人有关飞机的位置。不过通过指示器知道该处距离起飞的城市120千米；而距离最近的城镇是西北偏北100千米，该处有个矿场。

该处除了仙人掌，全是荒芜的沙漠，地势平坦。失事前，天气报告气温达华氏108度。

你穿着简便：短袖、长裤、短袜和皮鞋。口袋中有十多元硬币、五百多元纸币，一包香烟，打火机和圆珠笔各一支。

你可以在以下物品中做出选择：

- 0.45口径手枪(已上膛)
- 4升饮用水
- 当地航空图
- 太阳眼镜
- 降落伞(红和白)
- 指南针
- 食盐片一瓶(1000g)
- 手电筒
- 大砍刀
- 薄纱布
- 化妆镜
- 塑料雨衣(大号)
- 4升伏特加酒
- 长外套
- 《沙漠可食用动物》

抢救出的物品	第一步：个人排序	第二步：团队排序	第三步：专家排序	第四步：第一步和第三步之差值	第五步：第二步和第三步之差值
手电筒					
大砍刀					
当地航空图					
塑料雨衣(大号)					
指南针					
薄纱布					
0.45口径手枪(已上膛)					
降落伞(红与白)					
一瓶食盐片(1000g)					

（续表）

抢救出的物品	第一步：个人排序	第二步：团队排序	第三步：专家排序	第四步：第一步和第三步之差值	第五步：第二步和第三步之差值
4 升饮用水					
《沙漠可食用动物》					
太阳眼镜					
4 升伏特加酒					
长外套					
化妆镜					

第二节 理性假设、有限理性和直觉决策

管理决策被认为是理性的。对此问题的理解，其实是表明决策是前后一致的，是追求特定条件下价值最大化的，也就是说，决策是管理者在具体的约束条件下做出的一致的、价值最大的选择。这就涉及对“理性”“最好”“最优”等概念的讨论。

一、理性假设

一个完全理性的决策者，会是完全客观的和合乎逻辑的。他会认真确定一个问题并有一个明确的、具体的目标；他对决策制定过程的步骤会始终如一地导向选择使目标最大化的方案，且决策的制定符合组织的最佳经济利益。这种理性决策的制定，符合以下特征。

(1) 问题明确。在理性决策中，问题是清楚的、无歧义的。决策者被假定为拥有与决策情境有关的完整信息。

(2) 无目标冲突。在理性决策中，没有目标的冲突。无论决策是购买一辆新车、选择所读的一所大学、为一种新产品制定恰当的价格，还是挑选合适的应聘者以填补一个工作空缺，决策者都有唯一的、明确的、试图实现的目标。

(3) 已知的选择。即所有的方案和结果是已知的。理性决策假设决策者是富于创造性的、能够确定所有相关的标准，并能列出所有可行的方案。而且，决策者还能预测到每个方案的所有可能的结果。

(4) 偏好顺序明确。理性决策假设标准和方案能按其重要性进行排序。

(5) 一贯的偏好。即偏好是不变且稳定的。除了有一个明确的目标和偏好外，它假设具体

的决策标准是一贯的，这些标准的权重是不随时间而变化的。

(6) 没有时间和成本的约束。理性决策者能获得有关标准和方案的全部信息，因为它假设没有时间和成本的限制。

(7) 回报最大化。理性决策者总是选择能产生最大经济回报的方案。这个理性假设可应用于任何决策。但本书中主要是指组织的管理决策，决策制定是为了取得最佳的组织经济利益，即决策者被假定为追求组织利益最大化，而不是其个人利益最大化。

二、理性假设的局限

管理决策可以遵循理性假设。也就是说，如果一位管理者面对这样一个相对比较简单的问题：目标明确，方案极少，时间压力很小，挑选评价方案成本很低，组织文化支持革新和承担风险，以及决策的结果又是相当具体和可衡量的。那么，决策过程可以遵从理性假设。但是，管理者面临的大多数决策并不完全符合上述情况，也就是不符合理性决策的特征。大量研究指出决策制定经常改变理性假设中隐含的逻辑性、一贯性和假定。这些研究见解包括以下内容。

(1) 个人的信息处理能力是有限的。在短时间的记忆中，大多数人仅能处理七条左右的信息。当决策变得复杂时，个人试图通过建立简单的模型，将问题简化到可以理解的程度。

(2) 决策制定者趋向于将解决方法和问题混合在一起。确定一个问题经常伴随一个大概的、可接受的方法描述，但却模糊了决策过程的制定方案阶段和评价方案阶段的界限。

(3) 感性偏见可以歪曲问题本质。决策者的背景、在组织中的地位和利益及过去的经验，使他的注意力集中于一定的问题而忽略其他问题。管理者的认知受组织文化的禁锢，看不到他们认为不存在的事情。

(4) 许多决策者选择信息是出于易获得性，而不是出于质量。因此常常导致重要的信息被忽略，或者一些重要的信息比易获得的信息在决策中权重更轻。

(5) 决策者倾向于过早地在决策过程中偏向某个具体的方案，从而左右着决策过程，使决策结果趋向于某个决策者可能早已认定的方案。

(6) 前期的解决方法现在不起作用了，但这并不总能引起寻求新方案的需求。相反，它常引起一种承诺升级，即决策者进一步增加对先期行动的资源投入，以试图证明起初的决策并没有错。承诺升级是一种在过去决策的基础上不断增加承诺的现象，尽管有证据表明已经做出的决策是错误的，但拒绝承认最初的决策存在缺陷。

(7) 路径依赖。从前的决策先例制约着现在的选择。决策极少是简单的、孤立的，将其描述成选择流中的一系列点更为贴切。大多数决策实际上是许多长期分决策的积累。

(8) 组织是由不同的利益群体组成的，这使得决策很难做到在实现单一目标的同时又能实现组织的整体目标。不同利益的存在决定了目标、方案和结果的差异，因此决策中讨价还价是必不可少的，以求达成妥协和支持最后方案的实施。在模糊和矛盾的环境中，决策很大程度上是权力博弈和政治施加影响的结果。

(9) 组织对决策者施加着时间和成本的压力。这就限制了一个管理者所能寻找到的可行的备选方案的数量，进而人们趋向于在旧方案的附近寻找新方案，受旧方案的制约。

(10) 尽管有着潜在的不同见解，但大多数组织的文化都强调维持现状，而不鼓励风险承担和创新。错误的选择对决策者生涯的影响比发展一种新思想的影响更大，因此决策者更倾向于花更多的精力避免错误，而不是发展创新的设想。

三、有限理性

上述对理性假设局限性的描述，实际上揭示了决策的有限理性问题，即实践中，管理者常基于有限理性的假设来进行决策制定。

有限理性是指决策者受自身信息掌握及处理能力的限制，将决策问题的本质特征抽象为简单的模型，然后努力在简单的模型参数下采取理性行动，其结果是制定一个满意的决策而不是一个目标最大化的决策，即做出一个用以解决方案的“足够好”的决策。

基于有限理性的假设所做的决策，最终选定的方案通常是一个满意的方案。那么，除了有限理性的现实外，有没有其他的缘由可以用来解释决策选择的为什么是满意的方案而不是最优方案？有的。实际上，最优方案需要具备以下条件。

(1) 了解与组织活动有关的全部信息。

(2) 能正确辨识全部信息的有用性，了解其价值，并能制定出没有疏漏的行动方案。

(3) 能准确地预测每个方案在未来的执行结果。

很显然，满足上述全部条件几乎是不可能的，因此决策的最优方案实际上不存在。那么，制定决策以后怎么来判断决策的优劣呢？可以确立以下决策质量或决策有效性的衡量标准。

(1) 决策的合理性：有利于实现组织的目标。

(2) 决策的可接受性：下属乐于接受并付诸实施。

(3) 决策的时效性：所需时间和周期长短。

(4) 决策的经济性：所需投入在经济上是否合理。

把握管理者工作中的有限理性问题具有重要的现实意义。理想的理性假设现实中难以满足，特别是管理层的战略决策，决策制定过程的细节，强烈地受到决策者个人利益、组织文化、内部政治及权力考虑的影响，管理者应该如何制定决策的完全理性观和管理者实际上如何制定决策的有限理性描述之间不可避免地会存在巨大鸿沟。

既然完全理性存在诸多局限，是否就意味着管理者可以忽略本章第一节所描述的 8 个决策步骤呢？答案是否定的。因为人们还是希望管理者遵循理性过程。管理者也知道，“好的”决策者必定要做的事情是：识别问题、考虑方案、收集信息，以及果断而谨慎地行动。这样，管理者才能做出正确的决策行为，并在其上级、同事和下级面前展现出决策能力和决断的科学性，让他们相信管理者的决策是智慧和理性相结合的结果。

四、直觉决策

2016年，在中国著名的“宝万之争”中(深圳市宝能投资集团有限公司与万科企业股份有限公司之间关于万科股权之争)，万科企业之前任何的理性决策模型都是不起作用的，最终问题得以解决恰恰是依赖于政府直接或间接干预。也就是说，如果万科的管理高层能够预测到“野蛮人”入侵问题，那么除了理性决策之外，还得辅之以其他决策手段。其中，直觉决策在管理决策中发挥着重要作用。

直觉决策是一种潜意识的决策过程，不依靠系统性的、详尽的问题分析，而是基于决策者的判断及经验积累。直觉决策包括以下5个方面。

(1) 基于经验的决策，即根据经验来制定决策。

(2) 影响发动的决策，即根据感觉或情绪来制定决策。

(3) 基于认知的决策，即根据技能、知识和训练来制定决策。

(4) 潜意识的心理过程的决策，即运用潜意识的信息来制定决策。

(5) 基于价值观或道德的决策，即根据道德、价值观或组织文化来制定决策。

实践中，不管承不承认，上述直觉都客观存在，都会影响决策的过程。但理性模型本质上是用系统性的逻辑完全取代直觉，显然不符合客观实际，也常会出现决策失败的情况。因此，在某些情况下，当理性决策失灵时，决策的制定能够通过决策者的直觉来改善。例如，考试过程中，很多考生的经验是，当确实无法确定一个答案时，特别是做单项选择题，常常通过直觉选择一个答案。换言之，直觉完全被理性分析取代并不可取；相反，直觉决策是理性分析的补充，理性决策和直觉决策理应是相辅相成的。

管理者何时最有可能使用直觉决策的方法呢？通常有以下8种情况。

(1) 决策所依赖的环境和决策效果存在高度不确定性时。

(2) 极少有先例存在，无迹(规律)可循时。

(3) 难以科学地预测外界变化时。

(4) “事实”有限时。

(5) 事实不足以明确指明前进方向时。

(6) 分析性数据用途不大时。

(7) 当需要从几个备选方案中选择一个，而每一个方案的评价都良好时。

(8) 时间紧迫，决策者正确决策的压力很大时。

通常，人们要么是在决策过程的起初运用直觉，要么是在决策过程的结尾使用直觉。在决策开始时使用直觉，决策者逃避系统地分析问题，让直觉自由发挥，努力产生不寻常的可能性事件，以及形成从过去资料分析和传统行事方式中一般不会产生的新方案。而决策制定结尾的直觉运用，却依赖于对决策标准及其权重的确定、方案制定和方案评估的理性分析。

课堂拓展：假如你是公司重庆地区的市场经理，你对重庆经销商王总进行拜访的时候，发现公司运送产品的车到了，你觉得你应不应该帮忙卸货，请做出决策，阐明理由。

第三节 决策类型与决策条件

管理者在一种决策情境下所面对的问题类型，通常决定了他如何对待此问题。本节区分问题类型和决策类型，并指出管理者采用的决策类型应如何反映问题的特征。

一、问题类型

有些问题非常直观，问题是熟悉的、决策者的目标明确、与问题相关的信息比较容易确定且是完整的。例如，一个供应商延迟了一项重要的交货、警察抓捕一个交通肇事逃逸犯、教学督导复评一个教师的课堂教学活动等，这些情况都称为结构良好问题，即直观、一目了然、熟悉且容易确定或定义。它们与完全理性假设接近一致。

但更多情况下，管理者面临的问题都是结构不良问题，这些问题是新的或不同寻常的、有关问题的信息是含糊的或不完整的。例如，挑选一个建筑师设计一幢新的公司总部大楼、决定是否投资一种新产品的开发等，都属于新颖的、不经常发生的、信息模糊且不完整的问题。

二、决策类型

对应于问题的类型，决策也可分为两类：程序化决策和非程序化决策。其中，程序化决策是处理结构良好问题最有效的途径，非程序化决策对于处理结构不良的问题比较有效。

1. 程序化决策

一位顾客在餐馆吃饭时发现菜里有一只苍蝇，投诉至餐馆经理，经理该怎样处理呢？这种情况比较常见，餐馆一般都会有处理这类问题的标准程序，例如，餐馆承诺换一盘菜或免收这盘菜的菜钱或答应顾客的赔偿要求，甚至还要积极应对政府监管部门对餐馆的罚款。这就是一个程序化决策，它是能够运用例行方法解决的重复性决策。

程序化决策可以程序化到重复和例行的程度，并在某种程度上存在解决问题的确定方法。因为问题属于结构良好问题，所以管理者不必陷入困境，也不必煞费苦心去建立一个复杂的决策过程。因此，程序化决策中，决策过程的“制定方案”阶段可能不存在或不起作用。在许多情况下，程序化决策变成了依据先例和以前的解决方法的决策，管理者仅需按别人在相同情况下的做法去做，或者说，只需求助于一个系统化的程序、规则或政策就可以了。

程序是相互关联的一系列顺序的步骤，用以对结构化的问题做出反应。程序化决策中真正的困难在于确定问题，一旦问题明确了，程序也就确定了。例如，大学教学活动的安排，其决策过程仅是执行一系列简单的步骤。

规则是一种清晰的陈述，告诉管理者能做什么或不能做什么。当管理者面对结构良好的问题时，常使用规则，因为它们易于遵循而且保证了一致性。例如，大学教学中，有时任课教师可能要去参加一个重要的学术活动而不能来上课，需要按照规则来调课，到哪里去调、如何调、调什么课、何时补课及违规停课如何惩罚等，都有程序和一系列规则。

政策提供了引导管理者沿着特定方向思考的指南。与规则相比较，政策为决策者设立了基本参数，而不是具体说明应做什么、不应做什么。政策一般包含一些模糊的术语，留待决策者解释。例如，在某政策陈述“应始终使顾客感到满意”“我们公司员工的薪水应在同行业中具有竞争力”中，“满意”“竞争力”等都是需要决策者加以解释的术语。

2. 非程序化决策

大到中国政府倡议的“一带一路”(“丝绸之路经济带”和“21世纪海上丝绸之路”)，小到如何兼并收购以扩大公司规模、如何重组公司组织框架以提高效率，都是非程序化决策的例子。这些决策通常是独一无二、不重复发生的。当管理者面临结构不良或新出现的问题时，是没有事先准备好的解决方法可循的。非程序化决策常用于处理结构不良的问题，且更频繁地发生在高层管理者中。

例如，发生在2003年的“非典”疫情(重症急性呼吸综合征，SARS)直至2003年中期才被逐渐消灭，是一次全球性传染病疫潮。该疫情的一个严重现象是大量医务人员被感染，众多医疗机构毫无防备。究其原因，无外乎以下几点。

(1) “非典”是一种新型烈性传染病，发病急、传染面广，众多医院没有接收这种新型烈性传染病的条件和经验，防护用品供应不及时。

(2) 一些医院建筑结构不合理，极易造成大面积传染。

(3) 业务流程仿照国外和以往处理、医治传染病的做法，病人太过于集中在某一部门，无法将“非典”病人单独处理。

(4) 接诊的病人太多，医院无法容纳，隔离设施不足，又无法转出。

这些情况，对于任何一家医疗机构来说，都是极为严峻的现实。但是，包括北京、广州、深圳、上海、香港众多三甲级医院在内的医疗机构，并非连基本的隔离条件都不能及时满足，也不是完全不具备有效减少感染人数、避免医务人员大面积交叉感染的条件。问题在于，面对突如其来的“非典”，多数民众和医疗机构没有更好的心理准备和危机应对能力，医院遭遇到“非典”传染病是一种新颖的、不经常发生的、信息模糊的问题，医护人员习惯于根据既有条件，按部就班地处理病人，或者将本院处理不了的病人转到其他专门的医疗机构。对于医疗机构管理层乃至卫生部官员来说，应急处置“非典”疫情的决策属于典型的非程序化决策。

3. 综合分析

满足程序化决策的条件非常苛刻，而非程序化决策也并非完全“摸黑”。因此，现实世界中很少有哪个管理决策是完全程序化或完全非程序化的。图 4-1 描绘了问题类型、决策类型及组织层次三者之间的关系。结构良好的问题是与程序化决策相对应的，结构不良的问题需要非程序化决策。基层管理者主要处理熟悉的、重复发生的问题，因此，他们主要依靠像标准操作程序那样的程序化决策。而越高层的管理者，他们所面临的问题越可能是结构不良的问题。

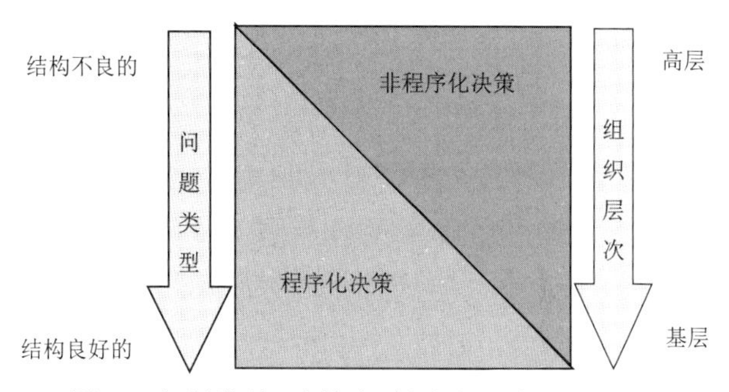

图4-1 问题类型、决策类型和组织层次之间的关系

完全程序化或完全非程序化是两个极端现象，两者并不是非此即彼的决策类型，现实中绝大多数决策介于两者之间，只是某一时期的决策是以程序化为主或以非程序化为主。不过，通常来说，采用程序化决策有利于提高组织效率，以至于中国很多大学对教师的教学科研考核也采用程序化的考核模式。但显然，程序化决策对组织高层不太现实，因为高层管理所面临的许多问题不具有重复性，程序化决策对考核具有较长滞后期的教学科研绩效是不太合适的。但对高层管理而言，强烈的经济动机、教育 GDP 增长的政绩需要，会促使他们制定标准作业程序(SOP)、规则和政策。

三、决策条件

管理者在进行决策时，面临的更具挑战性的任务之一就是分析决策方案。管理者在分析决策方案时，根据其掌握决策信息的充分程度，通常会遇到 3 种约束其决策行为的自然状态：确定性、风险性和不确定性。根据管理者对未来状态的把握程度，可将决策分为确定型决策、风险型决策和不确定型决策，如图 4-2 所示。对未来状态的把握程度实际上取决于决策者对决策信息的把握程度。

1. 确定型决策

确定型决策是指决策环境是完全确定的，做出选择的结果也是确定的。制定决策的理想状态是具有确定性，即因为每个方案的结果是已知的，所以管理者能做出理想而精确的决策。

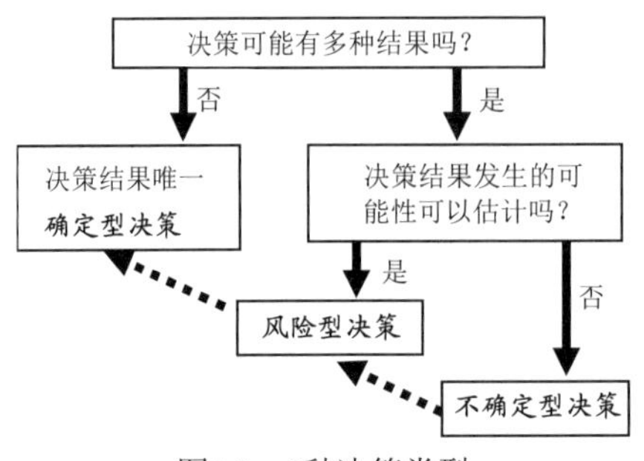

图4-2　3种决策类型

2. 风险型决策

一个更接近实际情况的自然状态是充满着风险的。风险型决策是指决策者可以估计某一方案或结果的概率的情形。这种估计结果的概率的能力，来自个人经验或是对第二手资料的分析。在风险状态下，管理者拥有不同状态出现的概率的历史数据。这其实也意味着，风险型决策虽然所面对的决策环境不是完全确定的，但每一种自然状态发生的概率是已知或是能够预知的，因此，又称为随机决策。

3. 不确定型决策

不确定型决策是指既不属于确定性情况，也无法估计自然状态出现的概率的情形。也就是说，在具有多个自然状态的决策问题中，如果决策者无法获得各种自然状态在未来发生的可能性信息，即状态未知，其概率亦未知，那么，对这类问题的决策就属于不确定型决策。这时，管理者对决策方案的选择将受其心理导向的影响。乐观者会选择极大极大方案(最大化最大的可能收入，即大中取大)；悲观者会追求极大极小方案(最大化最小的可能收入，即小中取大)；而希望最小化其最大“遗憾”的管理者会选择极小极大方案，亦称为最小后悔值法。本章第四节将具体讨论不确定型决策的这 3 种决策方法。

四、决策风格

决策风格是指管理者在长期的管理决策过程中形成的比较稳定的决策倾向。决策风格对决策效果具有重大的影响，表现为：

① 不同决策风格的人对决策制定的方式与步骤有不同的偏好。

② 不同决策风格的人对行动的迫切性有不同的反应。

③ 不同决策风格的人对待风险的态度与处理办法存在差异。

管理者在决策制定方式上的差异表现为两个不同的维度：思维方式及对模糊的承受力。在思维方式上，不同决策者具有“理性的”与“直觉的”的差异；在对模糊的承受力上，不同的决策者具有“一致性和某种顺序的需要”与“同时处理许多不同想法”的差异。显然，制定决策时，管理者风格迥异。

根据管理者的思维方式及其对模糊的承受力，可以区分出4种不同的决策风格，如图4-3所示。

(1) 命令型风格。该风格的决策者关注短期效果，考虑少量信息，评估少量方案，决策制定简洁、快速、有效率、有逻辑。

(2) 分析型风格。该风格的决策者以谨慎为特征，具有适应和处理某些特殊情况的能力。

(3) 概念型风格。该风格的决策者倾向于具有更广泛的看法，愿意考察更多的选择，关注长期效果，愿意寻求决策的创造性方案。

(4) 行为型风格。该风格的决策者关注周围人的成就并接受他人的建议，常以会议的方式进行沟通，经常考虑自己的方案能否被他人所接受。

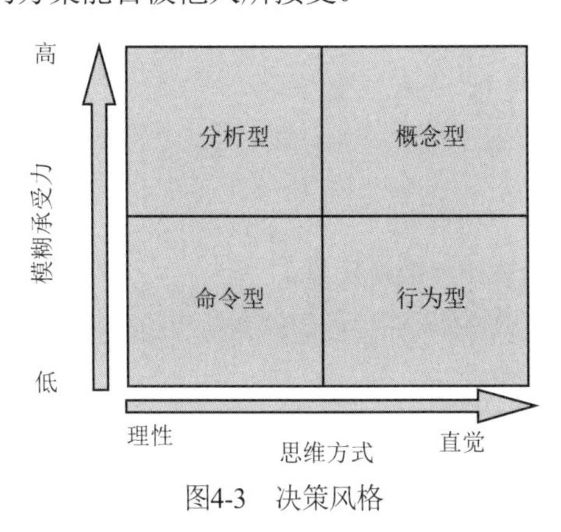

图4-3 决策风格

五、决策制定的错误与偏见

彼得·德鲁克曾说：管理决策中最常发生的错误是只强调找到正确的答案，而不重视提出正确的问题。因此，在决策制定过程中，洞悉决策问题的本质，正确地提出问题至关重要，否则，管理决策就会冒“为错误的问题提供正确的解决方案”的风险。

此外，管理者也会经常使用经验法则。经验法则有时很有效，但管理者应注意他们做出决策的“方式”，尽量避免决策偏见。管理者可以经常性地评估经验法则的适当性，并通过周围人来帮助自己改进。一些常见的决策偏见如下。

(1) 过分自信偏见。那些智力和人际能力较弱的人最有可能高估自己的绩效和能力。管理人员和雇员的知识越丰富，产生过度自信的可能性就越小。

(2) 锚定效应。锚定效应又称为沉锚效应，是指我们的大脑给予了最初接收到的信息过分的关注，相对于后来的信息，初始印象、想法在决策中所占的权重过高。实践中，通常人们在对某人或某事做出判断时，容易受第一印象、第一信息、先入为主的支配。

(3) 证实性偏见。证实性偏见又称为验证偏见，即在收集信息时，我们一般会倾向于支持我们已有观点的信息，而往往忽视可能推翻我们原有观点的信息。

(4) 易获性偏见。为什么进行年度业绩评估时，管理者更容易重视员工最近的行为表现而不是6个月或9个月前的行为表现？因为人们倾向于基于容易获得的信息做出判断，这就是易获性偏见。

(5) 代表性偏见。代表性偏见是指受过去的情况启发而出现过失。例如，如果从同一所学校毕业的三名学生都是业绩不良者，管理者就会倾向于认为当前这位来自该学校的求职者也不会是一个好员工。

(6) 事后聪明偏差。“我早就知道会这样”，这是一种事后聪明偏差，即“马后炮”现象。这种偏差常常导致决策者对自己的判断与预测做出过高评价。

第四节　决策方法

决策方法大致可以分为两类：一类是定性的方法，又称为主观决策法，依赖决策者(个人或群体)的知识、经验、能力，主观成分多，主要解决复杂的战略决策和其他重大问题；另一类是定量决策法，常用到数学方法来定量计算，有严格的假定，有严密的计算、推理过程，如确定型决策中运用到的线性规划法、盈亏平衡分析法，风险型决策中所运用到的期望值决策法、决策树法，以及不确定型决策中运用到的乐观决策法、悲观决策法、最小、后悔值法、等概率法，都属于定量决策方法。

一、主观决策法

主观决策法是一种定性的决策理论与方法，是指在决策中运用社会科学的原理，主要依靠决策者或有关专家的智慧、经验、知识和判断能力来进行决策的方法，属于决策的“软技术”。常见的主观决策法有4种：头脑风暴法、德尔菲法、名义群体法及电子会议。主观决策方法灵活、通用性强，比较适合做非常规、非程序化的决策。有时，为了保证群体决策的创造性，避免群体思维削弱群体的批判精神、创造力，损害决策的质量，群体决策也会大量地使用主观决策法进行决策。但运用主观决策法进行群体决策的缺点是，当群体成员面对面交流或相互作用时，容易形成潜在的群体思维，他们会自我检讨并对其他成员造成压力。

1. 头脑风暴法

头脑风暴法将对解决某一问题有兴趣的人集合在一起，在完全不受约束的条件下，打开思路，畅所欲言。头脑风暴法是为了克服阻碍产生创造性方案的、遵从压力的一种相对简单的方法。它利用一种思想产生过程，鼓励提出任何种类的方案设计思想。运用头脑风暴法进行决策应遵循的基本原则有以下几个。

(1) 独立思考，开拓思路，不重复别人的意见。

(2) 意见越多越好，不受限制。

(3) 对别人的意见不做任何评价，严格禁止对各种方案的任何批评。

(4) 可以补充和完善已有的意见。

在典型的头脑风暴会议中，人们围桌而坐。群体领导者以一种明确的方式向所有参与者阐明问题，说明会议的规则，创造融洽轻松的讨论气氛。成员在一定时间内“自由”地提出尽可能多的方案，不允许对方案进行任何批评，并且所有的方案都当场记录下来，留待后面讨论和分析。

运用头脑风暴法进行专家决策时，专家小组应由下列四类人员组成：①方法论学者，即专家会议的主持者；②设想产生者，即专业领域的专家；③分析者，即专业领域的高级专家；④演绎者，即具有较高逻辑思维能力的专家。

头脑风暴法的所有参加者，都应具备较高的联想思维能力。在进行头脑风暴(即思维共振)时，应尽可能提供一个有助于把注意力高度集中于所讨论问题的环境。有时某个人提出的设想，可能正是其他准备发言的人已经思考过的设想。其中一些有价值的设想，往往是在已提出设想的基础之上，经过“思维共振”的“头脑风暴”迅速发展起来的设想，或者是对两个或多个设想的综合设想。因此，头脑风暴法产生的结果，应当认为是专家成员集体创造的成果，是专家组这个宏观智能结构互相感染的总体效应。

课堂活动：在下雨天，汽车后视镜或多或少都会粘附雨水，对行车安全造成影响，运用头脑风暴方法思考有哪些办法可以去除汽车后视镜上的雨水。

2. 德尔菲法

德尔菲法是请专家背靠背地对需要决策的问题提出意见，决策者将各专家意见进行多次信息交换，逐步取得一致意见，从而得出决策方案。德尔菲法复杂、耗时，它并不需要群体成员列席，从不允许群体成员面对面地在一起开会，其基本过程如下。

(1) 确定问题。通过一系列仔细设计的问卷，要求成员提供可能的解决方案。

(2) 每个成员匿名地、独立地完成第一组问卷。通常的做法是，邀请一群专家，以某一问题或问卷为主，请他们就问题提出自己的看法或意见，以不记名的方式进行判断。

(3) 由调查人员整理专家的意见。即将第一组问卷的结果集中在一起编辑、誊写和复制。

(4) 将整理结果再次反馈给专家并征求专家意见。具体做法是，给每个决策专家一本有关前一次问卷结果的复制件，再次请专家提出他们的方案。通常，第一轮的结果常常会激发出新的方案或改变某些人的原有观点。

(5) 重复步骤(3)、(4)，直到取得大体上一致的意见。

德尔菲法的优点是无须参与者到场，隔绝了群体成员之间的相互影响；缺点是太耗费时间。当需要进行一个快速决策时，这种方法通常行不通，且难以提出丰富的设想和方案。

3. 名义群体法

名义群体法是指在决策制定过程中对群体成员的讨论进行限制。例如，参加传统委员会会议时，群体成员必须出席，但要独立思考。名义群体法的具体实施过程如下。

(1) 成员集合成一个群体，但在任何讨论之前，每个成员独立地写下对问题的看法。

(2) 写完后，每个成员将自己的想法提交给群体，然后一个接一个地向大家说明自己的想法，直到每个人的想法都表述完并记录下来为止(实践中是记在一张活动挂图或黑板上)。在所有的想法都记录下来之前不进行讨论。

(3) 群体开始讨论，以便把每个想法了解清楚，并做出评价。

(4) 每个群体成员独立地把各种想法排出次序，最后的决策是综合排序最高的想法。

名义群体法的优点在于，使群体成员正式开会但不限制每个人的独立思考，传统的会议方式往往做不到这一点。

4. 电子会议

最新的群体决策方法是将名义群体法与尖端的计算机技术相结合的电子会议。会议所需的技术今天已经非常成熟，其基本过程如下。

(1) 多达50人围坐在一张马蹄形的桌子旁，桌子上除了计算机终端外别无他物。

(2) 将问题显示给决策参与者，让他们把自己的答案输入计算机中。

(3) 个人评论和票数统计都投影在会议室内的屏幕上。

电子会议的主要优点是匿名、诚实和快速。决策参与者能不透露姓名地输入自己所要表达的任何信息，一敲键盘即可使其显示在屏幕上，所有人都能看到。它还使人们能充分地表达自己的想法而不会受到惩罚，并消除了闲聊和讨论偏题，且不必担心打断别人“讲话”。但电子会议也有缺点，即与打字快的人相比，口才虽好但打字慢的人就显得相形见绌，并且电子会议过程缺乏面对面口头交流所传递的丰富信息。

二、定量决策法

1. 确定型决策方法

常见的确定型决策方法有线性规划法和盈亏平衡分析法。

(1) 线性规划法。线性规划(linear programming，LP)是运筹学中研究较早、发展较快、应用较广泛、方法较成熟的一个重要分支，主要研究线性约束条件下线性目标函数的极值问题，它是辅助人们进行科学管理的一种数学理论和方法。线性规划法在实践中被广泛应用于军事作战、经济分析、经营管理和工程技术等方面，为合理地利用有限的人力、物力、财力等资源做出最优决策提供了科学的依据。线性规划法主要用于解决以下两类问题。

其一，资源一定的条件下，力求完成更多的任务，取得好效益。

其二，任务一定的条件下，力求资源节省。

具体掌握线性规划法，有待于深入地学习“运筹学”这门课程。

(2) 盈亏平衡分析法。盈亏平衡分析法(break-even analysis)又称为保本点分析法或本量利分析法，是根据产品的业务量(产量或销量)、成本、利润之间的相互制约关系进行综合分析，用来预测利润、控制成本、判断经营状况的一种数学分析方法，其重点是通过盈亏平衡点(BEP)判断项目成本与收益的平衡关系。各种不确定因素(如投资、成本、销售量、产品价格、项目寿命期等)的变化会影响投资方案的经济效果，当这些因素的变化达到某一临界值时，就会影响方案的取舍。盈亏平衡分析的目的就是找出这种临界值(即盈亏平衡点)，判断方案对不确定因素变化的承受能力，为决策提供依据。盈亏平衡点的计算方法如下。

首先，确定盈亏平衡点产量：$Q_0 = \dfrac{F}{P-V}$

其次，计算盈亏平衡点销售收入： $S_0 = PQ_0 = \dfrac{F}{1-VP}$

这里，S=PQ，S 为收入，P 为单价，Q 为产量；$C = F + VC$，其中，C 为总成本，F 为固定成本，V 为单位变动成本。

2. 风险型决策方法

风险型决策是指每个备选方案都会有几种不同的可能情况，而且已知每一种情况出现的可能性有多大(即发生的概率)，因此在依据不同概率所拟定的多个决策方案中，不论选择哪种方案，都要承担一定的风险。常见的风险型决策方法有期望值决策法和决策树法。

(1) 期望值决策法。下面先介绍与期望值决策法有关的 3 个重要概念。

① 先验概率。根据过去经验或主观判断而形成的对各自然状态的风险程度的测算值。

② 自然状态。各种可行的备选方案可能遇到的客观情况和状态。

③ 损益矩阵。一般由可行方案、自然状态及其发生的概率、各种行动方案的可能结果三部分组成，把这三部分内容在一个表上表现出来，即为损益矩阵表。

期望值决策法的实施步骤：计算各方案的期望值，对期望值进行比较，判断方案的优劣。计算公式为：期望值(E)=效价(V)×概率(P)。期望收益值则是某一方案不同状态收益的总和。

例如，某公司开发了一款新产品，不同方案的销路及概率如表 4-2 所示。

表4-2　不同方案的销路及概率

方案 销量 概率	不同状态下的销量/万台			期望收益值/万台
	畅销 概率(0.25)	一般 概率(0.5)	差 概率(0.25)	
高价 (7 元)	90	75	60	90×0.25+75×0.5+60×0.25=75
平价 (6 元)	96	72	56	96×0.25+72×0.5+56×0.25=74
低价 (5 元)	100	60	46	100×0.25+60×0.5+46×0.25=66.5

在本例中，显然，根据期望收益值的大小进行判断，“高价”销售方案是最优方案。

(2) 决策树法。决策树法是运用概率与图论中的树对决策中的不同方案进行比较，从而获得最优方案的风险型决策方法。图论中的树是连通且无回路的有向图，入度为 0 的点称为树根，出度为 0 的点称为树叶，树叶以外的点称为内点。决策树由树根(决策节点)、其他内点(方案节点、状态节点)、树叶(终点)、树枝(方案枝、概率枝)、概率值、损益值组成。熟练地掌握决策树法，有待于深入学习“运筹学”这门课程。最简单的情形下，决策树法是用树状图来描述各种方案在不同自然状态下的收益，据此计算每种方案的期望收益从而做出决策的方法。这种最简单情形下的决策树法本质上与期望值决策法一致。

例如，上课/逃课的决策树如图 4-4 所示。今天能逃课吗？具体的计算过程可自行完成。

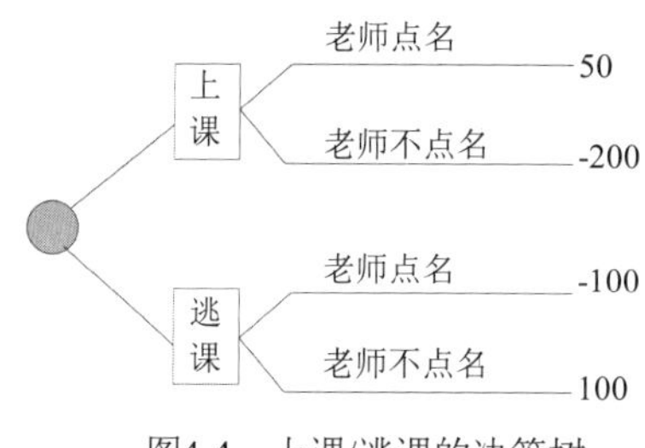

图4-4　上课/逃课的决策树

3. 不确定型决策方法

当决策者无法确定各种方案成功的可能性时，决策者知道将面对的一些自然状态，并知道将采用的几种行动方案在各个不同的自然状态下所获得的相应收益值，但决策者不能预先估计或计算出各种自然状态出现的概率，这样的决策就是不确定型决策。

不确定型决策需要决策的问题存在较大的风险，故使用的决策方法在很大程度上取决于决策者对风险的态度。不同的人其风险价值观不同，但大体上分为保守型、进取型和稳妥型。依据这 3 种风险价值观，不确定型决策的管理者可采用的决策方法分为以下 4 类。

(1) 乐观决策法。又叫“大中取大法”，即找出每个方案在各种自然状态下的最大损益值，取其中最大者，所对应的方案即为合理方案。很显然，这一做法是比较冒险的，通常被一些冒进主义者所采用。

(2) 悲观决策法。又叫“小中取大法”，即找出每个方案在各种自然状态下的最小损益值，取其中最大者，所对应的方案即为合理方案。这一做法显然是比较保守的，通常被一些悲观主义者所采用。

(3) 最小后悔值法。又叫“大中取小法”，其计算原理如下：首先，将每种自然状态的最高值(指收益矩阵，若是损失矩阵应取最低值)确定为该指标的理想目标；其次，将该状态中的其他值与最高值相减所得之差称为未达到理想的后悔值，并把后悔值排列成矩阵(称为后悔矩阵)，它可以从收益矩阵中导出来；再次，把每个行动方案的最大后悔值求出来；最后，求出所有最大后悔值中最小的一个，所对应的方案即为决策方案。

(4) 等概率法。又叫“等可能性准则”，该准则是法国数学家拉普拉斯(Laplace)首先提出的，所以也叫拉普拉斯准则。当决策人在决策过程中不能肯定哪种状态容易或不容易出现时，便认为它们出现的可能性(概率)是相等的。如果有 n 个自然状态，那么可以认为每个自然状态出现的概率相等，都是 $1/n$；然后利用风险型决策方法，求出各策略的收益期望值；最后根据收益期望值的大小进行决策。

举例：假设有 A1 至 A5 五种备选方案，存在 B1 至 B4 四种无法把握的自然状态，矩阵中的数据分别为各备选方案在各种自然状态下的损益值(单位：百万元)。分别应用乐观决策法、悲观决策法、最小后悔值法和等概率法进行决策。

	B1	B2	B3	B4
A1	5	6	4	5
A2	8	5	3	6
A3	4	7	2	4
A4	2	3	9	6
A5	4	2	3	3

(1) 基于乐观决策法的决策过程。

首先，把各个方案在各种自然状态的最大收益值求出来。

A1：max｛5，6，4，5｝=6

A2：max｛8，5，3，6｝=8

A3：max｛4，7，2，4｝=7

A4：max｛2，3，9，6｝=9

A5：max｛4，2，3，3｝=4

在矩阵中表示如下：

	B1	B2	B3	B4	max
A1	5	<u>6</u>	4	5	6
A2	<u>8</u>	5	3	6	8
A3	4	<u>7</u>	2	4	7
A4	2	3	<u>9</u>	6	9
A5	<u>4</u>	2	3	3	4

其次，求所有最大收益值中的最大值。

max｛6，8，7，9，4｝=9

最后，最大收益值 9 所对应的方案 A4 即为乐观决策法下的最优方案。

(2) 基于悲观决策法的决策过程。

首先，把各个方案在各种自然状态的最小收益值求出来。

A1：min｛5，6，4，5｝=4

A2：min｛8，5，3，6｝=3

A3：min｛4，7，2，4｝=2

A4：min｛2，3，9，6｝=2

A5：min {4，2，3，3} =2

在矩阵中表示如下：

	B1	B2	B3	B4	min
A1	5	6	4	5	4
A2	8	5	3	6	3
A3	4	7	2	4	2
A4	2	3	9	6	2
A5	4	2	3	3	2

其次，求所有最小收益值中的最大值。

max {4，3，2，2，2} =4

最后，最大收益值 4 所对应的方案 A1 即为悲观决策法下的最优方案。

(3) 基于最小后悔值法的决策过程。

首先，把各种自然状态在各个方案下的最大收益值找出来。

B1：max {5，8，4，2，4} =8

B2：max {6，5，7，3，2} =7

B3：max {4，3，2，9，3} =9

B4：max {5，6，4，6，3} =6

在矩阵中表示如下：

	B1	B2	B3	B4
A1	5	6	4	5
A2	8	5	3	6
A3	4	7	2	4
A4	2	3	9	6
A5	4	2	3	3

其次，将该状态中的最高值减去其他值，所得之差为未达到理想的后悔值，然后把后悔值排列成矩阵，如下所示。

A1	3	1	⑤	1
A2	0	2	⑥	0
A3	4	0	⑦	2
A4	⑥	4	0	0
A5	4	5	⑥	3

再次，在后悔值矩阵中找出每个行动方案的最大后悔值。

A1：max {3，1，5，1} =5

A2：max {0，2，6，0} =6

A3：max {4，0，7，2} =7

A4：max｛6，4，0，0｝=6

A5：max｛4，5，6，3｝=6

最后，求所有最大后悔值中最小值。

min｛5，6，7，6，6｝=5

最小的后悔值 5 所对应的方案 A1 即为利用最小后悔值法得出的最优方案。

(4) 基于等概率法的决策过程。

首先，假定 B1 至 B4 的四种自然状态出现的概率相等，即 $p1=p2=p3=p4=0.25$。

其次，计算每种备选方案的期望收益值 E，如下所示。

	B1	B2	B3	B4	E
A1	5	6	4	5	5
A2	8	5	3	6	5.5
A3	4	7	2	4	4.25
A4	2	3	9	6	5
A5	4	2	3	3	3

最后，最大期望收益值 5.5 所对应的方案 A2 即为等概率法下的最优方案。

三、决策与风险偏好问题

就不确定型决策方案的选择而言，其实每种选择都不是完美的，都会有问题。此时，最关键的是决策者的心态和风险偏好，也就是管理者对风险的承受力。从这个角度来讲，决策方法没有好坏之分。对于定量决策来说，需要把握以下几点。

(1) 收益值和期望值不是一个概念。收益值是指人们做某件事情所带来的收益，例如，企业销售产品的利润，就是一种收益；学生读大学，肯定也有某种收益。期望值是指平均收益，例如，如果用 10 元钱买股票，花一半的钱去买 A 股，收益是 10 元，花另一半的钱买 B 股，收益是 20 元，那么期望收益就是 $0.5\times10+0.5\times20=15$ 元。

(2) 乐观决策法与悲观决策法不存在好坏之分，只是做决策的人的选择不同。有些比较乐观、爱冒风险的人会倾向于往好的方向去做选择；而有些保守、不爱冒险的人在做选择时就倾向于谨慎、保守，类似于他对未来比较悲观。

(3) 最小后悔值法是指选择将来给你带来的后悔值最小的决策方案。

(4) 一般来说，高风险就有高收益，低风险伴随着低收益。那些偏好风险的人，即使决策失败了，也能承受住这种失败，但若是决策正确了，那么他就能够得到很高的收益。相反，那些厌恶风险的人承受不了这种决策的失败(内心脆弱)，所以还不如稳健出发、保守估计(风险要小一些)，虽然获益要少一些，但避免了将来失败所带来的打击。

本章提要

1. 决策制定是一个包括 8 个步骤的过程：识别决策问题、确定决策标准、为决策标准分配权重、拟订备选方案、分析备选方案、选择最优方案、实施决策方案、评价决策效果。

2. 理性决策是假定：问题明确、无目标冲突、了解所有选择、偏好顺序明确、保持所有偏好的一贯性、不存在时间或成本约束、经济收益最大化、但该假设在许多情况下并不适用。

3. 在有限理性决策过程中：①所选择的问题是直观的，反映了管理者的利益和背景；②确定数量有限的标准；③建立一个简单的模型用于评价标准；④确定数量有限的相似的方案；⑤一次只评价一个方案；⑥选择过程直到得到一个满意方案为止；⑦政治和权力影响决策的接受；⑧按评价者个人利益评价决策成果。

4. 管理者面对着结构良好的和结构不良的问题。结构良好的问题是直观的、熟悉的、易确定的，并可采用程序化决策来解决的问题；结构不良的问题是新的、不同寻常的、包含模糊的不完整信息的问题，适用于非程序化决策方法。

5. 在决策的理想情境下，管理者能够做出正确的决策，因为他知道每个方案的结果，而这种确定性很少遇到。一种更实际的情境是充满风险的，在此情境下决策者可以估计某一方案或结果发生的概率。当不能做出确定且合理的概率估计时，不确定性就产生了。这时，决策者的选择会受他的心理导向的影响。

6. 决策方法可以分为主观决策法和定量决策法。头脑风暴法、德尔菲法是常见的主观决策法。定量决策法包括：确定型决策的线性规划法、盈亏平衡分析法；风险型决策的期望值决策法、决策树法；不确定型决策的乐观决策法、悲观决策法、最小后悔值法和等概率法。

案例分析

❖ 案例 4-1 | 欧洲迪士尼乐园的选址决策

1. 背景材料

迪士尼乐园的早期故事大多源于欧洲的民间传说，因此，迪士尼对于欧洲人来说一点也不陌生。在法国建造主题乐园的想法最早出现于 1976 年，但是直到 1982 年，在法国政府高层官员陪同迪士尼公司的高层人员去法国北部和东部进行选址考察后才为人所知。不久之后，东京迪士尼乐园开放，并在短时间内取得巨大成功，创造了新的参观人数纪录。因此，一个新的欧洲迪士尼乐园，似乎成了让迈克尔•埃斯纳尔的传奇再一次得以延续的加油站，他延续了在 1976 年萌生的在欧洲建造迪士尼乐园的想法，并开始调查欧洲迪士尼乐园的选址。

2. 决策过程

(1) 公司先后考虑了 200 个迪士尼乐园选址方案，很快将范围缩小到西班牙和法国。法国因地处欧洲中心，与大多数欧洲国家都有四通八达的交通体系，更重要的是有让人垂涎欲滴的利润，成为最后胜利者。他们认为这些因素足以抵消法国恶劣的气候和刁钻的民族个性带来的负面影响。

(2) 迪士尼乐园公司的高层人员决定纠正他们在其他乐园项目中所犯的错误。美国奥兰多乐园的占地面积非常大，但是迪士尼乐园高层人员低估了消费者对旅馆的需求，因而失去了在酒店业发财的机会。在东京，迪士尼乐园公司由于未能取得乐园的所有权，因而也无法保护迪士尼品牌形象的特许权。迪士尼乐园的管理者下定决心，一定要在欧洲避免这类重大错误再度发生。

(3) 欧洲迪士尼乐园的建造初期对付诸实施的决策过于草率，预计成本比实际成本低了 19 万美元。

(4) 东京迪士尼乐园的巨大成功让欧洲迪士尼乐园的管理者对游客人数产生了过于乐观的估计。

(5) 公司错误地认为，游客为了获得迪士尼的产品不会过分计较价格的高低。因此，将票价定为成人每人 51 美元，儿童每人 34 美元，比奥兰多的票价分别高出 11 美元和 8 美元。另外，迪士尼乐园公司高层人员签署了一个拥有 5200 套房间的酒店建造合同，房间的价格定为每晚 97 美元到 395 美元。他们预计，76%的房间将被彻夜不归的游客所使用。每位游客每天用于食品和商品的消费预计也高达 28 美元。

(6) 基于迪士尼公司的“家庭价值观”，迪士尼乐园不提供含有酒精的饮料。由于法国的气候十分恶劣，为了保证全年游客人数的稳定，乐园的大部分将被建在室内。这些措施根本没有考虑游客的愿望和价值观。

3. 决策后果

(1) 在开业的第一年，迪士尼就亏损了 9.6 亿美元，尽管其中的 6 亿美元是由于一次性消耗的摊销造成的，但仍然让人感到难以接受。而营业收入损失还在以每天 100 万美元的速度增加，到了 1994 年年底，亏损额已接近 4 亿美元。

(2) 虽然游客确实达到了计划的 1100 万人，但这是在票价大打折扣之后才实现的。酒店房间使用率仅为 37%，远低于预计的 76%。因为欧洲迪士尼乐园距离巴黎市区中心 70 英里，而这正是巴黎旅游胜地云集的地段，使得欧洲迪士尼乐园成为游客游览其他景点的中转站，游客在这里逗留一天就到其他地方去了，很少有人需要或希望在这里过夜。与美国相比，法国优越的交通运输设施使人们可以轻松地进行当日往返的短途旅行，以避免昂贵的旅馆住宿。

(3) 由于迪士尼公司没有充分考虑欧洲和法国的特殊文化背景，禁止出售酒精饮料的决定完全与法国人和欧洲人的生活习惯相抵触。此外，欧洲人有自带食物到公园游玩的传统，而迪士尼乐园却禁止野餐。

(4) 为了一顿环境优雅的丰盛大餐而花掉一大笔钱是公司过分乐观的估计，与顾客的期望完全不一致。

(5) 对欧洲人来说，迪士尼乐园开业时的汇率形势也非常不利，到奥兰多的迪士尼乐园旅游比去欧洲迪士尼乐园更优惠，而且奥兰多的天气更适合游玩。比奥兰多乐园高出30%的门票定价决策完全没有考虑欧洲正在经历经济衰退这一事实。

(6) 公司没有考虑到，一个美国式的公园可以让欧洲人更好地接触美国文化，但是原封不动地照搬到欧洲就会失去它内在的吸引力。

资料来源：保罗•纳特. 决策之难：15个重大决策失误案例分析[M]. 北京：新华出版社，2004.

问题：

(1) 迪士尼乐园开拓欧洲市场所做的一系列决策是否正确？

(2) 为什么欧洲迪士尼乐园会出现决策失误？

(3) 是否应该借鉴其他相似项目的成功经验与教训？

(4) 是否应该在任何情况下都坚持自己企业的惯例与标准？

(5) 你了解上海迪士尼乐园的决策过程吗？该决策有哪些可圈可点的地方？

❖ 案例 4–2 | 头脑风暴法解决积雪难题

有一年，美国北方格外严寒，大雪纷飞，电线上积满冰雪，大跨度的电线常被积雪压断，严重影响通信。过去，许多人试图解决这一问题，但都未能如愿以偿。后来，电信公司经理应用奥斯本发明的头脑风暴法，尝试解决这一难题。他召开了一种能让头脑卷起风暴的座谈会，参加会议的是不同专业的技术人员，要求他们必须遵守以下原则。

(1) 自由思考。即要求与会者尽可能解放思想，无拘无束地思考问题并畅所欲言，不必顾虑自己的想法是否“离经叛道”或“荒唐可笑”。

(2) 延迟评判。即要求与会者在会上不要对他人的设想评头论足，不要发表“这主意好极了！”“这种想法太离谱了！”之类的“捧杀句”或“扼杀句”，至于对设想的评判，留在会后组织专人考虑。

(3) 以量求质。即鼓励与会者尽可能多而广地提出设想，以大量的设想来保证质量较高的设想的出现。

(4) 结合改善。即鼓励与会者积极进行智力互补，在增加自己提出设想的同时，注意思考如何把两个或更多的设想结合成另一个更完善的设想。

按照这种会议规则，大家七嘴八舌地议论起来，有人提出设计一种专用的电线清雪机；有人想到用电热来化解冰雪；也有人建议用振荡技术来清除积雪；还有人提出能否带上几把大扫帚，乘直升机去扫电线上的积雪。对于这种“坐飞机扫雪”的想法，大家心里尽管觉得滑稽可笑，但在会上也无人提出批评。相反，有一位工程师在百思不得其解时，听到用飞机扫雪的想法后，思想突然受到冲击，想到了一种简单可行且高效率的清雪方法。他想，每当大雪过后，出动直升机沿积雪严重的电线飞行，依靠调整旋转的螺旋桨即可将电线上的积雪迅速扇落。他马上提出“用干扰机扇雪”的新设想，顿时又引起其他与会者的联想，有关用飞机除雪的主意一下子又多了七八条。不到一个小时，与会的10名技术人员共提出90多条新设想。

会后，公司组织专家对设想进行分类论证。专家们认为设计专用清雪机、采用电热或电磁振荡等方法清除电线上的积雪，在技术上虽然可行，但研制费用大，周期长，一时难以见效。那种因“坐飞机扫雪”激发出来的几种设想，倒是一种大胆的新方案，如果可行，将是一种既简单又高效的好办法。经过现场试验，发现用直升机扇雪真能奏效，一个久悬未决的难题，终于在头脑风暴会中得到了巧妙的解决。随着创造活动的复杂化和课题涉及技术的多元化，单枪匹马式的冥思苦想将变得软弱无力，“群起而攻之”的战术则显示出攻无不克的威力。

资料来源：头脑风暴之案例. 道客巴巴文档[EB/OL]. http://www.doc88.com/. 作者有删改

问题：

结合上述案例，你认为头脑风暴法能够成功的关键是什么？

思考与练习

一、单项选择题

1. 由于决策者在具体工作中不可能做到完全理性、合理，因此，决策者在选择方案时往往遵循的是(　　)。

A. 最优标准　　B. 满意标准

C. 随意标准　　D. 最差标准

2. 某公司生产某种产品的固定成本是30万元，除去固定成本外，该产品的单位成本为4元，市场售价为10元，若要达到6万元销售毛利的目标，则该产品产销量应为(　　)万件。

A. 3　　B. 4.5

C. 6　　D. 7.5

3. 决策者无法确知每个可行方案出现的结果，也无法估算出概率的决策，称为(　　)。

A. 确定型决策　　B. 风险型决策

C. 不确定型决策　　D. 程序型决策

4. 永明灯具厂生产的吊灯每只成本为2500元，其中劳动力与原材料等直接成本为1700元，由固定成本分摊的间接成本为800元，售价为2800元。现有某客户提出要求，按每只2200元的价格订购5只。对于这项生产该厂应持的态度是(　　)。

A. 订购价格低于生产成本，不能接受

B. 订购价格远低于通常售价，不接受

C. 订购价高于直接成本，尽管生产任务已很紧，也应接受订货

D. 生产任务不足时，可考虑接受订货，否则应拒绝接受此订货

5. 下列关于决策的描述中，说法正确的是(　　)。

A. 大多数管理人员都愿意冒险

B. 大多数管理人员都讨厌冒险

C. 对风险的态度因人而异

D. 应用定量决策法可以排除决策中的人为因素

6. 在管理决策中，许多管理人员认为只要选取满意的方案即可，而无须刻意追求最优的方案。对于这种观点，你认为以下解释最有说服力的是(　　)。

A. 现实中不存在所谓的最优方案，所以选中的都只是满意方案

B. 现实管理决策中常常由于时间太紧而来不及寻找最优方案

C. 由于管理者对什么是最优决策无法达成共识，只有退而求其次

D. 刻意追求最优方案，常常会由于代价太高而最终得不偿失

7. 企业经营方案决策最终所选出的方案一般为(　　)。

A. 成本最低的方案　　B. 较为满意的方案

C. 各个目标都最佳的方案　　D. 实现利润最大的方案

8. 某企业集团拟投资开发新产品，现有两个方案，假定其开发费用相同。开发甲产品，估计投产后，市场竞争不激烈时每年可获利 150 万元，市场竞争激烈时每年亏损 50 万元。开发乙产品，估计投产后无论市场竞争激烈与否，每年均可获利 70 万元。根据预测，这两种拟开发的产品投产后，出现市场竞争不激烈情况的概率为 0.6，出现市场竞争激烈情况的概率为 0.4。如果只能在这两个方案中选一个，你的评价是(　　)。

A. 开发甲产品比开发乙产品好

B. 开发乙产品比开发甲产品好

C. 开发甲产品与开发乙产品没什么差别

D. 根据以上资料尚无法下结论

9. 在下列决策方法中，属于确定型决策方法的是(　　)。

A. 盈亏平衡分析法　　B. 决策树法

C. 极大极小损益值法　　D. 极小极大后悔值法

10. 在管理中，决策是(　　)。

A. 高层管理人员所承担的任务

B. 高层和中层管理人员所承担的任务

C. 高层主管和参谋人员所承担的任务

D. 每一个管理人员都可能要从事的活动

11. 某公司全年生产量为8000件，预计可以全部售出，该产品单位变动成本为8元，固定成本总计45 000元，若该公司希望获得51 000元的利润，则该产品的售价应为(　　)元。

A. 15　　B. 20　　C. 25　　D. 30

二、名词解释

决策　　盈亏平衡点　　有限理性

三、简答题

1. 什么是满意决策？为什么决策遵循的是“满意”原则而不是“最优化”原则？
2. 规则和政策的区别是什么？
3. 为什么管理者倾向采用简化的决策模型？

四、应用分析题

1. 组织文化会对管理者的决策方式产生怎样的影响？
2. 描述你和家人在你高考之后选择大学及选择专业的决策过程，并说明是理性决策，还是有限理性下的满意决策，或者是直觉决策？你的专业选择，是你的家人群体决策的结果还是你个人决策的结果？

五、综合练习：犯罪严重性的决策

目的：比较个人决策和群体决策。

知识要求：①决策过程的步骤；②群体决策相对于个人决策的优点。

时间要求：约45分钟。

说明：

(1) 组成5～10人的群体。

(2) 每个成员对表4-3中的15种罪行按其严重性排序，最严重的为1，其次为2，最轻的为15。排序时不能与他人交谈，请用5分钟完成这一步(填入第2列)。

(3) 个人排序结束后，群体通过协商给出排序结果(填入第3列)。该步用时不得超过20分钟。

(4) 老师将实际的排序填入第4列。

(5) 将个人或群体的评分减去实际的评分作为误差分数(不计负数)，计算个人和群体的误差分数(填入第5列和第6列)。

(6) 比较个人误差分数与群体误差分数。

个人误差分数高还是群体误差分数高？群体成员回顾其决策过程，识别出哪些因素提升或降低了群体决策的质量。

表4-3　犯罪行为的群体决策和个体决策

犯罪行为	你的排序	群体排序	实际顺序	你的偏差	群体偏差
乱开车撞死人					
组织吸毒团伙					
父母徒手将孩子打死					
在公共建筑物中放炸弹炸死一个人					
妻子刺死丈夫					
暴力强奸妇女致死					
议员受贿 1 万美元支持贿赂他的公司					
诱使未成年人到车内作案					
经营卖淫团伙					
丈夫刺死妻子					
走私大麻到国内销售					
抢劫中致命枪击受害者					
纵火造成 50 万美元的损失					
强行入户偷走 1000 美元					
绑架					

第五章 计　　划

■ 知识目标

1. 了解计划的定义
2. 能够区分战略计划和作业计划
3. 能够识别计划的 4 种权变因素
4. 能够描述典型的 MBO 理论

■ 能力目标

1. 说明计划的潜在利益
2. 阐明什么情况下方向性计划比具体计划更可取
3. 解释为什么一个组织宣称的目标，有可能与其实际目标不一致
4. 说明 MBO 理论怎么利用目标作为激励因素

■ 素质目标

1. 对照计划的理论，理解和反思自己学习和生活中做计划的不足
2. 描述你期待自己如何进行目标管理

第一节　计划的概念及特征

对于一个组织来说，需要对资源做合理分配以实现未来的发展目标。例如，企业每年都需要制订生产计划、财务计划、销售计划、人力资源计划等来实现既定的利润目标；国家每年也

需要制订财政预算和经济增长计划等，以确保实现既定的发展目标。下面关于华为公司的小故事，可以充分说明计划在管理中的重要性。

华为公司在发展过程中遇到了这样一个问题：员工工作很努力，经常加班，但工作的结果与预期目标相差甚远。这引发了企业管理者的深入思考。深入调查后发现，大多数华为员工在接受了他们将要从事的工作后，只是埋头苦干，并没有真正考虑过自己的职业目标，缺乏计划。因此，他们往往不清楚完成工作的程度，也不知道如何使用高效率的操作方法等，这种漫无目的的工作方式导致了劳动力的混乱。最终这些问题都直接体现在华为的整体发展上。

针对这种情况，任正非建议：先瞄准，再开枪。也就是永远不能“先干起来再说”。公司要有长远的发展，员工必须是公司的核心，员工的目标要和公司的目标保持一致，所以每个员工都要有强烈的责任感，明确自己的工作目标和计划，更好地了解如何满足公司的发展需要。

那么，什么是计划工作？计划的表现形式有哪些？

实际上，从内容来看，组织计划可以是多种多样的。从形式来看，组织计划工作可以是正式计划或非正式计划。正式计划是以书面文件的形式存在于组织中并为组织成员所共享，通常是一个组织的行动指南。非正式计划很少用书面形式来表达，计划的内容比较粗略且缺乏连续性。非正式计划一般在规模较小的组织中使用得比较广泛，而且管理者很少与组织中的其他成员讨论目标的制订和执行情况。如果不做特别的说明，本书所指的计划均为正式计划。

一、计划工作及其构成要素

在中文语境里，计划有两重词性。动词的“计划”表示一系列特定的行为及相关联的活动或行动。名词的“计划”是计划活动的结果，包括各种明确的、书面的使命和目标说明，以及战略、政策、预算书等。作为管理职能的计划是动词性的计划，即计划工作。

计划工作是确定组织目标，制定全局战略以实现目标，并开发一个全面的分层计划体系以综合和协调各种活动的过程。也有学者认为，计划是根据组织内外部的实际情况，权衡客观需要和主观可能，通过科学的预测，提出未来一定时期内组织所要达到的目标及实现目标的方法，是对组织在未来一段时间内的目标和实现目标途径进行策划与安排，具体涉及目标指标的确定、选择何种手段来实现目标及进度进程的控制等。还有一种对计划的更复杂的定义是，根据组织环境及资源占用情况，确定组织在一定时期内的奋斗目标，通过计划的编制、执行和检查，协调和合理安排组织中各方面的经营和管理活动，有效地利用组织的人力、物力和财力资源，以取得最佳的经济效益和社会效益。显然，不管如何定义，计划工作主要涉及“目标”(做什么)和“达到目标的方法”(怎么做)两个要素，实际上是回答“5W1H”六个问题。

(1) 做什么(what)，即明确组织未来一段时间所要进行的工作活动的内容及其要求，对于生产企业来说，计划通常包括拟定生产产品的品种、数量、生产进度和销售额增长率等。

(2) 为什么做(why)，即明确计划工作的原因和目的，统一组织各层次的行动，使各个层次有明确的目的，从而提高组织的运行效率。

(3) 何时做(when)，即规定计划中各项工作的开始和完成时间，以便能够对组织资源进行合理的安排。

(4) 何地做(where)，即在了解计划实施的环境和限制条件的基础上，规定计划实施的地点和场所，以便合理安排计划实施的空间。

(5) 谁去做(who)，即明确各个部门的职责，规定每个阶段的工作由哪些部门完成或协助。

(6) 怎么做(how)，即通过制定相应的措施来对组织的资源进行合理的分配和使用，以便实现组织的目标。

基于计划工作的定义及内涵界定，可以确定构成计划工作的基本要素，如表 5-1 所示。

表5-1　构成计划工作的基本要素

要素	所回答的问题	内容
前提	在何种情况下有效？	预测、假设、实施条件
目标	做什么？	最终结果、工作要求
目的	为什么做？	理由、意义、重要性
战略	如何做？	途径、基本方法、主要战术
责任	谁做？结果谁承担？	人选、奖惩措施
时间	何时做？	起止时间、进度安排
范围	涉及什么部门和地域？	组织层次和地理范围
预算	需要投入多少资源？	费用和代价
应变	实际情况和预计不符怎么办？	最坏情况应变之道

二、计划工作的特性

计划是组织管理目标、战略、决策的具体化，是组织全体成员的行动纲领。计划具有以下特性。

(1) 目的性。任何组织制订计划都是为了有效地实现一定的目标。只有目标明确的计划工作，才能使组织的行动有明确纲领。根据期限进行划分，计划目标可分为短期目标、中期目标和长期目标。

(2) 先行性。在管理的计划、组织、领导、控制四个职能中，计划是首要的基本职能。只有确定计划目标后，组织才能确定组织结构、分权与集权，以及怎样控制组织和个人的行为不偏离计划等。

(3) 普遍性。计划涉及组织的全体成员，组织内各层次人员都会以不同的方式不同程度地参与计划活动。高层领导负责制订组织的战略计划，人力资源部门负责制订有关组织人力资源培训的计划，生产部门需要制订组织的生产计划。虽然计划工作的特点和范围因管理层次和职权大小的不同而不同，但每个组织成员都要有参与计划工作的整体意识。

(4) 前瞻性。计划直接面向组织未来、与未来有关。因此，在制订组织计划时，必须充分考虑未来的机遇和挑战，指导组织的未来活动，实现组织未来的目标。

(5) 经济性。计划的编制和实施是要支付成本的，因此，计划工作必须考虑经济性要求，尽可能以较少的成本实现较大的效益。

(6) 严肃性与灵活性。计划是组织对未来资源配置的一种安排。未来环境具有许多不确定因素，因此，在计划工作时，需要对环境有预见能力和应变能力，只有这样才能制订出有效率的计划。在条件不变或变化不大的情况下，必须严格执行计划；当条件变化较大时，要适时调整计划。

第二节　为什么要制订计划

设立目标，制定战略以实现目标，开发一系列的计划整合和协调活动，这一切是相当复杂的工作。为什么管理者还要从事这些复杂的工作呢？计划对组织的绩效有怎样的影响？

一、制订计划的目的

在组织的管理工作中，计划发挥着非常重要的作用，为其他管理职能和所有管理行为奠定了基础，制订计划的目的主要体现在以下 4 个方面。

(1) 计划通过协调降低了组织的不确定性，为稳定发展提供了保证。

未来的不确定性和环境的变化使组织面临各种各样的风险，良好的计划可以明确组织目标，科学的计划体系使组织各部门的工作能够协调地、有条不紊地展开，使主管人员能超脱于日常事务，集中精力关注于对未来环境不确定性的把握，随机应变地制定相应的对策，从而实现组织的稳定发展。

(2) 计划为有效地筹集和合理配置资源提供了依据，降低了不确定性带来的风险。

只有制订合适的计划，才能合理、有效地利用人力、物力、财力，使组织的经营活动顺利进行，从而取得较好的经济效益。同时，计划可以促使管理者更多地考虑未来环境变化可能带来的冲击，从而制定适当的对策，减小不确定性，降低组织运行过程中可能存在的风险。

(3) 计划减少了活动的重叠和浪费。

计划能够在实施之前的协调过程中发现可能存在的资源浪费和冗余，并在计划实施过程中有效地减少组织的重叠性和浪费性活动。

(4) 计划设定的目标和标准可以用于控制。

在计划中设立目标和标准，反映到控制职能中，管理者就可以把实际的工作进度与计划目标和标准进行对照，以便纠正重大偏差，从而进行必要的校正，以达到预期的目标。

二、计划与绩效

从管理学的角度来看，绩效是组织期望的结果，是组织为实现其目标而展现在不同层面上的有效输出，它包括个人绩效和组织绩效两方面。组织绩效的实现应在个人绩效实现的基础上，但是个人绩效的实现并不一定保证组织是有绩效的。当组织的绩效按一定的逻辑关系被层层分解到每个工作岗位及每个人时，只要每个人都达到了组织的要求，组织的绩效就实现了。组织计划与绩效通常具有以下两方面的关系。

其一，正式计划意味着组织更高的利润、更高的资产报酬率及其他积极的财务成果；高质量的计划过程和适当的实施过程比宽泛的计划更容易使组织产生较高的绩效。

其二，受环境因素的影响，正式计划不一定产生高绩效。从计划的制订和实施过程来看，计划的绩效依赖于环境的变化，当环境出现重大变化时，正式计划的绩效会受到较大的影响。例如，近年来，许多国家正在运用反倾销法案来阻止我国家电和纺织品进入其国内市场，致使我国的家电企业和纺织企业遭受较大损失。另外，环境的意外震荡也会降低精心策划的计划的效果。例如，最近几年我国股票市场的巨大波动，让绝大多数股票经纪人的正式计划变为泡影。

课堂活动：制订自己的大学生活与学习计划(8～10 个目标)，并邀请部分同学做出公开承诺，挑战自己！

第三节 计划工作与目标管理

计划是所有其他职能的基础。没有计划，管理者就不知道如何组织、领导和控制，事实上，没有计划也就不会有组织、领导和控制。如何制订计划是本节探究的主要问题。

一、计划工作中的目标和计划

1. 目标与计划

计划工作涉及两个重要元素：目标和计划。其中，目标是个体、群体和整个组织期望的产出。目标提供了所有管理决策的方向，确定了衡量标准，参照这种标准就可以度量实际工作的完成情况，因此，目标通常被认为是计划工作的基础。在制订计划、达成目标之前，组织必须知道所期望的目标或结果是什么。名词形态的计划是一种文件，它规定了怎么实现目标，通常描述了资源的分配、进度及其他实现目标的必要行动。当管理者制订计划时，他们既要规定目标也要编制计划。

2. 目标的类型

组织似乎都有一个单一的目标，例如，营利性组织的目标是创造利润，非营利性组织的目标是提供高效率的服务。但更深入地分析就会发现，组织的目标都是多重的，例如，工商企业除了追求利润，还追求增加市场份额和满足雇员福利；教堂提供了一条“通过忏悔进入天堂的道路”，同时，它也会帮助社区内的贫困阶层，并作为教会成员聚会的场所。没有一种单一的衡量尺度能够有效地评价一个组织是否成功地履行了它的使命。过分强调某一个目标会忽视其他目标，而这些目标对实现组织的长期目标是必不可少的。不仅如此，采用单一的目标也会导致令人不愉快的后果，因为管理者会为了追求单一目标而忽视其他重要事项。目标的分类如下。

(1) 财务目标和战略目标。

大多数组织的目标都可以被描述为财务目标或战略目标。其中，财务目标与组织的财务绩效相联系，如较快的收入增长、较高的红利、较高的投资回报率、大量的现金流、不断增长的股票价格、稳定的收益等；而战略目标与组织其他方面的绩效相联系，如较大的市场份额、靠前的产业排名、较高的产品质量、更有吸引力的产品线、良好的顾客声誉、公认的技术或产品、优秀的领导者、不断增长的国际市场竞争能力等。

(2) 宣称目标和真实目标。

宣称目标是一个组织对其目标的官方陈述，目的是使公众相信该组织打算做什么。但是，宣称目标(这些目标可以从组织的章程、年度报告、公共关系通告，以及组织管理者的公开声明中找到)通常会受社会对组织应该做什么的舆论影响，因此，一家公司分别向股东、消费者、雇员和公众陈述的目标会不一样。最高管理当局宣称的目标应被看作是“某个组织为了向特定的听众说明、解释或宣传而特意杜撰的，而不是这个组织真实目的的有效体现”。目标的内容很大程度上取决于听众想听什么。

综上所述，如果想要了解一个组织的真实目标或其真正追求的目标，只需细心地观察组织成员实际在做什么。行动是对目标的最好定义。认识到真实目标与宣称目标有可能背离是很重要的，这有助于理解为什么管理当局的行动缺乏一致性。

3. 计划的类型

计划的分类标准有：计划的宽度、时间框架、具体性及使用频率。这些分类标准所划分出的计划类型不是相互独立的。例如，短期计划和长期计划之间就存在紧密的关系；战略计划和运营计划之间也相互关联。表 5-2 列出了按不同标准分类的计划类型。

表5-2 按不同标准分类的计划类型

分类标准	宽度	时间框架	具体性	使用频率
计划类型	战略计划	长期计划	方向性计划	一次性计划
	运营计划	短期计划	具体计划	持续性计划

(1) 战略计划与运营计划。

根据涉及时间长短及其范围广狭的综合性程度，计划可分为战略计划和运营计划。其中，应用于整体组织的，为组织设立总体目标和寻求组织在环境中的地位的计划，称为战略计划。具体规定如何实现全局目标的细节的计划称为运营计划，又叫作业计划。

战略计划与运营计划在时间框架、范围上和在是否包含已知的一套组织目标方面是不同的。运营计划趋向于覆盖较短的时间间隔，如月度计划、周计划、日计划等；战略计划趋向于包含持久的时间间隔，通常为 5 年甚至更长，其涉及较宽的领域且不规定具体的细节。此外，战略计划的一个重要的任务是设立目标；而运营计划则假定目标已经存在，只是提供实现目标的方法。

(2) 长期计划与短期计划。

长期计划的时间跨度一般在 3 年以上，是组织长远、重大战略决策的具体化。对于一个企业来说，长期计划涉及以下内容：企业生产经营业务的发展规模、产品发展方向、技术发展趋势和水平、企业主要经济技术指标的发展水平、企业研发计划等。

短期计划的时间跨度通常在一年及一年以下，如季度和月度计划就是一种较为典型的短期计划。短期计划是依据中长期计划指出的目标和要求、结合计划期内的实际情况而制订的，是中长期计划的具体落实，具有较强的可操作性。从形式来看，用来指导组织日常运行的经营计划，以及为了应对未预料到的环境因素变化而做出的适应性计划，都属于短期计划的范畴。

(3) 具体计划与方向性计划。

具体计划具有明确规定的目标，不存在模棱两可的、容易引起误解的问题。例如，一位经理打算使企业的销售额在未来的 12 个月中增长 20%，他或许要制定特定的程序、预算分配方案，以及实现目标的各项活动的进度表，这就是具体计划。当然，具体计划所要求的明确性和可预见性条件不一定都能够满足。

方向性计划只规定一些一般的方针，它指出重点但不把管理者限定在具体目标或特定的行动方案上。例如，一个增加利润的具体计划，可能规定在未来 6 个月中成本要降低 4%，销售额增加 6%；而方向性计划也许只提出未来 6 个月中利润增加 5%～10%。显然，方向性计划具有内在的灵活性，但这种优点必须与丧失具体计划的明确性进行权衡。

(4) 一次性计划与持续性计划。

管理者制订的计划有些是持续的，有些是一次性的。这时，根据其制订计划的不同，分为一次性计划与持续性计划。

一次性计划是指为满足特定情况需要而设计的一次性的计划。例如，当某企业决定快速增加其店面数量时，高层管理者制订了一个一次性计划作为指导。与此相对，持续性计划提供了对重复进行的活动的持续指导。持续性计划包括政策、规则和程序等。

4. 计划的表现形式

哈罗德•孔茨和海因•韦里克根据计划的形式，将其从抽象到具体划分为宗旨、目标、战略及战略规划、政策、程序、规则、预算及工作日程表。

(1) 宗旨。宗旨用于指明一定的组织机构在社会上应起的作用、所处的地位。它决定了组织的性质，是此组织区别于彼组织的标志。如果要使各种有组织的活动有意义，那么它们至少应该有自己的宗旨。例如，大学的宗旨是教书育人和科学研究，研究院所的宗旨是科学研究，医院的宗旨是治病救人，法院的宗旨是解释和执行法律，企业的宗旨是生产和分配商品及服务。

(2) 目标。组织的目的或使命往往太抽象、太原则化，它需要进一步具体为组织一定时期的目标和各部门的目标。组织的使命支配着组织各个时期的目标和各部门的目标。而且组织各个时期的目标和各部门的目标是围绕组织存在的使命所制定的，并为完成组织使命而努力。虽然教书育人和科学研究是一所大学的使命，但一所大学在完成自己的使命时会进一步使不同时期的目标和各院系的目标具体化，如最近三年培养多少人才、发表多少论文等。

(3) 战略及战略规划。战略及战略规划是为了达到组织总目标而采取的行动和利用资源的总计划，是实现组织目标的基本途径，是组织的指导思想和行动纲领，其目的是通过一系列的主要目标和政策去决定和传达一个组织期望自己成为什么样的组织。战略并不打算确切地概述组织怎样去完成目标，这是无数主要的和次要的支持性计划的任务。

(4) 政策。政策是指导或沟通决策思想的全面的陈述书或理解书，但不是所有政策都是陈述书，政策也常会从主管人员的行动中含蓄地反映出来。例如，主管人员处理某问题的习惯或方式往往会被下属作为处理该类问题的模式，这也许是一种含蓄的、潜在的政策。政策用来帮助事先决定问题的处理方法，这一方面减少了对某些例行事件处理的成本，另一方面把其他计划统一起来了。政策支持分权，同时也支持上级主管对该项分权的控制。政策允许对某些事情自由处理，一方面我们切不可把政策当作规则，另一方面我们又必须把这种自由限制在一定的范围内。自由处理的权限大小一方面取决于政策本身，另一方面取决于主管人员的管理艺术。

(5) 程序。程序是制订处理未来活动的一种必需方法的计划。它详细列出完成某类活动的切实方式，并按时间顺序对必要的活动进行排列。它与战略不同，它是行动指南，而非思想指南。它与政策不同，它没有给行动者自由处理的权力。出于理论研究的考虑，我们可以把政策与程序区分开来，但在实践工作中，程序往往表现为组织的政策。例如，一家制造企业的处理订单程序、财务部门审核客户信用的程序、会计部门记载往来业务的程序等，都表现为企业的政策。组织中每个部门都有程序，在基层，程序更加具体化、数量更多。

(6) 规则。规则没有酌情处理的余地。它详细、明确地阐明必须行动或无须行动，其本质是一种管理决策。规则通常是形式最简单的计划。规则不同于程序，主要体现在以下两方面。

① 规则指导行动但不说明时间顺序。

② 可以把程序看作一系列的规则，但是一条规则可能是也可能不是程序的组成部分。例如，“禁止吸烟”是一条规则，但和程序没有任何联系；而一个为顾客提供服务的程序可能表现为一些规则，如在接到顾客需要服务的信息后30分钟内必须给予答复。

规则也不等同于政策。政策的目的是指导行动，并给执行人员留有酌情处理的余地；而规则虽然也起指导作用，但是在运用规则时，执行人员没有自行处理的权力。

必须注意的是，就其性质而言，规则和程序均旨在约束思想，因此只有在不需要组织成员使用自行处理权时，才使用规则和程序。

(7) 预算。预算是一份用数字表示预期结果的报表。预算通常是为规划服务的，其本身可能也是一项规划。

(8) 工作日程表。工作日程表是按时间顺序将一定时间内要完成的工作依序排列的作业计划。

二、设立目标

目标的传统作用是组织的最高管理当局施加控制的一种方式。例如，制造企业的总裁可能告诉生产副总裁，他希望下一年度制造成本水平应当是多高，这位总裁还可能告诉市场营销副总裁，下一年度销售额应达到什么水平；市长可能告诉公安局局长，下一年度公安部门的预算应是多少。最高管理当局会在将来某些时点上对完成的结果加以评价，以检视目标是否达到。

1. 传统的目标设立

在传统的目标设立过程中，首先应设立组织的最高目标，然后将其层层分解为每一个组织层次(事业部管理者→职能部门管理者→单个员工)的子目标。这是一种单向的目标分解过程，由上级给下级规定目标，以指导(或在某种程度上约束)每个雇员的工作行为。这种传统方式假定最高管理者最了解应当设立什么目标、最清楚什么是最佳的目标与方式，因为只有他能够综观组织全貌。接着，这些目标会被传递至下一个组织层次，并被记录下来以表明这个层次的工作职责，然后再传递至下一个层次，以此类推。经过一段时间，公司审视、评估工作的绩效。

一旦组织各个层次的目标被清晰地定义，它就构成了一个一体化的目标网络，或者成为手段—目的链。手段—目的链意味着上一层的目标或目的与下一层的目标相联系，后者成为实现上一层目标的手段。换言之，低层目标是实现上一层目标的手段，而上一层目标又是实现更上一层目标的手段，以此类推，直到组织的顶层。这就是传统的目标设立方法的工作原理。

传统的目标设立存在以下两方面的问题。

(1) 把公司目标分解为部门目标、团队目标直至个人目标，在具体操作上是有困难的，而且成本很高。

(2) 如果最高层管理者规定的目标过于宽泛，如“获取足够的利润”或“取得市场领导地位”，这些模糊性目标在转化为具体目标的过程中，会由于组织的层层过滤而丧失其清晰性和一致性，因为每一级管理者都会用他自己的理解甚至是偏见来对目标进行解释。

2. 现代的目标设立

目标并不都是设计得同样好的，有些目标会比其他目标设计得更合理。什么是设计良好的目标？表 5-3 概括了设计良好的目标的特征。基于这些良好的目标的特征，便可归纳出目标设立过程的五个步骤，如表 5-4 所示。

表5-3 设计良好的目标的特征

结果上的特征	形式上的特征
• 是以结果而不是以行为表述的	• 具有清晰的时间框架的
• 是可度量和定量化的	• 是书面的
• 具有挑战性但却是可以达到的	• 是与组织有关成员沟通过的

表5-4 目标设立过程的五个步骤

步骤	描述
审视组织的使命(即目的)	目标应该反映一个组织的使命。使命是对组织目的的一种广泛的陈述，它是组织成员思考问题的一个重要指南
评估可获得的资源	管理者不应该超越可获得的资源设定不可能实现的目标。目标应该具有挑战性，但必须具有现实性；没有相应的资源，不可能实现目标
考虑相关因素	目标要反映希望的结果，同时应该与组织的使命和其他方面的目标相协调；目标还应该是可度量的、具体的、包含完成期限的
写下目标	以书面形式陈述目标，并且与有关人员充分沟通
评估结果	判断目标是否达成。如果目标没有达成，要对目标做出适当调整

三、目标管理

1. 目标管理的概念

目标管理(management by objectives，MBO)是著名管理学家彼得•德鲁克于 1954 年在他的《管理的实践》一书中提出的。目标管理是一个组织成员共同确定组织目标并依据这些目标的达成与否来评估员工绩效的过程。

在目标管理体系下，管理者与雇员共同确定具体的绩效目标，然后定期地评审实现目标方面的进展情况。奖励是基于实现目标方面的进展。目标管理方法不是将目标仅作为一种控制方法，而是要确保雇员做他们应该做的事情，同时将其作为激励雇员的方法。

2. 目标管理的步骤

目标管理包括 4 个要素：确定目标、参与决策、明确期限和绩效反馈。典型的目标管理程序步骤如表 5-5 所示。

表5-5 典型的目标管理程序步骤

- 制定组织的全局目标和战略
- 在事业部与功能部门之间分解目标
- 部门管理者与其下属单位的管理者共同制定他们的具体目标
- 单位管理者与该单位全体成员共同设定每个人的具体目标
- 在管理者与雇员之间就如何实现目标的具体行动计划达成协议
- 实施行动计划
- 定期检查实现目标的进展情况，并提供反馈
- 目标的成功实现得到基于绩效的奖励的强化

目标管理体系示意图如图 5-1 所示。

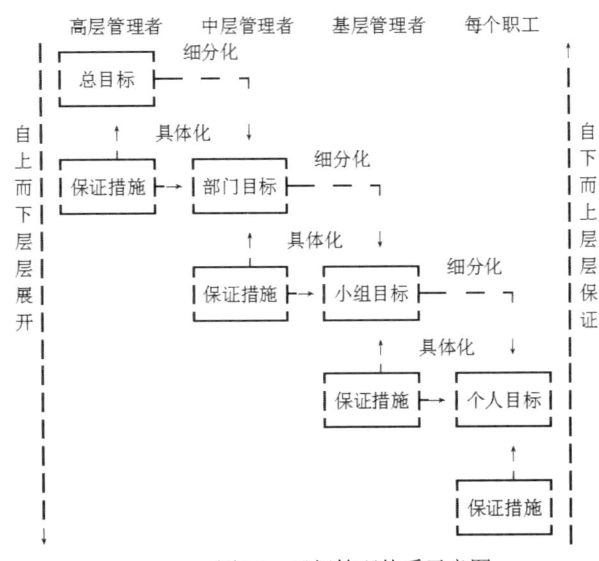

图5-1 目标管理体系示意图

3. 目标管理的优点和缺点

(1) 目标管理的优点。

目标管理能调动员工的积极性和创造性，有助于提高员工的绩效和组织的生产率，也有利于各级领导对下属进行管理。当然，这些优点的发挥取决于高层管理者对目标管理的支持。当目标比较确定、具体且量化程度高，或者员工素质高时，目标管理效果越好。

(2) 目标管理的缺点。

① 容易导致短期行为。大部分组织的目标管理所确定的目标是短期的，如一年或更短的时间。片面追求短期目标，可能会损害组织的长期目标。因此，在目标管理实施过程中，管理人员必须不断地协调各部门的关系，平衡短期目标和长期目标之间的关系。

② 目标设置困难。一方面，过高的目标会给组织成员造成过大的压力，可能会使组织成员使用不合乎道德规范的手段去实现目标；另一方面，过低的目标会使下级失去奋发向上的动力。因此，管理人员需要花大量的时间进行调查研究，制定合适的目标。

③ 容易僵化，不够灵活，存在不能随时因环境变化而变化的风险，在动态变化的环境条件下甚至可能失去作用。目标是上下级经过仔细研究和协商确定的，所以，目标在计划期内一般是不易改变的。如果组织的环境在目标实现期间发生了变化，员工为一个与环境不适应的目标而努力，那么这种做法与新的目标相违背，对于组织和员工的损耗会比较大。

④ 组织成员可能会过分关注自己的目标而不考虑组织目标。

⑤ 可能被简单地看作是一项年度的例行工作，只是填写一些例行表格。

⑥ 容易导致最高领导人偷懒。

⑦ 过分强调数量指标而忽视了定性指标和组织长远发展。

⑧ 有的目标可考核性差或目标考核成本较高，从而导致可操作性差。

四、计划工作的权变因素

计划工作是组织为实现未来特定发展目标而对资源所做的一种安排。因此，计划要根据组织自身特点及环境状况来制订。在有些情况下，长期计划可能更重要，而在其他情况下可能相反。类似地，在有些情况下方向性计划比具体计划更有效，而换一种情况就未必如此。组织自身特点及环境状况特点不同，计划工作的重点也有所不同，那么决定不同类型计划有效性的因素是什么呢？接下来，介绍几种识别影响计划有效性的权变因素。

1. 管理者所处的组织层次

图 5-2 说明了管理者在组织中所处的层次与计划类型之间的一般关系。在大多数情况下，较低层次的管理者主要制订运营计划，随着组织层次的升高，计划工作就越带有战略导向。对于大型组织的最高管理者，他的计划任务基本上都是战略性的。当然，在小企业中，所有者兼管理者的计划角色兼有这两方面的性质。

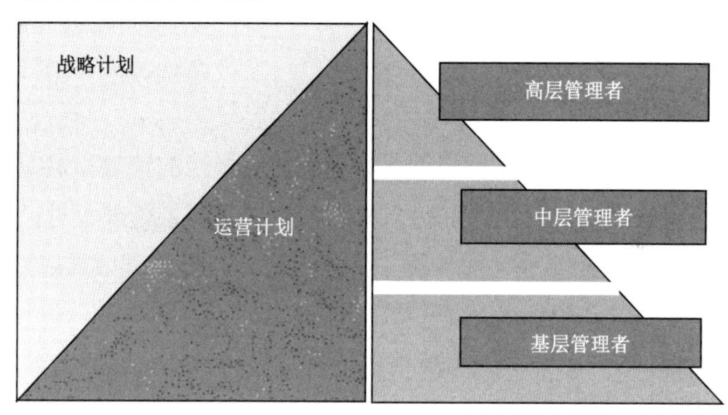

图5-2　管理者所处的组织层次与计划类型的关系

2. 组织的生命周期

组织都要经历一个生命周期，开始于形成阶段，然后是成长、成熟阶段，最后是衰退阶段。在组织生命周期的各个阶段上，计划的类型并非都具有相同的性质，正如图 5-3 所描绘的，计划的时间长度和明确性应当在不同阶段做相应调整。

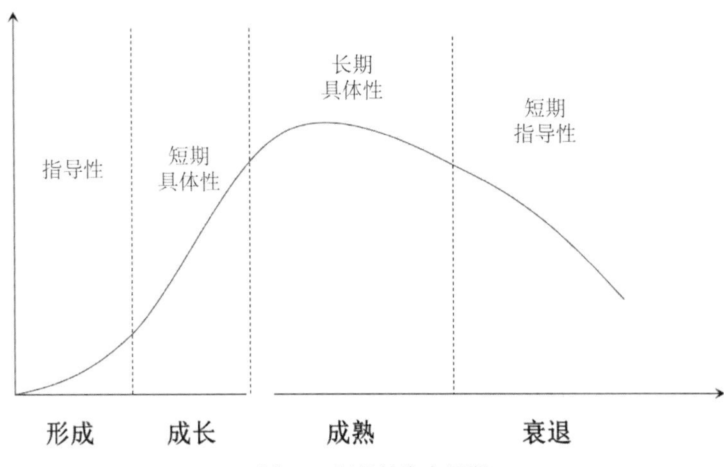

图5-3 组织的生命周期

具体地，如果所有的事情都保持不变，管理无疑会从采用具体计划中获益，这不仅是因为具体计划指出了一个明确的方向，而且是由于它建立了非常详细的基准，可用以衡量实际的绩效。但问题是，事情并非总是一样的。当组织进入成熟期时，可预见性最大，从而也最适用于具体计划。而在组织的形成期，管理者应当更多地依赖指导性计划，因为处于这一阶段要求组织具有很高的灵活性。在这个阶段上，目标是尝试性的，资源的获取具有很大的不确定性，辨认谁是顾客很难，而指导性计划使管理者可以随时按需要进行调整。在成长阶段，随着目标更确定、资源更容易获取和顾客忠诚度的提高，计划也更具有明确性。当组织从成熟期进入衰退期，计划也从具体性转入指导性时，要重新考虑目标，也要重新分配资源。

计划的期限也应当与组织的生命周期联系在一起。短期计划具有最大的灵活性，故应更多地用于组织的形成期和衰退期；成熟期是一个相对稳定的时期，因此更适合制订长期计划。

3. 环境的不确定性

环境的不确定性越大，就越应当采用指导性的计划，计划期限也应更短。如果正在发生着迅速的和重要的技术、社会、经济、法律或其他变化，精确的计划反而会成为组织取得绩效的障碍。变化越大，计划就越不需要精确，管理就越应当具有灵活性。

4. 未来承诺的期限

这个因素涉及计划的时间框架。管理者不是计划未来的决策，而是计划当前决策对未来的影响。计划期限应当延长到足够远，以便在此期限内能够实现当前的承诺。当前的计划对未来的承诺影响越大，计划的时间期限应当越长；但经济上的考虑会影响计划期限的选择，因为计划工作和它所依据的预测工作是很费财力的，如果在经济上不合算，就不应当把计划期限定得太长。显然，计划对太长的期限和太短的期限都是无效的。

五、计划工作的程序

1. 认识机会

严格来讲，认识机会不是计划工作程序的一个组成部分，但却是计划工作的一个真正起点。在认识机会的基础上，可以预测未来可能出现的变化、认识到组织发展的机会，还可以搞清组织的优势、弱点、所处的地位，以及组织利用机会的能力和不确定因素对组织的影响程度等。

2. 确定目标

目标是指期望达到的成果，它为组织整体、各部门和各成员指明了方向，描绘了组织未来的状况，并且作为标准可用来衡量实际的绩效。计划的主要任务，就是将组织目标进行层层分解，以便落实到各个部门、各个活动环节，形成组织的目标结构，包括目标的时间结构和空间结构。

3. 确定前提条件

前提条件即计划工作的假设条件，也就是计划实施时的预期环境。它可以分为外部前提条件和内部前提条件，也可以分为不可控的、部分可控的和可控的 3 种前提条件。负责计划工作的人员对计划前提了解得越细、越透彻，并能始终如一地运用它，则计划工作也将做得越协调。

4. 拟订备选方案

接下来是寻求、拟订、选择可行的行动方案。实现某一目标的方案有很多，方案创新性是非常重要的。此外，方案也不是越多越好，而应集中精力分析少数比较有希望的方案。

5. 评价备选方案

根据前提条件和目标，权衡备选方案的轻重优劣，对可供选择的方案进行评估。评估可供选择的方案时应注意：第一，要认真考察每个计划的制约因素和隐患；第二，要用总体的效益观点来衡量计划；第三，既要考虑每个计划有形的、可以用数量表示出来的因素，又要考虑无形的、不能用数量表示出来的因素；第四，要动态地考察计划的效果，不仅要考虑计划执行所带来的利益，还要考虑计划执行所带来的损失，注意潜在的、间接的损失。

6. 选择方案

必须确定出首先采取哪个方案，并将其他方案也进行细化和完善，以作为后备方案。

7. 制订派生计划

基本计划还需要派生计划的支持。例如，一家公司年初的销售计划与生产计划、促销计划、培训计划、筹集资金计划、广告计划等相互关联。

8. 编制预算

计划转变成预算，就是使计划数字化。编制预算，一方面是为了使计划的指标体系更加明确，另一方面是使企业更易于对计划执行进行控制，定量的计划具有较强的约束。

课堂活动：计划与目标

- 提交形式：每位同学提交一张A4纸，按学号以班级为单位进行装订并交给老师。自留底稿，抬头：执行人(自己)，监督人(其他同学)，双方确认签字。
- 内容：完成一件自己一直想完成的事情。
- 目标与计划：哪个时间段具体完成什么事情(目标分解)，具体怎样去完成(具体计划)。
- 期限：两星期。
- 惩罚：如果自己制定的目标没有完成，则为监督人购买一杯奶茶或一瓶饮料。

第四节　计划工作面临的问题

一、对计划工作的批评

对于任何一个组织，确定方向的工作总是必要的。但是，持批评意见的人对计划工作隐含的一些基本假设提出了疑问。下面列举对正式计划的一些主要批评意见。

(1) 计划可能会造成刚性。正式的计划工作可能将组织锁定在特定的目标和具体的时间表上。这些目标一旦确立，其隐含的假设是环境在实施计划期间是不变的，如果这种假设是错误的，那么遵循计划的管理者可能会遇到麻烦，因为被要求继续遵循原定目标的管理者可能无法对变化的环境做出响应。环境变化时遵循原来的行动路线可能导致灾难。

(2) 动态的环境是难以计划的。大多数组织面对的是动态环境，存在着随机性和不可预见性，如果制订计划时假定环境是不会变化的，那么这种假设显然是错误的。在错误的假设下，不可能制订出正确的计划。动态环境中需要具备灵活性，不能被约束在正式的计划上。

(3) 正式计划不能代替直觉和创造性。正式的计划工作通常包含对组织的能力和机遇的彻底调查。机械式分析的做法将愿景变成某种类型的计划程序，可能会给组织带来灾难。

(4) 计划工作可能将管理者的注意力集中在今天的竞争而不是明天的生存上。正式的计划工作有一种充分利用企业当前机会的趋势，它通常不会使管理者考虑创新或重新塑造所在的产业，结果正式的计划可能铸成大错，以致被竞争对手超越。

(5) 正式的计划会强化成功，但也会导致失败。成功事实上在不确定的环境下可能是失败之母。由于改变和放弃原来的成功计划是困难的，这需要放弃舒适并承受未知领域的焦虑，所以成功的计划可能会带来错误的安全感，会增加对正式计划工作的盲目信任。

(6) 仅有计划是不够的。对于管理者而言，仅计划做某事并不能完成这件事情，其应当制订计划，并监督计划的实施过程。

二、动态环境下有效的计划工作

(1) 制订既具体又灵活的计划。在不确定的环境下管理者应当制订是既具体又灵活的计划，虽然看上去是相互冲突的。

(2) 认识到计划工作是一个持续的过程。为了使计划发挥作用，计划必须是具体的，但是计划不应是被刻在石头上的。管理者必须认识到计划工作是一个持续的过程，计划作为一种路线图，即使在目的地随动态市场环境不断变化的情况下也是必不可少的。

(3) 如果环境发生变化，则改变前进方向。管理者应当准备在环境发生变化时改变前进的方向，保持计划在实施阶段的灵活性。即使环境存在很大的不确定性，计划工作仍然是重要的。如果组织希望取得绩效，则只有坚持计划工作才可能使组织绩效获得重大的改进。

(4) 对环境变化保持警惕。在动态环境中开展计划工作意味着需要将组织结构扁平化，因为从上往下传递公司的目标会花费很多时间，所以低层次的管理者就要承担起设立目标和开发计划的职责。管理者必须在设立目标和制订计划方面对雇员进行培训并信任他们。

本章提要

1. 计划是一个确定目标和评估实现目标最佳方式的过程。

2. 计划指出方向，减少变化的冲击，尽可能减少浪费和冗余，并设立标准以利于控制。

3. 战略计划覆盖较长的期间，涉及的问题广泛；作业计划覆盖较短的期间，集中于具体问题，并假定目标是已知的。

4. 计划过程存在 4 种权变因素，包括管理者所处的组织层次、组织的生命周期、环境的不确定性、未来承诺的期限。其中，当环境的不确定性很高，或组织处于生命周期的形成阶段或衰退阶段时，指导性计划比具体计划更可取。

5. 管理者制订的计划应当预见到足够远的未来，以符合当前承诺的要求。

6. 一个组织宣称的目标也许并非其真正的目标，因为管理当局可能想告诉人们他们想听的事情，也因为宣布一套已知的、容易理解的目标比解释实际的多重目标要简单得多。

7. 目标管理将目标作为一种激励因素，使雇员参与自身目标的设定过程，将雇员实现目标的进展情况不断地反馈给他们，并根据实现目标的情况加以奖励。

案例分析

❖ 案例 5-1 | 王熙凤代管宁国府(节选)

至次日，卯正二刻凤姐便过来了。那宁国府中婆娘媳妇闻得到齐，只见凤姐正与来升媳妇分派，众人不敢擅入，只在窗外听觑。只听凤姐与来升媳妇道：“既托了我，我就说不得要讨你们嫌了。我可比不得你们奶奶好性儿，由着你们去。再不要说你们‘这府里原是这样’的话，如今可要依着我行，错我半点儿，管不得谁是有脸的，谁是没脸的，一例现清白处理。”说着，便吩咐彩明念花名册，按名一个一个唤进来看视。

一时看完，便又吩咐道：“这二十个分作两班，一班十个，每日在里头单管人客来往倒茶，别的事不用他们管。这二十个也分作两班，每日单管本家亲戚茶饭，别的事也不用他们管。这四十个人也分作两班，单在灵前上香添油，挂幔守灵，供饭供茶，随起举哀，别的事也不与他们相干。这四个人单在内茶房收管杯碟茶器，若少一件，便叫他四个描赔。这四个人单管酒饭器皿，少一件，也是他四个描赔。这八个单管监收祭礼。这八个单管各处灯油、蜡烛、纸札，我总支了来，交与你八个，然后按我的定数再往各处去分派。这三十个每日轮流各处上夜，照管门户，监察火烛，打扫地方。这下剩的按着房屋分开，某人守某处，某处所有桌椅古董起，至于痰盒掸帚，一草一苗，或丢或坏，就和守这处的人算账描赔。来升家的每日揽总查看，或有偷懒的、赌钱吃酒的、打架拌嘴的，立刻来回我，你有徇情，经我查出，三四辈子的老脸就顾不成了。如今都有定规，以后那一行乱了，只和那一行说话。素日跟我的人，随身自有钟表，不论大小事，我是皆有一定的时辰。横竖你们上房里也有时辰钟。卯正二刻我来点卯，巳正吃早饭，凡有领牌回事的，只在午初刻。戌初烧过黄昏纸，我亲到各处查一遍，回来上夜的交明钥匙。第二日仍是卯正二刻过来。说不得咱们大家辛苦这几日罢，事完了，你们家大爷自然赏你们。”

说罢，又吩咐按数发与茶叶、油烛、鸡毛掸子、笤帚等物。一面又搬取家伙：桌围、椅搭、坐褥、毡席、痰盒、脚踏之类。一面交发，一面提笔登记，某人管某处，某人领某物，开得十分清楚。众人领了去，也都有了投奔，不似先时只拣便宜的做，剩下的苦差没个招揽。各房中也不能趁乱失迷东西。便是人来客往，也都安静了，不比先前一个正摆茶，又去端饭，正陪举哀，又顾接客。如这些无头绪、荒乱、推托、偷闲、窃取等弊，次日一概都蠲了。

那凤姐不畏勤劳，天天于卯正二刻就过来点卯理事，独在抱厦内起坐，不与众妯娌合群，便有堂客来往，也不迎会。

资料来源：曹雪芹，高鹗. 红楼梦[M]. 北京：作家出版社，2021.

问题：

(1) 王熙凤的做法属于哪一类计划？有什么作用？

(2) 王熙凤的人员分配计划处于计划程序的哪一个步骤？制订这类计划对于管理者和环境

有什么要求?

(3) 王熙凤的处理方法对于你而言有什么管理启示?

❖ 案例 5-2 | 乔森家具的公司目标

乔森家具公司是乔森先生在 20 世纪中期创建的，开始时主要经营卧室和会客室家具，取得了相当大的成功，随着规模的扩大，自 70 年代开始，公司又进一步经营餐桌和儿童家具。1975 年，乔森退休，他的儿子约翰继承父业，不断拓展卧室家具业务，扩大市场占有率，使得公司产品深受顾客欢迎。到 1985 年，公司卧室家具方面的销售量比 1975 年增长了近两倍。但公司在餐桌和儿童家具的经营方面一直不得法，面临着严重的困难。

乔森家具公司自创建之日起便规定，每年 12 月份召开一次公司中层和高层管理人员会议，研究讨论战略和有关的政策。1985 年 12 月 14 日，公司又召开了每年一次的例会，会议由董事长兼总经理约翰先生主持。约翰先生在会上首先指出了公司存在的员工思想懒散、生产效率不高的问题，并对此进行了严厉的批评，要求迅速扭转这种局面。与此同时，他还为公司制定了今后五年的发展目标。具体包括:

(1) 卧室和会客室家具销售量增加 20%;

(2) 餐桌和儿童家具销售量增长 100%;

(3) 总生产费用降低 10%;

(4) 减少补缺职工人数 3%;

(5) 建立一条庭院金属桌椅生产线，争取五年内达到年销售额 500 万美元。

约翰先生制订这些目标主要是为了增加公司收入、降低成本、获取更大的利润。但公司副总经理托马斯跟随乔森先生工作多年，了解约翰董事长制定这些目标的真实意图。尽管约翰开始承接父业时，对家具经营还颇感兴趣，但后来，他的兴趣开始转移，试图经营房地产业。为此，他努力寻找机会想以一个好价钱将公司卖掉。为了能提高公司的声望和价值，他准备在近几年狠抓一下经营，改善公司的效益。

托马斯副总经理意识到自己历来与约翰董事长的意见不一致，因此在会议上没有发表意见。会议很快就结束了，大部分与会者都带着冷淡的表情离开了会场。托马斯有些垂头丧气，但他仍想会后找董事长就公司发展目标问题谈一谈自己的看法。

资料来源：管理学案例. 道客巴巴文档[EB/OL]. http://www.doc88.com/. 作者有删改

问题:

(1) 乔森家具公司的市场经营情况怎么样?

(2) 乔森家具公司内部存在哪些问题?

(3) 你如何看待约翰先生提出的目标及与托马斯的分歧? 你能为解决这一问题提出建议吗?

思考与练习

一、单项选择题

1. 计划职能的主要任务就是要确定(　　)。

   A. 组织结构的蓝图　　B. 组织的领导方式

   C. 组织中的工作设计　　D. 组织的目标和实现目标的途径

2. 相对而言，目标管理更适用于(　　)。

   A. 高科技企业　　B. 巨型跨国公司

   C. 市场竞争激烈的环境　　D. 相对稳定的环境

3. 为了使公司目标管理计划切实有效，比较而言，对目标的要求最重要的是(　　)。

   A. 目标必须具备可考核性　　B. 目标必须尽可能先进

   C. 目标的表述必须清晰易懂　　D. 目标应考虑平衡水平，不宜太高

4. 下列关于目标管理的说法中有问题的是(　　)。

   A. 目标管理是行为科学理论在管理实践中的运用

   B. 目标管理是这样一种管理方式，通过指挥系统由上而下逐级指示下级应达到的目标

   C. 目标管理包含管理控制的意义在内

   D. 目标管理和例外管理的观念是相互配合的

5. 下述句子是从一家宾馆的员工手册中摘录下来的，其中不属于规则的是(　　)。

   A. 宾馆合同工参照实际出勤天数计发工资

   B. 员工不准到客房洗头、洗澡、洗衣服、睡觉、看电视

   C. 工作时间不准办私事、打私人电话，不准会客

   D. 员工上下班必须走员工通道，乘员工电梯

6. 规章制度的制定属于管理的(　　)。

   A. 计划职能　　B. 组织职能　　C. 领导职能　　D. 控制职能

7. 下列陈述，不属于政策的是(　　)。

   A. 仓库重地，严禁吸烟

   B. 只要有可能，我们从内部提升员工

   C. 原则上只聘用受过大学教育的工程师

   D. 应该始终使顾客感到满意

二、名词解释

计划工作　　目标管理

三、简答题

1. 最高管理者的计划工作与第一线监工的计划工作有何区别？
2. 浅谈环境的不确定性对组织的影响。
3. 哪些因素影响目标管理的效果？

四、应用分析题

1. 对于你来说，怎样才能制订一份有效的学习计划？
2. 结合一个已经实现的目标和一个未实现的目标，来讨论一下目标的作用。
3. 企业只有一个真正的目标——创造利润吗？利润目标对企业的宣称目标有什么影响？
4. 如何识别一个组织的宣称目标和它的真实目标？

第六章　组　　织

■ 知识目标

1. 了解组织结构、组织设计的定义
2. 能够描述组织设计的 6 个关键要素
3. 能够区分机械式组织和有机式组织
4. 能够识别影响组织设计的 4 个权变因素
5. 能够描述一些常见企业的组织结构

■ 能力目标

1. 解释结构设计为什么对一个组织如此重要
2. 解释基于团队的结构是什么，并说明组织为什么要采用这种结构
3. 阐释：矩阵型结构、项目型结构及无边界组织的适应性

■ 素质目标

1. 理解学习型组织的概念，把握它对你生活中面临的组织设计的影响
2. 根据你的生活经历阐释你对管理跨度、授权、统一指挥等组织理论的认识

第一节　组织概述

一、组织与非正式组织

1. 组织的定义

作为组织工作对象的“组织”，主要是指人的集合体，包括企业、学校、政府等不同的组

织；作为组织工作或管理职能的“组织”，主要是指管理者所开展的组织行为、组织活动过程，即动词性的组织；作为组织工作结果的“组织”，是指管理者在组织中开展组织工作的结果形成的一种体现分工和协作关系的框架，即按照一定目的和程序组成的一种权责结构。

2. 非正式组织

本书第一章第一节所描述的营利性组织和非营利性组织都属于正式组织，还有一类非正式组织，它是其成员在共同工作的过程中，由于抱有共同的社会感情而形成的非正式团体。成员由于工作性质相近、社会地位相当或对某些问题的看法一致，在性格、爱好及情感相投的基础上，产生一些被大家所接受并遵守的行为准则，逐渐成为趋向固定的非正式组织，具有自发性、内聚性、不稳定性(成员不稳定，经常变动)、领袖人物作用较大等特征。

非正式组织的积极作用体现在以下两方面。

(1) 心理方面的满足——在正式组织中不能得到的心理需要的满足。

(2) 促进组织的稳定——非正式组织内聚力较强，人际关系更和谐、融洽，具有合作精神，成员之间相互帮助，自觉维护正常的活动秩序，最终改变正式组织的工作情况。

但非正式组织也有消极的作用，主要体现在以下几方面。

(1) 阻碍组织目标的实现。当非正式组织的目标与正式组织的目标发生冲突时，就会阻碍正式组织目标的实现。

(2) 束缚组织成员的个人发展。这是因为非正式组织要求成员保持某种一致性。

(3) 造成组织的惰性。这是因为非正式组织的压力会阻碍正式组织的变革。

基于上述非正式组织的积极与消极作用，管理者对待非正式组织既不是简单地取缔，也不是无原则地扶持，而是一方面要正视非正式组织的客观存在，另一方面要通过建立组织文化去影响、改变非正式组织的行为规范，从而更好地引导非正式组织做出积极的贡献。

二、组织结构与组织工作

1. 组织结构

组织结构是组织中正式确定的使工作任务得以分解、组合和协调的框架体系，是组织内部对工作的正式安排，是描述组织的框架体系。就像人类由骨骼确定体型一样，组织也是由结构来决定其形态的。在管理上有一个很有名的定律叫“帕金森定律”，它阐述了一种糟糕的组织结构。

一个不称职的官员，可能有三条出路：第一条路是申请辞职，把位子让给能干的人；第二条路是让能干的人协助自己工作；第三条路是选用两个水平比自己低的人当助手。

第一条路是绝对不能走的，因为那样会丧失许多权力；第二条也不能走，因为那个能干的人会成为自己的对手甚至上司；看来只有第三条路是目前看来最合适的。

于是，两个平庸的助手分担了他的工作，他则高高在上发号施令。两个助手不会对他的权力构成威胁，他们既然无能，就上行下效，再为自己找两个更加无能的助手。以此类推，就形成一个机构臃肿、人浮于事、效率低下的领导体系。

2. 组织工作

组织工作是一个组织结构的创设过程，其内容包括：根据组织目标设计和建立一套组织结构和职位系统；确定职权关系，从而把组织上下左右联系起来；与管理的其他职能相结合，以保证所设计和建立的组织结构有效运转；根据组织内外部要素的变化，适时地调整组织结构。对于管理者的挑战是，设计出一个组织结构，使员工能卓有成效地开展工作。组织工作的目的如表 6-1 所示。

表6-1 组织工作的目的

组织工作的目的
● 将任务划分为可由各种职位和部门完成的工作
● 将工作职责分派给各个职位
● 协调组织的多项任务
● 将若干职位组合为部门
● 设定个人、群体及部门之间的关系
● 建立起正式的职权线
● 分配及调度组织的资源

三、组织设计的要素

当管理者在设立或改变一个组织的结构时，他们就是在进行组织设计。组织设计是一个涉及 6 个关键要素(工作专门化、部门化、指挥链、管理跨度、集权与分权、正规化)的过程。

1. 工作专门化

工作专门化是指组织中的任务被划分为各项专门工作的程度，其实质是，不是将整项任务交由某个人承担，而是细分为若干个步骤，每个步骤由一个单独的人来完成。各个员工都仅专门从事某一部分的活动而不是全部活动。例如，在富士康公司的重庆工厂中，工人们对小米公司的小米手机进行组装。根据一年的时间安排，工厂要组装生产 3000 万部手机。为了达到每日的产出目标，工人们形成一条组装线，将屏幕模组、主板、外壳等各种组件通过一道道工序组合成完整的手机，在所有工作任务中实行了专门化的操作。

工作专门化有其局限性，并在当代企业经营管理中暴露出人员非经济性等诸多问题，在厌倦、疲劳、压力、劣质品、常旷工、高离职流动率等缺陷方面超过了专门化的经济优势。

用现代观点来看，工作专门化虽然是一个重要的组织方式，但并非是一个能无止境地提高生产率的方法。组织的管理者应当意识到，工作专门化能为某些类型的工作带来经济性，但另一些工作的过度专门化也会导致问题的产生，影响组织的发展。

2. 部门化

部门化是指将若干职位组合在一起的依据和方式。每个组织都可以有划分和组合工作活动的独特方式。传统的学者们主张，组织的活动应当经过专业化分工组合到部门中。劳动分工创造了专家，对协调提出了要求，而将专家们归并到一个部门中，在一个管理者的指导下工作，可以促进这种协调。部门的建立通常可依据：所开展工作的职能、所覆盖的地理区域、所提供的产品或服务、所设定的目标顾客或客户、将投入转换为产出所经历的过程等。下面介绍 5 种常见的部门化方式。

(1) 职能部门化。职能部门化是依据所履行的职能来组合工作，如图 6-1 所示。尽管具体的职能会有所不同，各组织的目标和要开展的工作活动有差异，但这种部门化方式可以在各种类型的组织中得到应用。

职能部门化的特点：

- 将同类专家及拥有相同技能、知识和观念的人员组合在一起，提高了效率。
- 职能领域内部的协调。
- 需要深度的专门化。
- 可能导致职能部门之间的沟通不畅。
- 缺乏对组织整体目标的认识。

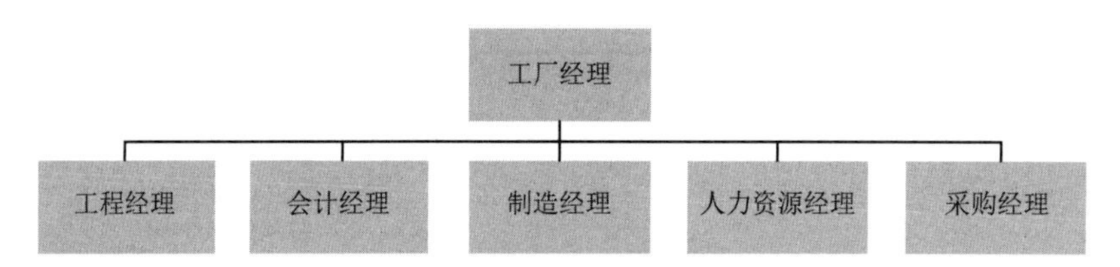

图6-1　职能部门化示例

(2) 地区部门化。地区部门化是根据地理因素进行分割，把同一地区或地域内的业务经营活动和职责集中起来，划分给同一部门的过程，如图 6-2 所示。

地区部门化的特点：

- 可以更有效地处理特定区域所产生的问题。
- 可以更好地满足区域市场的独特需要。
- 可能导致职能的重复配置。
- 可能会与组织其他领域产生距离。

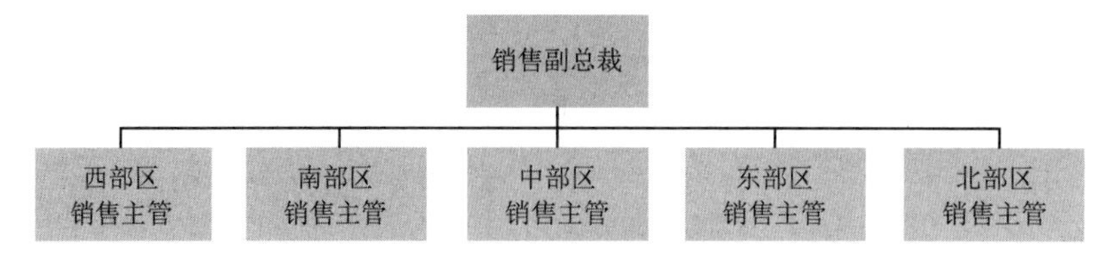

图6-2　地区部门化示例

(3) 产品部门化。产品部门化是依据产品线来组合工作，如图 6-3 所示。

产品部门化的特点：

- 促进特定产品或服务的专门化经营。
- 经理人员成为所在产业的专家。
- 贴近顾客。
- 可能导致职能的重复配置。
- 缺乏对组织整体目标的认识。

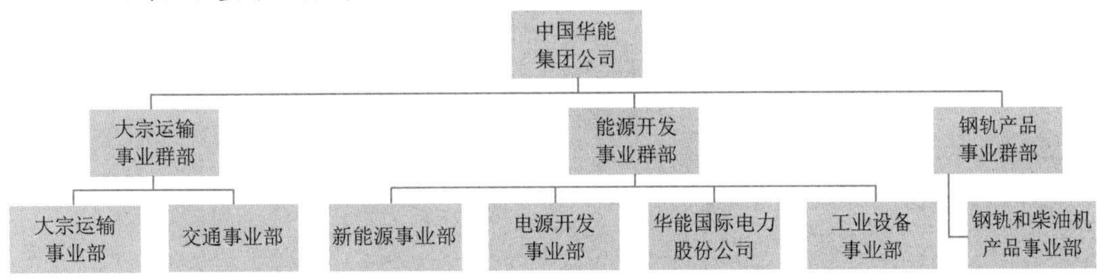

图6-3 产品部门化示例

(4) 顾客部门化。顾客部门化是依据共同的顾客来组合工作，这组顾客具有某类相同的需要或问题，要由相应的专家才能更好地予以满足或解决，如图 6-4 所示。

顾客部门化的特点：

- 能由专家来满足和解决顾客的需要及问题。
- 可能导致职能的重复配置。
- 缺乏对组织整体目标的认识。

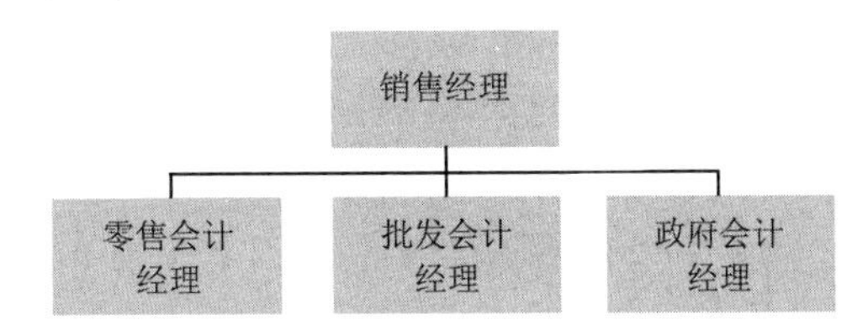

图6-4 顾客部门化示例

(5) 过程部门化。过程部门化是依据产品或顾客流来组合工作，使各项工作活动按照处理产品或为顾客提供服务的工作顺序来进行，如图 6-5 所示。

过程部门化的特点：

- 使得工作活动更有效地流动。
- 只适用于某些类别产品的生产。

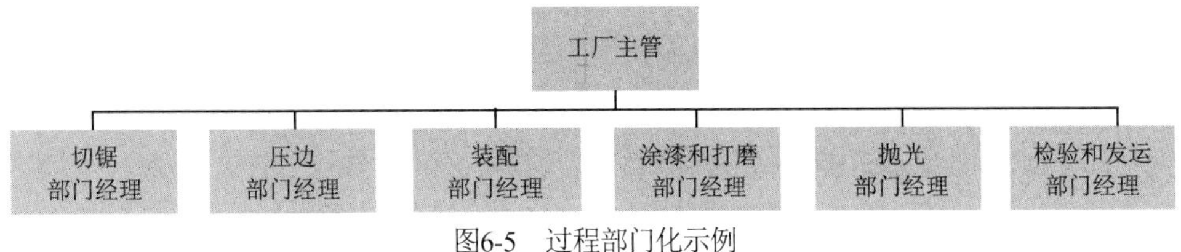

图6-5 过程部门化示例

一般来说，大型组织通常需要将上述大部分或全部的部门化方式结合起来使用。例如，上海一家大型电子企业组建了事业部结构，其各事业部内部是按照职能进行组织的，制造单位则按过程来组织，销售系统分设7个地区部，而地区部又进一步分设4个顾客组。

如今，部门化的流行趋势是顾客部门化和跨职能团队的日益使用。顾客部门化可以帮助管理者更好地监控顾客的需求并针对需求的变化快速做出反应。此外，管理者正在运用跨职能团队开展工作，该团队是由具有不同职能特长的个人组成的。例如，在福特的原料计划和物流部门，来自公司财务、采购、工程和质量控制领域的员工及来自公司外部物流供应商的代表共同组成了一个跨职能团队，由该团队思考、提出并改进工作方法。

3. 指挥链

指挥链是指从组织高层延伸到基层的一条职权线，它界定了谁向谁报告工作，帮助员工回答“我遇到问题时向谁请示”或“我对谁负责”等问题。长期以来，指挥链概念一直是组织设计的基石。但这一概念在当今时代已显得不那么重要了。不过，管理者在决定他们如何能更好地架构组织时，仍然需要考虑这一概念隐含的意义。

指挥链具有职权、职责和统一指挥3个维度。职权是指管理职位所固有的发布命令和希望命令得到执行的一种权力。在组织中，处于指挥链当中的管理者被赋予一定的权力来协调和监督他人的工作。当管理者给员工分配工作时，这些员工就承担了履行指定任务的责任和义务，这种对完成任务的期待或义务就是职责。此外，统一指挥是指每个下属应当而且只能向一个上级主管直接报告工作，使组织能保持一条持续的职权线，否则，多个上级发出有冲突的命令，会产生许多问题。

早期的管理理论家(如法约尔、韦伯、泰罗等)特别推崇指挥链。但时过境迁，组织设计的许多基本原则都发生了变化，指挥链在今天就显得没那么重要了。例如，随着信息技术的发展，遍布整个组织的员工可以在几秒钟内取得原来只有高层管理者才能获得的信息。另外，利用计算机，员工可以不通过正式的渠道(也就是指挥链)与组织中其他任何部门的人员进行沟通。而且，越来越多的组织使用自我管理的跨职能团队，并在新型的组织设计中引入“多头领导”体制。

4. 管理跨度

传统的观点是，管理者不能也不应当直接监督5个以上的下属，这是有关管理跨度的重要问题。管理跨度在很大程度上决定了组织中管理层次的数目及管理人员的数量。假定其他条件不变，管理跨度越宽或越大，则组织就越有效率。

假设有两个组织，它们的作业人员都约为4100人。如图6-6所示，如果一个组织的管理跨度各层次均为4，而另一个组织的管理跨度各层次均为8，那么，跨度大的组织就可以减少两个管理层次，大约精简800名管理人员。如果管理人员的平均年薪为4.2万元，那么，加宽管理跨度后将使组织在管理人员工资上每年节省3360万元。从成本角度来看，宽跨度很明显是更有效率的。但管理跨度遵循明显的边际效应递减规律，即管理跨度超过了某一点，宽跨度会导致管理效果降低。也就是说，当跨度变得过大时，下属或员工的绩效会因为管理者没有足够的时间提供必要的指导和支持而受到影响。

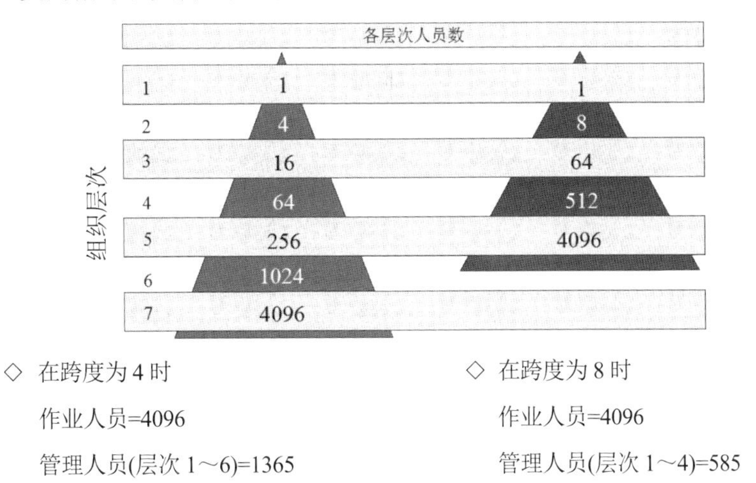

图6-6 管理跨度的对比

不过，有关管理跨度的一些现代观点认为，有许多因素影响一个管理者能既有效率又有效果地管理下属人员的合适数量。这些因素包括管理者和下属人员的技能和能力，以及所要完成的工作的特性。例如，员工接受训练的程度越高、经验越丰富，他们所需要的直接监督就越少。因此，领导这些训练有素、经验丰富的员工的管理者就可以保持较宽的管理跨度。其他决定合适跨度的权变因素有：下属工作任务的相似性、复杂性，下属工作地点的相近性，使用标准程序的程度，组织管理信息系统的先进程度，组织文化的凝聚力，以及管理者偏好的管理风格等。

近几年，管理的趋势朝着加宽管理跨度的方向演进。加宽管理跨度与管理者在力图降低成本、加快决策、增强组织灵活性、更接近顾客及向员工授权等方面的努力是一致的。但为了确保绩效不因跨度加大而受到影响，组织应该在员工培训方面投入巨资。管理者认识到，如果员工能掌握好自己的工作，知道与其他工作的关联，或者遇到难题时能求助于同事，那么宽管理跨度就不会有问题。

5. 集权与分权

在实际工作中，一些组织由高层管理者做出所有的决策，低层管理者一般只负责执行上级的指令；而另一些组织中，决策则尽可能地被授权给采取行动的那一层管理人员。显然，前一类型的组织是高度集权的，后一类型的组织则是高度分权的。

集权化反映了决策集中于组织中某一点的程度。如果高层管理者在做出组织的关键决策时，从不或很少听取低层管理者的意见或建议，那么这样的组织集权化程度较高。与此相反，如果低层管理者提供了更多的决策意见，或者实际上可以做出决策，那么这样的组织分权化程度较高。

集权或分权只是一个相对的概念。也就是说，组织不可能是绝对集权的，也不会是彻底分权的。很少有组织能够在所有决策都集中于特定的高层管理者时仍能有效地运行；同样，将所有决策都授予低层管理者的组织，也不会是有效的。那么，怎样判定一个组织是更为集权还是分权呢？表6-2列出了影响组织集权与分权程度的因素。

表6-2　影响组织集权与分权程度的因素

更集权化	更分权化
环境稳定	环境复杂且不确定
低层管理者不具有高层管理者那样做出决策的能力或经验	低层管理者具有做出决策的能力和经验
低层管理者不愿意介入决策	低层管理者要参与决策
决策的影响大	决策的影响相对小
组织正面临危机或失败	公司文化容许低层管理者对所发生的事有发言权
企业规模大	公司各部门在地域上相当分散
企业战略的有效执行依赖于高层管理者对所发生的事拥有发言权	企业战略的有效执行依赖于低层管理者的参与及制定决策的灵活性

不过，在现代环境下，组织必须具备更高的灵活性和反应能力，因此，下放决策权成了当前组织管理的一个明显趋势。尤其是在大型企业中，低层管理者最接近采取行动的地方，通常比高层管理者对问题及其解决办法有更细致的认识。

组织的技术越复杂，其管理就越需要分权。例如，大学运作技术的复杂程度远超过中小学，因此，大学的管理就比较分权；Skype、Google、IBM等都处在技术日趋复杂、环境日益不确定的竞争环境中，因此，这些著名企业通常采取分权制度。又如，重庆中联信息产业有限责任公司也是一个以民主分权管理而闻名的企业，该公司部门经理的任命、软件开发项目的实施等重要决策，都是通过企业内部市场机制运作而确定的，他们容许“在公司范围内，任何人在任何时候，可以做任何事”，但是，该公司也强调任何行为要检验最后的效果。因此，中联信息公司可以在分权民主的管理架构下，不至于陷入“无政府”状态。

在现代企业管理中，分权的另一种说法是员工授权，即给予雇员更多的进行决策的权力。本书第九章关于领导理论的讨论中将会论及授权问题。

6. 正规化

正规化是指组织中各项工作的标准化程度及员工行为受规则和程序约束的程度。如果一项工作是高度正规化的，那么承担这项工作的人员对于做什么、何时做及如何做等没有自主权。员工被要求以完全相同的方式处理同样的投入，因而能产生一致的、统一的产出。高度正规化的组织有明确的职位说明和许多规则条例，对工作过程制定明确的程序。反过来，如果组织正规化程度比较低，工作行为就相对非结构化，员工对如何做他们的工作拥有较大的自主权。

在不同组织中，正规化程度有很大的差别。即便在同一组织内，正规化程度也可能不同。例如，在一家报社，新闻记者通常有较大的工作自主权，他们可以选定报道的主题，发现自己的线索，以他们喜欢的方式撰写新闻稿，一般只受最小限度的指令限定。而编辑就不像记者这样自由，他们在时间和空间两方面所受到的约束使他们的工作保持高度的标准化。

不过，尽管对于保持一致性和施加控制而言，一定程度的正规化是重要且必要的，但是，在指导和规范员工行为方面，今天的许多组织对规定和标准的依赖程度降低了。许多组织允许员工在一定程度上拥有自主权，因此，员工可以制定他们认为在当时情况下最好的处理问题的决策。例如，绝大多数大学课堂的教学方式和科研不应该过于标准化，因为这种过度的正规化意味着对学生创新思维和创造力的束缚。

当然，降低对组织规定和标准的依赖程度并不意味着拒不接受所有的组织规定，仍然还要有员工应当遵守的重要规定。组织应当对这些规定进行解释，使员工理解为什么要遵守这些规定。

第二节　组织设计决策

无论是现在还是将来，组织都不会设计完全相同的组织结构。只有 30 名员工的企业，其组织结构不会与拥有 3 万名员工的企业相同。而且，即便规模相同的组织，也未必采取相似的结构。在一个组织中有效的设计决策不一定对另一个组织也有效。那么，管理者如何决定要采用什么样的组织设计方案呢？这取决于一些权变因素。在本节中，先对组织设计的两种一般形式做考察，再分析各自适用的权变因素情况。

一、机械式组织与有机式组织

表 6-3 描述了机械式组织与有机式组织这两种一般组织形式的特征对比。接下来分别介绍这两种组织形式。

表6-3　机械式组织与有机式组织的特征对比

机械式组织	有机式组织
高度的专门化	跨职能团队
僵化的部门划分	跨层级团队
指挥链明确	信息自由流动
窄管理跨度	宽管理跨度
集权化	分权化
高度正规化	低度正规化
有限的信息沟通 (且大多是下行沟通)	较为全面的信息沟通 (强调上下级的双向沟通及横向和斜向的沟通)
基层员工很少参与决策	较多员工参与决策 (员工围绕共同的任务开展工作)

1. 机械式组织

机械式组织，也称为官僚行政组织，是综合使用传统设计原则的产物。机械式组织坚持统一指挥原则，有正式的职权层级链，每个人只受一个上级的控制和监督；保持窄的管理跨度，并随着组织层次的升高缩小管理跨度，形成了一种高耸的、非人格化的结构。当组织高层与低层的距离日益扩大时，高层管理者便无法对低层次的活动通过直接监督来进行控制，因此就会制定严格的规则条例，来确保标准作业行为得到贯彻。

古典学者对高度劳动分工的信任导致工作变得简单化、常规化和标准化，他们主张高度复杂化、高度正规化和高度集权化的结构，并以重叠的管理层次来协调专业化部门的需要。

我们可以看出，机械式的组织结构犹如高效率的机器，以规则条例、工作的标准化和同一模式的控制作为“润滑剂”。这种组织设计试图将个性差异、人的判断及由此产生的模糊性和不确定性减少到最低限度。人性特征被认为是非效率的，只会带来不一致；而标准化会导致稳定和可预见性。所以，混乱和模糊性应该尽量避免。

2. 有机式组织

有机式组织与僵硬、稳定的机械式组织形成鲜明对比，有机式组织是一种灵活的、具有高度适应性的结构。因为不具有标准化的工作和规则条例，所以有机式组织很灵活，能根据需要迅速地做出调整。

有机式组织也进行劳动分工，但人们所做的工作并不是标准化的。员工一般会经过良好的训练，并被授权开展多种多样的工作活动，因此，有机式组织经常使用员工团队。员工高水平的技能和训练，以及来自其他团队成员的支持，使得他们并不需要多少正式的规则、直接监督及正规化和严密的管理控制。

二、组织设计的权变因素

何时选用机械式组织更好？何时选用有机式组织更为合适？到底机械式组织更好还是有机式组织更灵活呢？这取决于 4 方面的权变因素。

1. 战略与结构

组织结构应该促进组织目标的实现。因为目标是由组织的战略决定的，所以必须使战略与结构紧密配合，结构应当服从战略。换言之，如果管理者对组织的战略做了重大调整，那么就需要修改结构，以适应和支持这一调整。

艾尔弗雷德 • 钱德勒(Alfred Chandler)在研究了美国若干大公司长达 50 多年的发展史后，得出了“公司战略的变化导致了组织结构的变化”的结论。钱德勒发现，组织通常起始于单一的产品或产品线，简单的战略只需要一种简单、松散的结构形式来推行。然而，当组织发展以后，其战略变得更加复杂了，为支持该战略，组织结构就需要变革。

绝大多数现有的战略分析框架倾向于集中考察以下 3 个维度。

(1) 创新。反映组织对有意义的、独到的创新的追求。

(2) 成本最低。反映组织对严格控制成本的追求。

(3) 模仿。反映组织通过仿效市场上的领先者，力求使风险最小化而盈利机会最大化。

然而，什么样的结构设计能与各种战略进行最佳匹配呢？一般地，创新者需要有机式结构提供灵活性和自由流动的信息；成本最低者则努力通过机械式结构取得高效率、稳定性和严密的控制；模仿者同时使用这两种结构，既通过机械式结构保持紧密的控制和低成本，又借助有机式结构寻求新的发展方向。

2. 规模与结构

有足够的证据表明，组织的规模严重影响结构。例如，大型组织比小型组织具有更高程度的专门化、部门化和集权化，规则条例也更多。但是，这种关系并非线性的，规模对结构的影响强度在逐渐减弱。也就是说，随着组织的发展，规模对结构的影响越来越小。例如，一个拥有 2000 名员工的组织已经是相当机械式的了，再增加 500 名员工不会对它产生多大的影响；但相比之下，只有 300 名员工的组织，如果再增加 500 名员工，就很可能使其结构变得更机械式。

3. 技术与结构

任何组织都需要采取某种技术，将投入转换为产出。可以按照生产批量的规模将市场上的企业分为三种类型，不同的类型反映了不同的技术。第一类是单件生产，代表的是单件或小批量的生产；第二类是大批量生产；第三类是连续生产，反映技术最复杂的连续流程。组织应根据技术情况调整其结构。

一个组织将投入转换为产出的过程或方法，会在常规化程度上表现出差异。一般地，组织越是采用常规化的技术，结构就越能显示标准化的机械式特征；相反，组织越是采用非常规化的技术，就越可能实行有机式的组织结构。

4. 环境不确定性与结构

环境不确定性是管理决策的一个限定因素。一些组织面临相对稳定和简单的环境，而另一些组织面临动态和复杂的环境。由于不确定性会影响组织的绩效，因此管理者都试图减少环境的不确定性。组织结构的调试，就是减少环境不确定性的一种措施。环境不确定性程度越大，越需要有机式设计所提供的灵活性；在稳定、简单的环境中，机械式设计更有效。

当今，全球竞争加剧，技术创新及产品再造日新月异，顾客对高品质和快速交货的要求越来越高，这都是环境因素动态性的表现，这无疑对企业管理提出了更高的要求。

三、组织结构设计与民族文化

组织结构也反映了文化价值观。“组织结构必须与其环境相适应”这一权变因素，实际上还包含了组织所在国家的民族文化这一内涵。研究证实，组织结构的特征在很大程度上与其所在国家的文化价值观保持一致。在一个权力差距很大的国家，人们喜欢决策权限集中化。相似地，躲避不确定性的倾向，则与正规化相关。高度地躲避不确定性倾向会导致高度的正规化。

例如，法国和意大利的管理者偏向于设计严格的官僚行政机构，组织在集权化和正规化方面都很高；而德国人则偏好正规化和分权化的组织。日本广泛使用工作团队，这也可以从民族文化的角度进行解释：日本具有高度集体主义的文化背景，员工喜欢围绕工作团队构筑更为有机的组织。与之相比，在印度这样一个权力观念盛行的国家，员工以团队方式工作的效率可能很差，因此，印度的管理者偏好于高集权化和低正规化的组织，员工们在机械的、权力统治的组织结构中工作会感觉更舒服。

中国的管理者对组织结构形式的选择也与其文化相适应。例如，中国的管理者提倡员工的高度参与，允许员工参与计划的制订；中国人有一种表面上一团和气、避免冲突和“给面子”的倾向，这培养出了具有清晰职权线路和明确标准作业程序的机械式组织；此外，中国的管理者还有抑制内部竞争和个人冒险行为的倾向，这些都与中国传统集体责任感的文化相一致。

第三节 常见的组织结构类型

有人可能会问，沃尔玛、福特、阿里巴巴等著名企业采用什么样的组织结构？其实，在做出组织设计决策时，有一些通用的结构设计方案可供管理者选择。本节先介绍几种传统的组织结构，然后再推荐一些更现代的组织结构。

一、传统的组织结构

传统的组织结构包括简单结构、职能型结构和事业部型结构，它们倾向于更为机械式的组织结构。

1. 简单结构

大多数企业始于新创的事业，因而采取由所有者和员工组成的简单结构。简单结构就是一种低度部门化、宽管理跨度，职权集中于一个人手中，且正规化程度低的组织结构。这种结构在所有者与经营者合一的小企业中得到了广泛的应用。

许多组织并没有长期保持简单结构，因为组织在不断发展、员工在不断增加。当组织成长以后，一般会达到一个转折点，这时它不得不增加人员以应对这一规模经营所增加的工作任务和要求。而随着员工的增多，结构通常会变得更专门化和正规化，不仅订立了规则条例，也增设了部门和管理层次，这样，组织就逐渐变为了官僚行政机构。

2. 职能型结构

职能型结构是一种将承担相同或相似职能的人员组合在一起的组织结构。很多公司会按照生产、经营、财务、人力资源和产品研究开发等职能来划分组织结构。

3. 事业部型结构

事业部型结构是一种由相对独立的单位或事业部组成的组织结构。在这种结构下，每个单位或事业部拥有较大的自主权，事业部经理对本单位的绩效负责，同时拥有战略和运营决策的权力。不过，在事业部型结构中，公司总部通常扮演业务外部监管者的角色，协调和控制各事业部的活动，同时也提供财务和法律等方面的支援服务。以沃尔玛公司为例，其下属的事业部有沃尔玛不动产部、国际部、专卖店及沃尔玛配送中心。

表 6-4 对三种传统的组织结构的优缺点进行了对比。

表6-4 三种传统的组织结构的优缺点对比

组织结构	优缺点
简单结构	优点：快速、灵活、维持成本低、责任明确； 缺点：对成长后的组织不适用，且过于依赖个人是有风险的
职能型结构	优点：专门化带来成本节约的好处(规模经济、减少人员和资源的重复配置)； 员工会喜欢与其他完成相似任务的人在一起工作； 缺点：追求职能目标会导致管理者看不到组织整体的最佳利益； 人员相互隔离，不了解其他单位的工作
事业部型结构	优点：强调结果——事业部经理对特定产品或服务的经营负责； 缺点：活动和资源的重叠导致成本上升、效率降低

二、现代的组织结构

在现代组织中，管理者发现传统的层级制结构设计常常不能适应他们所面临的动态化和复杂化的环境，因此，他们正在寻找各种创造性的办法来构建和安排组织中的工作，力图使组织能对顾客、员工及其他利益相关者的要求做出更好的反应。这些组织结构包括以下几种。

1. 团队结构

Google 的创建者拉里 • 佩奇(Larry Page)和谢尔盖 • 布林(Sergey Brin)设计了一种采取高度集中的小型团队处理大多数大型项目的公司结构——团队结构，即整个组织由执行各项任务的工作小组或团队组成。在团队结构中，对员工的授权非常关键，这种组织已经不存在从高层至基层的管理控制链；相反，员工团队可以自由地以他们认为最好的方式来安排工作，团队也对其所负责领域的所有工作活动及结果负责任。

在一些大型组织中，团队结构通常是职能型结构或事业部型结构的一种补充，这促使组织在获得行政式机构效率性的同时，还拥有团队结构的灵活性。

2. 去中心化自治组织

去中心化自治组织是指在去中心化的哲学理想/信仰下，基于互联网技术，使每个组织不再有一个所谓的管理层，而是所有成员实现自我沟通，通过节点自由连接的方式，提高组织的效率。去中心化是一种点对点技术，即互联网上的P2P。

传统的组织形态都是有管理者的层级组织。例如，一个公司有CEO，再往下是高层、中层、基层，直至全体员工，这个组织形态其实很好用，但存在的问题是沟通效率很低。通过“去中心化”方式，可以实现人与人之间的直接沟通，提高效率。

事实上，“去中心化”的思想在人类社会诞生之初就已经存在了，它是一种去掉中心，实现人与人之间直接沟通、直接交易、直接传播的信仰。在这种信仰下，人类逐渐形成了去中心化的哲学理想，并努力践行着这种哲学理想。在政治领域，西方社会在封建王朝之外发展了一种去中心化的政治，即每个人都能发表自己的见解，选举自己中意的领导人来治理国家，于是产生了现代民主宪政制度。

不过，无论是新教还是民主制度，都不是完全意义上的去中心化，因为不具备完全去中心化的技术条件，直到现代互联网技术的出现，人类才具有了真正去中心化的可能。去中心化自治组织就是去中心化的信仰和互联网技术的产物，去中心化正一步步变成现实，例如，众筹是去中心化的筹资模式、区块链是一种去除中间信任机构的分布式记账技术、P2P借贷是一种去银行化的借贷模式。

3. 矩阵型和项目型结构

矩阵型结构和项目型结构是现代流行的两种组织结构。

矩阵型结构是从各职能部门中抽调有关专家，分派他们在一个或多个由项目经理领导的项目小组中工作。每个项目由一位经理人员领导，他将为其负责的项目从各职能部门中抽调有关人员组成项目小组。这样，在横轴的传统职能部门基础上增加纵轴坐标的结果，就能将职能部门化和产品部门化的因素交织在一起，因此称为矩阵。

项目型结构是员工持续地变换工作项目小组的一种组织结构。与矩阵型结构不同，项目型结构不设正式的职能部门。矩阵型结构中完成了某一项目的员工可以回到所属的职能部门，而项目型结构中的员工则直接带着他们的技巧、能力和经验到另一项目工作。此外，项目型结构中的所有工作活动都是由员工团队完成的，员工正是因为拥有团队需要的工作技巧和能力，才成了项目团队的一员。

项目型结构通常是极富流动性和灵活性的一种组织结构，没有了职能部门的划分和刻板的组织层级，有效避免了决策和行动迟缓的问题。在这种结构下，管理者“服务”于项目团队，帮助其削弱或消除组织壁垒，确保团队取得有效完成工作所需的各种资源。

4. 无边界组织

无边界组织是其横向的、纵向的或外部的边界不由某种预先设定的结构所限定或定义的一种组织结构。从绝大多数成功的组织中发现，组织要想高效地运营，就必须保持灵活性和非结构化。理想的结构已不再是刻板的、预先设定的结构；相反，无边界组织力图取缔指挥链，保持合适的管理跨度，以授权的团队取代部门。

那么，“边界”是指什么呢？横向边界是由工作专门化和部门化形成的，纵向边界是将员工划归不同组织层级的结果，而外部边界则是将组织与其顾客、供应商及其他利益相关者分离开来的隔墙。管理者通过运用跨层级团队与参与式决策等结构性手段，可以消除组织的纵向垂直边界，从而使层级结构扁平化；通过跨职能团队以及围绕工作流程而不是职能部门组织相关的工作活动等方式，可以消除组织的横向边界；通过与供应商建立战略联盟，或者通过体现价值链管理思想的顾客与企业联系手段，可以削弱或消除组织的外部边界。

5. 学习型组织

学习型组织是指所有组织成员都积极参与与工作有关问题的识别与解决，从而使组织形成了持续适应和变革能力的一种组织。在学习型组织中，员工通过不断获取和共享新知识，参与到组织的知识管理中来，并有意愿将其知识用于制定决策或做好他们的工作。在完成工作任务过程中的学习及应用所学知识的能力，是组织创建可持续竞争优势的唯一资源。图 6-7 揭示了学习型组织的主要特征。

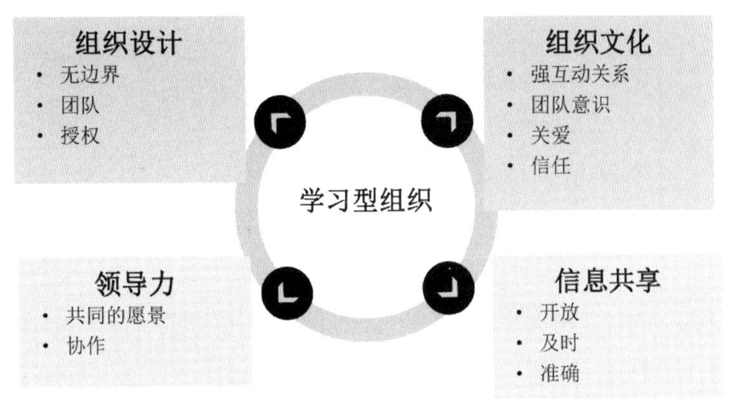

图6-7　学习型组织的特征

对图 6-7 中所总结的学习型组织的特征进行具体阐述，内容如下。

(1) 在学习型组织中，成员要在整个组织范围内跨越不同职能专长和不同组织层级，共享信息和取得工作活动自主协调，而这必须通过削弱或消除已有的结构及物理边界才能实现。此时，成员常以最佳的方式合作完成组织的任务，并互相学习。管理者扮演着推动者、支持者和倡导者的角色。

(2) 学习型组织中的领导者最重要的一项职能就是促进组织形成一个有关组织未来的共同目标，并促使组织成员朝着这一目标奋进；同时，支持和鼓励组织建设一种有利于学习的协作氛围。

(3) 学习型组织在信息共享方面强调开放、及时和准确。学习型组织的环境对于开放式的沟通和广泛的信息共享具有建设性作用。

(4) 学习型组织的文化特征，是每个人都赞同某一共同的目标，每个人都认识到在组织活动中固有的内在联系，彼此都有很强的团体意识、团队精神，相互之间充满关爱和信任，员工们可以自由地交流，大胆分享、试验和学习，而不用担心受到批评或惩罚。

总之，组织结构是实现组织目标的手段。不论管理者为组织选择了何种组织结构，这一结构都应该能帮助组织成员以他们所能做到的最好方式、最有效率和效果地完成工作。结构设计要能帮助而不是阻碍组织的成员有效地开展工作。

表 6-5 对五种现代的组织结构的优缺点进行了对比。

表6-5　五种现代的组织结构的优缺点对比

组织结构	优缺点
团队结构	优点：员工参与更多，并得到了授权； 减少了职能部门之间的障碍。 缺点：指挥链不清晰； 团队工作有压力
去中心化自治组织	优点：成员实现自我沟通，提高了组织沟通效率。 缺点：去中心系统不可控、不可预知
矩阵型和项目型结构	优点：流动性和灵活性的设计使组织能应对环境变化； 能够更快地制定决策。 缺点：给项目分配员工的复杂性； 任务和人格的冲突
无边界组织	优点：高度的灵活性和反应能力； 能吸引任何地方的人才。 缺点：缺乏控制； 沟通困难
学习型组织	优点：组织扁平化； 强化组织环境适应性； 不断自我创造； 善于学习； 自主管理。 缺点：理论较为抽象，组织心态较为理想化，难以实现

思考：

结合指挥链技术，谈一谈其现在或将来对组织架构的影响。

本章提要

1. 组织结构是对组织的复杂性、正规化和集权化程度的一种量度。

2. 劳动分工的好处体现在经济效率上，它使不同员工拥有的多样技能得到有效的利用。但过度的劳动分工会造成厌倦、疲劳、压力、低生产率、劣质品、常旷工和高离职率。

3. 管理跨度意味着向一个管理者汇报工作的下属数目。

4. 管理者可以依据职能、产品、顾客、地区或过程进行部门化。大多数大型组织同时使用这 5 种部门化方式。

5. 机械式组织表现为高度的复杂性、正规化和集权化；有机式组织在这三方面结构因素上表现出很低的程度。

6. 组织结构必须服从组织的战略。规模以一种减弱的趋势影响着结构。在其他条件相同的情况下，组织越是采用常规化的技术，结构就越能显示标准化的机械式特征；相反，组织越是采用非常规化的技术，就越可能实行有机式的组织结构。同样，在其他条件相同的情况下，机械式的组织与稳定的环境更为匹配；而有机式的组织则与动态的环境更加适应。

案例分析

❖ 案例 6-1 | 课堂小组合作的“秘密”

在高校课程教学中，彭教授常常会将学生们分成若干个小组，分配他们去完成一些实践性任务，例如，去某个社区访谈、写一份研究报告、分享文献等。在多年的任教过程中，彭教授发现了学生间进行组队的小秘密：虽然每次都是自由随机组队，但有几位同学每次组队都会抱团在一起。彭教授问其原因，有同学表示：因为张三是我的室友、李四是我的朋友。总而言之，私人关系让他们组成团队。也有同学表示：王五以前和我合作过，他能力强，认真负责。由此可见，交往历史让他们组成团队。他们通过种种“非正式”关系，形成了非正式组织，因此每次完成课程任务时都愿意抱团组队。

彭教授还发现，学生们大多秉持着“组队时人多不如人少”的原则。有一次在与学生交流的过程中彭教授问学生：“为何不愿意一个小组多一些人？”学生们带着玩笑的语气对教授说：“人多必划。”这是何意呢？学生解释说，一个小组，如果人太多了，那么必定会有人“划水”。划水也就是搭便车，在小组中自己不干事，等着别人把事情做完。确实如此，实践性任务往往工作量不会特别大，如果三五个人就能做完的工作，让一个十几个人的小组去完成，那么必然有些人会觉得：反正这些事很简单，别人肯定会做，我就不用认真参与了。一个组织的人数和部门数量要及时调整，一件事情要明确到底是谁的工作，谁要对此负责，别人又是否能干预。把每个人的权力与责任都落到实处，能够有效避免人浮于事。

管理启示：团队管理在管理学中是一个颇受人关注的热词。在生活中，我们常常会依据工作性质、个体特征等组成一个集体，以期共同完成组织的整体目标。但实际上，一个集体常常因为各类要素而出现团队行为偏差现象，就如“人多必划”。那么如何改变这一现象呢？很多时候依靠管理者在其中发挥管理协调作用。在实际管理过程中，我们要注重节约管理成本，但也要避免资源垄断、背离初衷；在组织中要明确责任分工，使责任落实到个人，避免出现资源和任务分配不均，影响整体的效率和水平。

❖ 案例 6–2 | 教授的建议

H 市宇宙冰箱厂近几年来有了很大的发展，该厂厂长周冰是一个思路敏捷、有战略眼光的人，早在前几年的“冰箱热”风潮中，他已预见到今后几年冰箱热会渐渐降温，变畅销为滞销，于是命该厂新产品开发部着手研制新产品，以保证企业能够长盛不衰。果然，不久冰箱市场急转直下，各大商场的冰箱都存在着不同程度的积压。好在宇宙厂早已有所准备，立即将新研制生产出的小型冰柜投入市场，这种冰柜物美价廉且很实用，一问世便立即受到广大消费者的欢迎，宇宙厂不仅保住了原有的市场，还开拓了新市场。但是，近几个月来，该厂产品销售出现了一些问题，用户接二连三地退货，要求赔偿，影响了该厂产品的声誉。究其原因，原来问题主要出在生产上，主管生产的副厂长李英是半年前从 H 市二轻局调来的。她今年 42 岁，是一个恪尽职守的女同志，工作认真负责，口才好，有一定的社交能力，但对冰箱生产技术不太了解，组织生产能力欠缺，该厂生产常因所需零部件供应不上而停产，加之质量检验没有严格把关，尤其是外协件的质量常常不能保证，故产品接连出现问题，影响了宇宙厂的销售收入，原来较好的产品形象也有一定程度的破坏，这种状况如果不及时改变，该厂几年来的努力也许会付诸东流。周厂长为此很伤脑筋，有心要把李英撤换下去，但又为难，因为李英是市二轻局派来的干部，和上面联系密切，并且她也没犯什么错误，如果非硬要撤换，搞不好会弄僵上下级之间的关系(因为该厂隶属于市二轻局主管)。若不撤换，厂里的生产又抓不上去，长此以往，企业很可能会出现亏损局面。周厂长想来想去不知如何是好，于是就去找该厂的咨询顾问某大学王教授商量，王教授听罢周厂长的诉说，思忖一阵，对周厂长说：“你何不如此呢……”周厂长听完，喜上眉梢，连声说“好办法，好办法”，于是便按王教授的意图回去组织实施。果然，不到两个月，宇宙厂又恢复了生机。王教授到底如何给周厂长出谋划策的呢？原来他建议该厂再设一生产指挥部，把李英升为副指挥长，另任命懂生产、有能力的赵翔为生产指挥长主管生产，而让李英负责抓零部件、外协件的生产和供应，这样既没有得罪二轻局，又使企业的生产指挥的强化得到了保证，同时又充分利用了李、赵两位同志的特长，调动了二人的积极性，解决了一个两难的难题。

小刘是该厂新分来的大学生，他看到厂里近来一系列的变化，很是不解，于是就去问周厂长：“厂长，咱们厂已经有了生产科和技术科，为什么还要设置一个生产指挥部呢？这不是机构重复设置吗？我在学校里学过有关组织设置方面的知识，从理论上讲组织设置应该是因事设人,咱们厂为什么是因人设事？这是违背组织设置原则的呀!”周厂长听完小刘一连串的提问后，拍拍他的肩膀关照说："小伙子，这你就不懂了，理论是理论，实践中并不见得都有效。"小刘听了，仍不明白，难道是书上讲错了吗？

资料来源："宇宙"冰箱厂的机构设置. 百度文库[EB/OL]. http://wenku.baidu.com/. 作者有删改

问题：

(1) 在企业中如何设置组织机构？到底应该"因事设人"还是应该"因人设事"？

(2) 你认为王教授的建议是否合适？

(3) 你如何看待小刘的提问？

(4) 如果你是厂长，你将如何处理这个难题？

思考与练习

一、单项选择题

1. 下列组织结构中分权程度最高的是(　　)。

A. 直线制　　B. 直线职能制　　C. 事业部制　　D. 矩阵制

2. 某公司设总经理一人，副总经理两人，总工程师和总会计师各一人，下设 12 个科室和 3 个车间，分别由副总经理、总工程师和总会计师直接负责。由此可以看出，该公司总经理的管理跨度为(　　)人。

A. 2　　B. 3　　C. 4　　D. 15

3. 小陈是某合资企业的职员，在日常工作中，他经常接到来自上级的两个、有时甚至相互冲突的命令。导致这一现象的最本质的原因很可能是(　　)。

A. 该公司在组织设计上层次设计过多

B. 该公司在组织设计上采取了职能型结构

C. 该公司在组织运作中出现了越级指挥问题

D. 该公司组织运行中有意或无意地违背了统一指挥原则

4. 某公司的组织结构呈现金字塔状，越往上层(　　)。

A. 其管理难度与幅度都越小

B. 其管理难度越小，而管理幅度则越大

C. 其管理难度越大，而管理幅度则越小

D. 其管理难度与幅度都越大

5. 在其他条件大致相同的情况下，与处于相对稳定环境中的主管人员相比较，处于迅速变化环境中的主管人员的管理跨度要(　　)。

A. 宽一些　　B. 窄一些　　C. 没有区别　　D. 不好说

6. 某公司的组织结构是矩阵型，这可能带来的最大缺陷是(　　)。

A. 多头指挥　　B. 各部门之间难以协调

C. 高层管理者难以控制　　D. 职权职责不清

7. 管理者对非正式组织的态度应该是(　　)。

A. 设法消除　　B. 严加管制

C. 善加管理　　D. 积极鼓励

8. 适用于市场环境复杂多变或所处地理位置分散的大型企业公司的组织形式是(　　)。

A. 直线制　　B. 直线职能制

C. 事业部制　　D. 矩阵制

9. 某公司设有一名总经理、一名主管生产的副总经理、一名主管营销的副总经理和一名主管财务的副总经理，则该公司的组织结构是按(　　)。

A. 区域划分部门　　B. 职能划分部门

C. 顾客划分部门　　D. 产品划分部门

10. 在企业中，财务主管与财会人员之间的职能关系是(　　)。

A. 直线职权关系　　B. 参谋职权关系

C. 职能职权关系　　D. 都不是

11. 若较低一级管理层次做出决策的数目越多，下级做出的决策越重要，影响面也越大，则这样的组织(　　)。

A. 职权集中化程度越高　　B. 职权分散化程度越高

C. 授权越明确　　D. 授权越具有弹性

12. 具有“集中政策，分散经营”特点的组织结构是(　　)。

A. 直线制　　B. 直线职能制　　C. 事业部制　　D. 矩阵制

13. 王洪是某公司的总经理，最近他发现公司中存在很多小团体。他知道这个问题处理不好会影响员工的工作情绪和工作业绩，但他不知道如何去处理这个问题。如果你是他的一位顾问，你会为他出的主意是(　　)。

A. 立即宣布这些小团体为非法，予以取缔

B. 深入调查，找出小团体的领导人，向他们提出警告，不要再搞小团体

C. 正视小团体的客观存在，允许乃至鼓励其存在，对其行为加以积极引导

D. 只要小团体的存在不影响公司的正常运行，可以对其不闻不问，听之任之

14. 一个将军说：“我们越是接近整个组织的最高司令，就越是应该按三人一组进行工作；我们越是接近整个组织的基层，就越是应按六人一组进行工作。”这句话反映了(　　)。

A. 有效管理幅度的大小实际上是应当而且可以用一个数字来予以绝对规定的

B. 组织高层的管理人员与基层管理人员相比，用于指挥和领导工作的时间要多一些

C. 军事组织与其他类型的组织极不相同，其管理跨度是随着管理层次的升高而缩小的

D. 高层管理者的有效管理跨度要小于基层管理者

15. 一家产品单一的跨国公司在世界许多地区拥有客户和分支机构，该公司的组织结构应考虑按(　　)因素来划分部门。

A. 职能　　B. 产品　　C. 地区　　D. 矩阵结构

16. 以下 4 种做法，最能说明该组织所采取的是较为分权的做法的是(　　)。

A. 通过培训提高下级人员的工作胜任能力

B. 采取有效办法使领导集中精力于高层管理

C. 将较为重要的决定交给下级人员去处理

D. 采取积极措施减轻上级领导的工作负担

17. 对待非正式组织的态度，以下看法不符合现代管理理论认知的是(　　)。

A. 非正式组织的存在是客观事实，应允许它的存在

B. 非正式组织只有消极作用，没有积极作用，应坚决取缔

C. 非正式组织既有积极作用也有消极作用，关键是引导

D. 非正式组织对组织目标的实现有积极作用，应鼓励它的存在

18. 对于管理者来说，进行授权的直接原因在于(　　)。

A. 使更多的人参与管理工作　　B. 充分发挥骨干员工的积极性

C. 让管理者有时间做更重要的工作　　D. 减少管理者自己的工作负担

19. 企业组织中管理干部的管理跨度，是指他(她)(　　)。

A. 直接管理的下属数量　　B. 所管理的部门(机构、单位)数量

C. 所管理的全部下属数量　　D. 选择B和C都对

20. 刘教授为一家国有大型企业提供咨询服务，该企业张总在办公室热情接待了刘教授，并向刘教授介绍企业的总体情况。张总讲了不到 15 分钟，办公室的门就开了一条缝，有人在外面叫张总出去一下。于是张总就说：“对不起，我先出去一下。”10 分钟后张总回来继续介绍情况。不到 15 分钟，办公室的门又开了，又有人叫张总出去一下，这次张总又出去了 10 分钟。整个下午 3 个小时张总共出去了 10 次之多，使得企业情况介绍时断时续，刘教授显得很不耐烦。这说明(　　)。

A. 张总不重视管理咨询

B. 张总的公司可能这几天正好遇到紧急情况

C. 张总可能过于集权

D. 张总重视民主管理

21. 为了实现有效的授权，下列方式错误的是(　　)。

A. 要确定授权的工作范围

B. 授权之后不可再加以控制，否则会影响受权人的积极性

C. 授权必须完整，不可授予零星或琐碎的职权

D. 授权要用书面的方式写出来

二、名词解释

职权与职责　　管理跨度　　学习型组织

三、简答题

1. 专业化分工在未来是呈增强还是减弱的趋势？为什么？
2. 管理者可以采取哪些方式进行部门化？
3. 在什么条件下，机械式组织最为有效？有机式组织又是在什么条件下最为有效？
4. 管理人员的管理跨度是宽一些好还是窄一些好？为什么？
5. 参谋部门的管理者可以拥有直线职权吗？为什么？
6. 职权与组织结构是如何关联起来的？

四、应用分析题

1. 假定你准备策划成立一个面向全市所有高校所有专业的大学生社团——未来经理人协会。请对该社团进行组织设计。

要求：组织设计必须体现6个关键要素：工作专门化、部门化、指挥链、管理跨度、集权与分权、正规化，并反映大数据、人工智能背景下的组织变革要求。

2. 论述组织变革的动因及其可能遇到的阻力。

3. 你能调和以下这两种主张吗？

主张一：组织应当保持尽可能少的层次以增进协调。

主张二：组织应当保持窄小的管理跨度以促进控制。

五、思维拓展：组织一场市场会议

- 公司底价200元/件
- 公司建议卖给经销商250元/件
- 市场统一销售价格400元/件
- 1T=100件
- 高于公司底价部分可以留在各自市场做市场运营费用

任务1：请做出相关产品定价(即提供给经销商的产品价格)，并阐明理由。

在和经销商达成定价的基础上，公司决定支持武汉市场，特召开市场促销活动一次。

- 目标：5T (500件)
- 参会客户(消费者)：50人
- 政策：买10件送1件，会议经费5000元
- 武汉地区经销商正常销量2T/月(其中经销商下面三个用户可以完成1.5T)

任务2：请组织制定一个方案尽量完成公司促销活动目标。

第七章 沟　　通

知识目标

1. 了解管理沟通、人际沟通、组织沟通的定义
2. 能够解释人际沟通过程
3. 了解人际间有效沟通的障碍及克服措施
4. 能够对比组织中的各种沟通方式及沟通网络

能力目标

1. 描述信息技术对管理沟通有重要影响的两个新发展
2. 讨论信息技术对组织的影响
3. 理解评价和选择沟通方法时需要考虑的因素
4. 说明非语言沟通是如何对管理者产生影响的

素质目标

1. 描述你日常生活中遇到的沟通障碍
2. 培养倾听的艺术
3. 理解信息技术对沟通带来的负面影响

第一节　沟通概述

沟通存在于人们的一切活动中。实际上，任何一个团队仅有良好的愿望和热情是不够的，还要进行畅通的信息沟通及感情交流，在确定目标、执行工作计划等方面取得一致的意见，才

能保证团队成员之间角色清晰、分工合理，从而达成组织目标。此外，管理的决策、决策的执行、组织冲突的化解及组织绩效的取得，也都需要通过沟通来实现。童话故事《小公主的愿望》生动地诠释了沟通的普遍意义和重要价值。

一个小公主病了，她娇憨地告诉国王，如果她能拥有月亮，病就会好。国王立刻召集全国的聪明智士，要他们想办法拿到月亮。

总理大臣说："它远在三万五千里外，比公主的房间还大，由熔化的铜做成。"国师说："它有十五万里远，用绿奶酪做的，整整是皇宫的两倍大。"数学家说："月亮远在三万里外，又圆又平像个钱币，有半个王国大，还被粘在天上，不可能拿下它。"

国王又烦又气，只好叫宫廷小丑来弹琴给他解闷。小丑问明一切后，得到了一个结论：如果这些有学问的人说得都对，那么月亮的大小一定和每个人想的一样大一样远。所以，当务之急便是要弄清楚小公主心中的月亮到底有多大多远。于是，小丑到公主房里探望公主，并顺口问公主："月亮有多大？"公主说："大概比我拇指的指甲小一点吧！因为我只要把拇指的指甲对着月亮就可以把它遮住了。"

"那么有多远呢？""不会比窗外的那棵树高！因为有时候它会卡在树梢。""用什么做的呢？""当然是金子！"公主斩钉截铁地回答。

比拇指指甲还要小，比树还要矮，用金子做的月亮当然容易拿到。小丑立刻找金匠打了个小月亮，穿上金链子，给公主当作项链，公主很高兴，第二天病就好了。

资料来源：戴钊.自我教练：迈向自我实现之路[M].北京：机械工业出版社，2016.

这则故事说明，如果不关注客户的真实需求，完全按照自己的意愿做事情，那么无论多么努力，效果总是不好，而沟通才是掌握客户心理的最好办法。另外，选择沟通的内容也十分重要，只有选择好沟通内容，才能直入主题，简洁高效。

一、沟通的定义

沟通是信息通过一定的符号载体，在个人和群体间从发送者到接收者之间进行传递，并取得完全理解的过程，即意义的传递和理解。

理解上述关于沟通的定义，需要把握两点：其一，沟通强调了意义的传递。换言之，如果信息或想法没有被传送到，则意味着沟通没有发生。说话者没有听众，写作者没有读者，这些都不能构成沟通。其二，沟通需要对意义进行深入的理解。完美的沟通，应该是准确理解信息的意义，也就是经过传递之后接收者感知到的信息与发送者发出的信息完全一致。管理者做的每一件事都包含沟通，无效的沟通是许多管理问题的根源。

需要注意的是，不能把有效的沟通与意见一致混为一谈。在现实生活中，良好的沟通常被误解为沟通双方达成协议；也有很多人认为良好的沟通是使别人接受自己的观点。实际上，沟通的一方可以非常明白另一方的意思而不同意对方的看法。例如，一场争论持续了相当长的时间，在这期间双方进行了大量的有效沟通，每个人都充分理解了对方的观点和见解，但不等于完全接受对方的观点和意见。

二、沟通的分类

根据沟通主体的不同，可以将沟通分为人际沟通和组织沟通两大类。其中，人际沟通是指两人或多人之间的沟通，其对象是人而不是物体；组织沟通是组织范围内的沟通，包括组织沟通的流程、沟通网络、管理信息系统的改进等。对于组织中的管理者来说，这两类沟通都是非常重要的。

三、沟通的功能

对于管理者和组织而言，沟通具有 4 种功能：控制、激励、情绪表达和共享信息。要使组织运转良好，就要在一定程度上控制员工、激励员工、提供情绪表达的手段，并依据沟通得来的信息做出决策。可以说，组织中的每一次沟通都能实现这 4 种功能中的一种或几种。

(1) 控制。沟通可以通过不同的方式来控制员工的行为。在传统的组织中，员工必须遵循组织中的权力等级和正式指导原则。例如，当员工需要向直接主管沟通工作方面的不满和抱怨时，必须按照工作说明书中的规定行事，并且要遵守公司的政策、法规等规定。另外，即使是非正式沟通也可以对员工的行为产生控制效果。例如，当群体中的某个人工作十分努力而使其他员工相形见绌时，周围的人可能会通过非正式沟通控制该员工的行为，如嘲笑、讥讽、揶揄。

(2) 激励。沟通可以通过一些途径来激励员工。例如，明确告诉员工应该做什么、如何来做，以及没有达到标准时应该如何改进工作等。对于管理者而言，他们在设置具体目标、努力工作以达成目标、获取对现实目标达成过程的反馈时，都需要进行沟通。

(3) 情绪表达。对许多员工而言，工作群体是主要的社交场所。群体内部的沟通是组织的一种基本机制，组织成员可以通过群体内部的沟通来表达自己的失落感和满足感。因此，沟通提供了一种释放情感的情绪表达机制，并满足了组织成员的社会需要。

(4) 共享信息。在组织内，无论是管理者还是员工个体或群体都需要信息，以完成组织的工作，而沟通可以为决策提供所需要的信息。

四、沟通的构成要件

一个完整的沟通过程，需要涉及 4 个方面的沟通要件，分别是信息内容、信息发送者、信息传递渠道及信息接收者。

(1) 信息内容。沟通发生之前，必须存在一个意图，即要被传递的信息。它的内容很多，包括事实、情感、价值观、意见、个人观点等。它首先被转化为信号形式。

(2) 信息发送者。沟通信息的发送者是信息发送的主动方，代表了沟通的主体意图。

(3) 信息传递渠道。信息传递渠道是指传递信息的媒介物，由信息发送者主动选择。不同信息传递渠道的沟通效果不同；不同的信息内容也应选择不同的信息传递渠道。

(4) 信息接收者。信息接收者是接收信息的一方，在沟通中要对信号进行转译。在沟通过程中，信息接收者也要主动发送信息给信息发送者，以实现双向交流，最终使理解达成一致。

五、沟通的普遍意义

沟通是普遍存在的，是每个人都必须做的事情，是实现目标的重要手段，沟通构成了人们日常生活的主要部分。不管是积极的还是消极的，沟通存在于人们生活和工作的各个领域。大多数人 50%～75%的工作时间都在进行各种方式的沟通。沟通的普遍意义表现在以下几点。

(1) 在信息化社会中，沟通可以使组织获得生存和发展所需要的资源和信息，是组织适应环境的主要工具。在市场经济社会中，企业如果不能与消费者进行积极、有效的沟通，了解社会需求，并让消费者了解企业的产品和经营理念，就很难在市场中立足。

(2) 沟通是实施民主管理、保证科学决策的基础。民主管理，其实就是通过良好的沟通，充分调动每位员工的积极性，充分挖掘员工对工作的建议和意见，培养员工的主人翁意识和精神，使组织管理更加高效，决策更加科学。

(3) 沟通可以改善人际关系，鼓舞士气，建立良好的工作环境。组织的工作效率与成员的士气、工作的积极性及人际关系状况有关。人际关系和谐的目标可以通过有效沟通实现。

(4) 沟通是组织创新的源泉。在有效沟通的过程中，彼此之间信息的交流与讨论，可以实现各自资源的互补，也可以集思广益，发挥群体创造力，为组织创新打下基础。

第二节　人际沟通过程

一、沟通过程与噪声

沟通发生之前，必须存在一个意图，管理学中将它称为要被传递的信息。它在发送者(信息源)与接收者之间进行传送。信息首先被转化为信号形式，然后通过媒介传送至接收者，接收者将收到的信号再进行转译。这样，要传递的意义或信息就从一个人传递给了另一个人。

图 7-1 描述了人际沟通的过程。它由信息、编码、通道、解码、噪声 5 个要素组成。这里

需要特别指出噪声问题。噪声是指对信息的传送、接收或反馈造成干扰的因素，所有对理解造成干扰的因素都是噪声。典型的噪声包括难以辨认的字迹、电话中的静电干扰、接收者的疏忽大意，以及生产现场来自设备或同事的背景噪声等。整个沟通过程中都会受到噪声的影响。

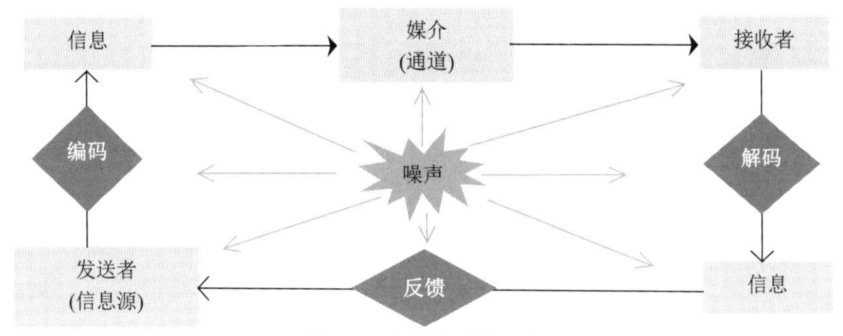

图7-1 人际沟通的过程

噪声可能在沟通过程的任何环节中造成信息失真，其主要表现在以下 5 个方面。

(1) 发送者一方的噪声。

发送者对头脑中的想法进行编码，从而生成了信息，被编码的信息的质量会受到 4 个方面的影响，即发送者的技能、态度、知识和社会文化系统。以本书为例，如果作者缺乏应有的技能，则很难用理想的方式把作者本身的思想传递给读者。所以，作者能够成功地与读者进行沟通，依赖于作者的写作技能。另外，作者对许多议题有自己固定的想法(态度)，这也会影响与读者的沟通。还有，作者对某一主题所掌握的知识量限定了作者所能传递的信息，作者无法传递自己并不知道的东西；反过来，如果作者编入本书的知识过于广博，则读者作为接收者又可能不理解作者所写的内容。最后，作者的信念、价值观等社会文化因素也会对作者与读者之间的沟通内容、沟通形式等产生影响。

(2) 与信息有关的噪声。

信息本身也会使沟通过程失真。信息可以是一份文件、一个口头演讲，甚至是手势或面部表情，这些表达意思的符号(如语言、图画、数字等)会影响信息内容，造成沟通障碍。

(3) 与通道有关的噪声。

用来沟通信息的通道也会受到噪声的影响。无论是面谈，还是发送电子邮件或全公司范围的备忘录，失真随时都可能发生，因为特定的通道对传递某些信息是更有效的，一旦通道选择错误，信息失真就可能发生。例如，大厦着火，使用备忘录方式传递这一信息显然极不合适。而对于员工的绩效评估，最好能够运用多种通道加以沟通，如在口头评估之后再提供一份总结报告，有助于减少信息失真的潜在可能性。

(4) 接收者一方的噪声。

接收者是信息指向的个体。在信息被接收之前，接收者必须将其包含的符号翻译成易于理解的形式，这就是对信息进行解码。与发送者一样，接收者同样受到自身的技能、态度、知识和社会文化系统的限制。如果发送者擅长写或说，那么接收者应该擅长读或听。

(5) 与反馈有关的噪声。

沟通过程的最后一环是反馈回路。反馈把信息返回给发送者，并对信息是否被理解进行核实。反馈信息可以沿着与原始信息类似的通道传送，因此也可能会出现信息失真的问题。

二、人际沟通方法

1. 沟通方法的选择

在日常管理中，管理者需要根据不同信息，同员工进行不同类型的沟通，沟通方法包括面对面沟通、电话沟通、小组会议、正式演讲、备忘录、传统信件、员工通信、告示板、公司其他出版物、录音和录像、热线、电子邮件、计算机会议、音频邮件、电话会议和可视会议等。这些沟通方法在传递口头或书面的信息时各有利弊。表 7-1 列举的 12 个指标有助于帮助管理者评价各种沟通方法。

表7-1 沟通方法的评价指标

评价指标	解释
反馈潜能	接收者对所传递的信息能多快地做出反应
复杂性能力	这一沟通方法能有效地处理复杂性的信息吗
潜在宽度	使用这一通道能同时传递多少不同的信息
私密性	沟通者能确保其信息只传向那些他想沟通的人吗
编码容易度	发送者能方便而快捷地使用这一沟通方法吗
解码容易度	接收者能方便而快捷地对收到的信息进行解码吗
时空限制	发送者和接收者需要在同时及同地进行这一沟通吗
费用	使用这一沟通方法的费用是多少
人情味	这一沟通方法能在多大程度上传递人际间的温情
正规度	这一沟通方法是否拥有所需的正规化程度
信息可得性	沟通方法能使接收者方便地获得所需、有用的信息吗
信息消费点	发送者与接收者哪方对何时收到信息拥有更大的控制权

根据表 7-1 列举的 12 项指标，可以对各种沟通方法进行比较。管理者最终选用的沟通方法，是对发送者的需要、所沟通信息的特性、通道的性能，以及接收者的需要等方面的综合反映。例如，你想向一个下属说明他的工作有了变更，面对面的沟通会比备忘录更好，因为你希望能就他的疑问做出当面的解释。

2. 非语言沟通

非语言沟通是指不经由言语表达的沟通。一些极有意义的沟通既非口头形式也非书面形式。含情脉脉的眼神、刺耳的警笛和十字路口的红灯，都不是通过文字告诉人们信息；当学生们开始收拾书本、文具和笔记时，他们传达了一个非常明确的信息——该下课了；办公室中一个人所用的办公桌的大小或一个人的穿着打扮，都向别人传递着某种信息，这些都是非语言形式的沟通。非语言沟通中最为人熟知的就是体态语言和语调。

(1) 体态语言。

体态语言包括手势、面部表情和其他身体动作，如一副咆哮的面孔所表示的信息显然与微笑不同。手部动作、面部表情及其他姿态能够传达恐惧、腼腆、傲慢、愤怒、愉快、喜爱等情绪。了解他人身体动作所表示的意思、学习如何更好地利用我们的形体语言，都能对我们自身和工作有所帮助。

(2) 语调。

语调是指个体对传达意义的某些词汇或短语的强调。假设学生问教师一个问题，教师反问道："你这是什么意思？"反问的声调不同，学生的反应也不同。轻柔、平稳的声调与刺耳、尖厉、重音放在最后一词的声调所产生的意义完全不同。大多数人会觉得第一种语调表明此人在寻求更清楚的解释，而第二种语调则表明了此人的攻击性或防卫性。

任何口头沟通都包含非语言信息，这一事实应引起人们极大的重视。因为非语言要素有可能对沟通效果产生重大影响。有研究者发现，在口头交流中，55%的信息来自面部表情和身体姿态，38%的信息来自语调，而仅有7%的信息来自真正的词汇。例如，动物是对我们怎样说做出反应的，而不是对我们所说的内容做出反应，人类与此并无太大差异。

三、人际沟通的障碍

前面关于信息失真的讨论，实际上反映了人际沟通的障碍。除了信息失真外，还有哪些因素阻碍或干扰了人们之间的有效沟通呢？

(1) 过滤。

过滤指故意操纵信息，反映信息不完整或不客观，使信息显得对接收者更为有利。例如，当管理者传递给上司的信息都是上司想听到的内容时，这位管理者就是在过滤信息。有时为了自身利益，人们在沟通过程中甚至会断章取义。

信息过滤的程度与组织结构的层级和组织文化两个因素有关。在组织层级中，纵向层次越多，过滤的可能性越大。组织文化则通过奖励系统鼓励或抑制这类过滤行为。奖励越注重形式和外表，管理者便越有意识按照对方的品位调整和改变信息。

(2) 选择性知觉。

在沟通过程中，人们所见或所听的信息受自己的态度、背景和经验的影响，因此接收者会根据自己的需要、动机、经验、背景及其他个人特点有选择地去看或去听信息。接收者解码时还会把自己的期望带进信息中。

(3) 情绪。

在接收信息时，接收者的情绪也会影响他对信息的理解。不同的情绪会使个体对同一信息的理解截然不同。极端的情绪，如狂喜或抑郁，都可能阻碍有效的沟通，因为这种状态常使人们无法进行客观而理性的思维活动，进而代之以情绪性的判断。一般认为，最好避免在极端情绪下做决策，因为极端情绪下人们无法清楚地思考问题。

(4) 信息超载。

信息超载是指一个人接收的信息超过了他的处理能力。当今，人们普遍抱怨信息超载。有统计数据表明，在日常生活和工作中，电子邮件使用者平均每天使用电子邮件的时间是 107 分钟，大约为 1/4 个工作日。而其他统计数据表明，员工平均每天要发送和接收 204 封电子邮件。伴随着接收电子邮件、电话、传真及参加会议和阅读专业资料的需要，形成了庞大的数据，以致人们无力处理和传送这些信息。当管理者得到的信息超过了他能整理和使用的数量时，其更倾向于筛选、轻视、忽略或遗忘某些信息，或者干脆放弃做进一步处理的努力，直到超载问题得以解决。无论何种情况，都会造成信息缺失，并使沟通效果受到影响。

(5) 防卫。

当人们感到自己正受到威胁时，通常会以一种防卫的方式做出反应，表现为对对方的语言进行攻击、讽刺挖苦、品头论足及怀疑对方的动机等。防卫心理妨碍了相互理解。当一方将另一方的意思理解为具有威胁性时，他就会以有碍有效沟通的方式做出反应。

(6) 语言。

同样的词汇在不同的人看来含义是不一样的。年龄、教育和文化背景等因素会影响一个人的语言风格及他对语言的界定。在一个组织中，员工常常具有不同的背景，同时，横向的分化使得专业人员发展了各自的行话和技术用语，纵向的差异造成了语言问题。例如，刺激、定额等词汇，对不同的管理层有着不同的含义。但组织中的成员往往不知道他所接触的人与自己的语言风格不同，他们认为自己使用的词汇或术语能够让其他人恰当地理解。

(7) 民族文化。

沟通差异不仅产生于个人沟通中所用的语言不同，也可能产生于不同的民族文化背景。美国的管理者喜欢用备忘录、通报、职务报告及其他正式的沟通手段来阐明他对某一问题的看法。美国企业的主管人员可能会隐瞒某些信息，为的是让自己看起来比别人懂得更多，而且将之作为说服员工接受其决策和计划的一种工具。低层员工也会如法炮制。但在强调集体主义的国家，人际间有更多的互动关系，人们之间的接触更倾向于是非正式的。例如，中国的管理者在处理问题时，通常先以口头协商的方式与下属进行沟通，然后再起草一份正式的文件说明以达成共识。中国的管理者比较看重协商一致的决策，更多采用面对面的沟通方式，开放式的沟通是工作环境中重要的内在构成要素。

显然，文化差异会影响管理者对沟通方式的选择。如果不能很好地认识和认真地考虑这些差异，则其有可能成为有效沟通的障碍。

阻碍人们有效沟通的因素可以归纳为以下 4 个方面。

(1) 个人因素。个体差异导致人们选择的沟通方式和运用的技巧不同。

(2) 人际因素。即判断这些因素是接近的还是异己的。

(3) 结构因素。地位差别、传递链差别、团队规模、空间约束等，都属于阻碍人际间有效沟通的结构因素。

(4) 技术因素。技术因素包括语言、非语言暗示、媒介的有效性和信息量等。例如，语言的不可译性(外语)、形体语言、设备效果不佳、信息量太大等，都是阻碍人们有效沟通的技术因素。

四、克服人际沟通的障碍

管理者应该如何克服沟通障碍呢？或者说，如何使沟通更有效呢？以下 5 个方面的举措，有助于改善人际间的沟通，促进实现管理的效率和效果。

1. 反馈

很多沟通问题的出现是由于误解或信息传递不准确。如果管理者在沟通过程中进行反馈，并及时交流，则会减少沟通障碍。这里的反馈可以是语言的，也可以是非语言的。

当信息发送者问接收者：“明白了吗？”他所得到的答复就是反馈。当然，反馈不仅包括是或否的回答。为了核实信息是否被完整接收，管理者可以就有关信息进行询问，如直接提问、对信息进行概括、让接收者用自己的话复述信息等，综合评论可以使管理者了解接收者对信息的反应。此外，绩效评估、薪金核查、职务晋升等都是反馈的重要形式。

当然，反馈不一定以言语的方式表达。有时候，行动胜于语言。例如，当主管要求下属上交上月的业绩报告时，若有人未能按期上交报告，则意味着主管应该把自己的指令阐述得更清楚，使指令更有权威性。同样，课堂上，如果教师观察到学生的眼睛总是盯着智能手机看或有一部分学生总是在窃窃私语，则意味着他们没有接收教师的信息。

2. 简化用语

有效的沟通不但需要信息被接收，而且需要信息被理解。管理者应该组织语言和信息，使信息清晰、明确，易被接收者理解。此时，管理者不仅需要简化语言，也要考虑信息的受众，使所用的语言适合于接收者。简化语言或使用与受众一致的言语方式可增强沟通效果。

3. 积极倾听

“倾听”与“单纯地听别人说话”并不完全一致。倾听是对信息进行积极主动的搜寻，而单纯地听则是被动的。在倾听时，接收者和发送者双方都在思考。

做到倾听这一点很困难，且只有当个体有主动性时才会更有效。事实上，积极倾听比说话更容易令人疲劳，因为在倾听时要投入脑力，要集中全部注意力。多数人不习惯认真、积极地倾听别人陈述的全部内容，通常只对其中的部分内容感兴趣。

如何提高积极倾听的效果呢？这要保持耐心，倾听完整的信息，不过早地判断或解释，并培养对信息发送者的共情。不同的信息发送者在态度、兴趣、需求和期望等方面各不相同，共情容易使接收者更易于准确理解某一信息的真正内涵。一个共情的倾听者，并不急于对信息做出自己的判断，而是先认真聆听他人所说的话，避免过早的、不成熟的判断使接收到的信息失真，这有助于提高自身获得沟通信息完整意义的能力。

除了共情外，还有其他积极倾听的行为，如图 7-2 所示。

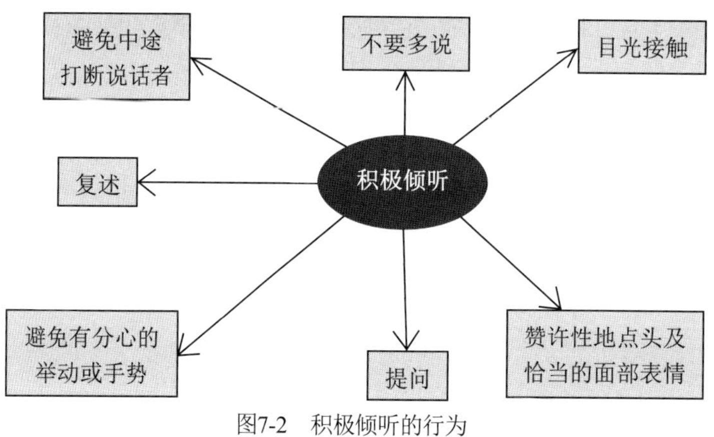

图7-2　积极倾听的行为

4. 控制情绪

通常，管理者难以做到以完全理性化的方式进行沟通。管理者的态度、情绪会使信息的传递受到严重影响。例如，管理者在失望、愤怒时，很可能会误解所接收的信息，进而难以清晰、准确地表述其他信息。此时，管理者需要暂停进一步的沟通，等到恢复平静后再进行。有效沟通的基础是沟通双方都控制自己的情绪，以端正的态度对待要沟通的问题。

5. 注意非语言提示

善用行动等非语言沟通，确保行为和语言相匹配，使行为起到强化语言的作用。优秀的管理者或沟通者非常注意自己的非语言提示，以保证准确地传达所要表达的信息。

此外，有效沟通的实现还有一些其他要求，包括：正确对待沟通，若不能正确地对待沟通，人们就会对小道消息感兴趣；创造信任的环境，没有信任就没有一致的立场；缩短信息传递链，拓宽沟通渠道；加强定期沟通，实现沟通的制度化；强化专事沟通，必要的时候可以成立特别委员会或非正式工作组来进行沟通；加强平行沟通。

❖ 案例导入 1

假如大家今年暑假有机会去三一集团挖机事业部某代理商处实习，市场部经理让你们两人一组，去离公司不远的中联重科挖机事业部代理商处拿取某款挖机的详尽资料，你会采用什么样的沟通方式，保证任务顺利完成？

❖ 案例导入2

小李是××汽车销售门店的销售顾问，看一下他是怎样来说服客户的！

客户：“×××这款车现在能优惠多少？”

小李：“王先生，一看您就是行家，您之前到别处去看过了，他们给您多少呢？”(试探客户心理价位。)

客户：“你不要管，你说一下你们的价格就好了。”(客户狡猾，不说。)

小李：“您看，您也来了三次了，开始我记得您是带着您的老婆来的，第二次是上周，您一个人来的，今天是第三次，对了，今天怎么没有带您老婆来呢？”(帮助客户回忆起当时的情景。)

客户：“今天她没空！”

小李：“哎呀，如果能和您老婆一起决定，该多好，是吧？” (给客户感觉小李很关心他夫人的感受。)

客户：“没关系，主要是我决定！”

小李：“那也行，您知道的，您喜欢的这款车是白色，白色要的人很多，前些天这个型号的白色都订光了，如果要白色，我们基本上优惠不了多少！”

客户：“什么，这个车没优惠？不可能，别人家都优惠 10 000 元了！”(为了证实自己的观点是对的，迫不及待地告诉对方的底线。因为我们不让步，客户就会急，会用他的筹码来换取让价，只要我们能挺住，在他报盘之后就有机会。当然有的客户很精明，不会说别人的底价或者听到我们这么说就走了。销售顾问要好好把握哦。)

小李： “不可能，您说的根本不可能，您可能看的是其他颜色，或者是库龄很高的。”

客户：“不会的，我看的就是白色。”(客户实际上在纳闷：“对了，我怎么没有问库龄呢？”有的客户也会反问：既然你说白色好卖，为什么还会有库存呢？销售顾问想一下应该如何应对。)

小李：“那就是库龄很高，您也知道现在车都没有前几年好卖了。很多商家的库存很多，库龄很高，但我们却卖得很好，因为您看我们都是五星级(或者四星级)零售商，不允许卖库龄久的车，到了一定的时间我们就会交给我们的二级经销商，我们这边肯定不卖的。您再看我们的销售顾问名誉榜，我们的销售顾问都是金牌服务明星，我们卖得好是因为我们的口碑好呀。”

客户：“卖车嘛，你们肯定要这样服务，现在都这样！”

小李：“那不一定，我们的售后服务每年都是五星级(或四星级)，每次服务比赛都名列前茅。不信，我带您到车间看一看！”

客户：“不用看了，你说可以优惠多少！我也不和你讨价还价了，优惠 13 000 元怎么样？”

小李：“13 000 元，我们从来就没有这么大的折扣，相信别家也给不了吧！而且我们的服务比他们好。”

客户：“怎么给不了，我是不想到他们那里买，我还是想在你们这里买。”(心动了，客户通常会用买的条件来换取让利，这样就使我们占据了主动的地位，因为这种地位可以再次降低客户的讨价还价能力。)

小李："这样，我就看在您诚心买的份上，我们这里的服务又比其他家好，我的权限是优惠6000元。"(这次的报盘不要太多。有些销售顾问觉得客户要13 000元，底线是10 000元，可能会以10 000元成交。但客户觉得报价与期望差不多，就会想13 000元有可能，那销售顾问就被动了。)

客户："这样吧，你爽快点，10 000元，说实话，我已经很让步了。"

小李："10 000元的优惠您可以买银色或者黑色，真的，您说的优惠力度白色肯定不行的。"(再次用颜色限定价格，目的是不让客户再次降低价格底线。)

客户："我们单位同事买的车都是白的，银色和黑色我不喜欢。"

小李："白色非常俏，要不白色怎么会只让6000元呢，您说对不对？"

客户："那你没有诚意就算了，我本来是打算买××的。"

小李："其实××也是款好车，但您也知道每款车的价值都不一样，相信××也非常适合您，对吗？"

客户："反正，你不给这个优惠就算了，别人家还等着我回复他呢！不信我当面给他打电话。"

小李："那您的加装和保险得在我们这里做，反正您也要买保险的。"(为了让客户相信这个价格我们吃亏，所以用保险和加装来给客户制造一个假象，但前提是保险和加装生意给我们做。而且当听到客户回盘可以成交时，千万不要爽快答应，因为这样他会觉得砍少了，会百般地找借口离开。往往精明的老板都是等客户要走了的时候，才答应给这个价，而且一脸的不情愿，嘴上还说着第一次卖这个价格呀、刚开张呀、不要告诉别人呀等。所以三问法里就有这招："不要告诉别人，只自己享受就行了，否则我们就亏大了。"其实这个价格老板愿意卖，只不过想让客户觉得爽而已。三问法里还有让客户接受我们的道歉等招数。)

客户："可以。"

小李："那您今天带卡了吗？"(开始运用价格谈判中的TMD法则。M：money)

客户："带了呀。"

小李："您今天就买吗？"(T：time)

客户："这个价格可以的话就买。"

小李："那您一个人决定就行了吗？不需要再问一下别人了吗？"(D：decision)

客户："不需要了。"

小李："那我们签个合同(合同上必须注明保险和加装是多少)，交5000元定金，我再拿进去给销售经理批准，要不然您这个价格我是做不了主的。"

客户："签吧！"(至此优惠10 000元成交，再到销售经理那儿去转一下。)

小李："恭喜您，王先生，这个价格可以把您的爱车开回去了。"

第三节 组织中的沟通

一、正式沟通和非正式沟通

从组织系统的角度加以区分，可以将组织沟通分为正式沟通和非正式沟通。通过组织明文规定的渠道进行的信息传递和交流是正式沟通。组织内部的文件传达、通知发布、工作布置、工作汇报、各种会议，以及组织与其他组织之间的公函往来都属于正式沟通。正式沟通的优点是信息通路规范，准确度较高，沟通效果好，且比较严肃，约束力强，易于保密，权威性大。但缺点是需要遵照既定的程序，靠组织系统层层传递，从而使得沟通成本相对较高，沟通速度较慢。因此，除了正式沟通外，还需要非正式沟通的补充。

非正式沟通是基于非正式组织成员之间的感情需求和互动动机而产生的，其沟通途径是超越了部门、单位和层级的组织内的各种非正式社会关系，包括单线式、流言式、随机式、集群式的沟通，如员工间的私人交谈、“流言”等都是非正式沟通。非正式沟通具有沟通形式灵活、信息传播速度快等优点，但也具有随意性、不可靠等缺点。

不过，由于非正式沟通不但会表露或反映人们的真实动机，也常常会提供组织无法预料的内外信息，因此，管理者都很重视非正式沟通，常采用私人会餐、非正式团体娱乐等方式，与员工接触并从中获取各种信息，以此作为改善管理或拟定政策的参考。

二、沟通信息的流向

根据信息流动的方向，可以将沟通分为上行沟通、下行沟通、横向沟通和斜向沟通。

(1) 上行沟通。

上行沟通是指由下级向上级传递信息，如员工向上级报告工作情况、提出自己的建议和意见、表述自己的态度等。组织应该保证上行沟通畅通无阻，因为只有这样上级才能及时掌握各种情况，做出符合实际的决策。但也有研究表明，上行沟通并不容易，甚至在逐层上报过程中内容会被逐层压缩，细节被一一删去，造成严重失真，有时候基层自下而上的信息即便到达了高层，通常也不会被重视或注意。

(2) 下行沟通。

下行沟通是指上级向下级传递信息，如组织的上级领导向下级发布通知、命令、指示及协调、评估下属等。实际上，任何一种从管理者流向下属人员的信息沟通，都可称为下行沟通。例如，管理者向员工阐明组织目标、将工作任务分派给员工、传达工作指示、向员工们颁发职务说明书、通告组织的政策和程序、提醒注意事项、评估并反馈员工业绩，都属于下行沟通。

下行沟通能够协调组织内各层级之间的关系，增强各层级之间的联系，对下级具有督导、指挥、协调和帮助等作用。但是，下行沟通易于形成一种“权力气氛”而影响士气，并且由于曲解、误解或搁置等因素，所传递的信息会逐步减少或被歪曲。

(3) 横向沟通。

横向沟通是指同级之间传递信息，如员工之间的交流、同一层级不同部门的沟通等。横向沟通一般具有业务协调性质，有助于相互了解，增进团结，强化协调，减少矛盾，改善人际关系。通常，组织内各部门之间发生冲突的重要原因之一是互不“通气”。显然，保持平行组织之间的畅通沟通，是减少部门冲突的重要措施。

(4) 斜向沟通。

斜向沟通是发生在跨工作部门和跨组织层次的员工之间的沟通。例如，情报部门主管就其掌握的产品市场、竞争对手和消费者问题直接与地区销售主管沟通的情形就是斜向沟通。沟通的两个人既不在同一部门，也不属于同一组织层级。在现代电子通信和互联网条件下，一个员工可以通过电子邮件、微信群、QQ 群等渠道与任何其他员工进行沟通，不论他们的工作部门和组织层次是否相同。

三、组织沟通的网络

组织沟通信息的纵向和横向流动集合而成的各种形态，称为沟通网络。链式、轮式和全通道式网络是 3 种常见的沟通网络类型。在链式网络中，沟通信息是按照正式的指挥链流动的，可以是上行的，也可以是下行的。轮式网络是在明确认定的强有力的领导者与工作小组或团队其他成员之间的沟通，该领导者位于所有沟通信息通道的中心。而在全通道式网络中，沟通的信息会在工作团队所有成员中自由地流动。

管理者选择哪种沟通网络取决于其沟通目标，没有一个沟通网络在任何情况下都是最好的。管理者选择沟通网络所依据的标准通常有速度、准确性、领导者的产生和成员满意度。其中，如果管理者更关注成员满意度，则选择全通道式网络最佳；如果关注领导者的产生，那选择轮式网络可能会更好；而如果关注信息沟通的准确性，则选择链式或轮式网络更好。

四、小道消息

小道消息是指通过非正式渠道传播的信息，在管理沟通中很常见。一项调查发现，63%的员工最初是通过谣言和闲言碎语的传播而得知重要消息的。

小道消息似乎总是与谣言相伴随，但小道消息并非总是负面的、消极的，它也有积极的、正面的意义。小道消息有助于管理者识别出员工普遍关注且感到疑惑的问题及由此产生的焦虑，既是信息的过滤器，也是一个信息反馈手段。

小道消息不可能杜绝。因此，管理者应当将之作为一个重要的信息网络加以“管理”。从管理者的立场看，对于小道消息网络传播的信息，管理者是能够做出分析的，如正在传播什么消息、按什么样的方式传播、谁是其中的关键人物等。通过掌握小道消息网络的信息流动及传播方式，管理者就能掌握员工们的关注点，并利用小道消息网络传播一些重要的消息。

通过小道消息网络传播的谣言也不可能完全清除。管理者应当做的是，通过限定其传播的范围和影响力度，尽量减少谣言的负面作用。此时，与员工进行开放、全面、开诚布公的沟通是非常必要的，特别是在所提议的或正在实施的决策或行动不受员工欢迎的情况下。

思考：

如果你对你的直接上级的工作安排不满意或存在抱怨，你会不会向公司高层领导反馈？

第四节 信息技术与沟通

如今，技术比以往任何时候更加迅速、全面地改变着人们的生活与工作方式，也给管理沟通带来了巨大而深刻的影响。例如，信息技术几乎影响了企业活动的每一个方面，管理者既要使他们的组织稳定地运行下去，同时又要持续地改进组织的运营活动，并保证组织在其自身和环境发生急剧变化时仍能保持应有的竞争力，这对管理者来说无疑是一个巨大的挑战。

虽然技术的变化会造成环境的不确定性，但技术的进步也对管理者协调员工的工作产生了促进作用，并使工作效率和效果得以提高。

一、信息技术如何影响管理沟通

技术(尤其是信息技术)从根本上改变了组织成员的沟通方式。一方面，信息技术和大数据技术极大地提高了管理者控制员工和团队绩效的能力，使员工可以快速获得做出决策所需要的更完整的信息，并为员工提供了更多的加强合作和共享信息的机会；另一方面，信息技术还使组织成员之间的联系更加方便，不论对方在什么地方、在做什么。

对管理沟通有着最重要影响的信息技术领域的两大新发展是计算机网络系统和无线通信技术。

1. 计算机网络系统

在计算机网络系统中，组织把组织内的计算机连接在一起，形成组织范围的计算机网络，如电子邮件、即时信息、音频邮件、传真、电子数据交换、电话会议等。这样，组织成员不论是在会议厅、城市里，还是在横跨全球的旅行中，都能进行相互沟通，得到相关信息。

(1) 电子邮件。电子邮件是通过联网的计算机发送书面信息的一种邮件瞬时传递方式。信息能够存储于接收者的计算机中，便于其随时阅读。电子邮件传递信息快速、便宜，而且能同时向多人发送同一信息。对组织成员来说，它是一种快捷、便利的实现信息共享和沟通的渠道。

(2) 即时信息。即时信息(instant messaging，IM)是一种能够在计算机网络使用者之间实现互动的实时沟通，QQ、Skype是常见的即时信息沟通方式。这种沟通方式最初在儿童和青少年中流行，因为他们要与朋友进行在线沟通。如今，即时信息沟通方式已进入工作场所。在即时信息沟通中，无论什么信息，都能在瞬间得到传递。

(3) 博客和维基。博客是管理者和员工常用的一种网络沟通媒介。它是一种网络杂志，通常围绕某一特定话题展开。一些公司员工会在网上发表与工作有关的官方或半官方的博客。另一种网络沟通媒介是维基，它允许任何人登录，并可以增加、删除或用其他方式编辑其中的内容。作为沟通媒介，维基便于员工进行合作，从事报告、联合攻关或其他创造性的工作。

(4) 微博和微信。微博是社交化媒体平台；微信是社会化沟通平台。微博和微信最核心的区别在于媒体和社交的侧重——微博的本质是媒体工具，同时有社交的功能；微信的本质是社交工具，同时有一些媒体的功能。据此，企业基因的观点认为，新浪的基因是网络媒体，而腾讯的基因是社交和聊天工具。

微博作为一个媒体工具，关系主要建立在兴趣上，关系质量较弱，多为单向传播，注重的是传播的速度和内容公开，在微博上，信息的传播速度较快、范围较广。微信作为一个社交工具，关系质量较强，多为双向关系，注重的是私人内容的交流和互动，信息的传播速度不快，但受众信息消化率很高。例如，读者将同样的内容分别发在微信和微博上，微信上得到的评论和回复要远远高于微博，可见微信是把人们生活中很多的强关系都转到了网络上(家人、同学、通讯录上的好友)，而微博上的关系还是更松散和单向一些，人们看到并接收了信息，但并不愿意花时间去评论和反馈，因为微博用户之间是一种单向的关系。此外，在情感沟通上，微博和微信还可以通过以下这段网络“幽怨”之言加以区别。

微博是一群陌路人天各一方却互相关注，渐成熟人；

微信是一群熟人聚在一起，渐成陌路。

微博是虚拟世界，上面的人原本不相识，唯有看文字，渐渐发觉志趣相投之处；

微信是现实世界，上面的人似乎都认识，也是通过看文字才发觉有些人其实压根儿就不认识，或者说不完全认识。

(5) 音频邮件。音频邮件系统是对声音进行数字化处理，使之能通过网络传递并储存在计算机中，便于接收者需要时使用。音频邮件使声音信息可以在接收者不在场的情况下得到传递。接收者还可以将信息储存起来以便将来使用，也可选择删除或转发。

(6) 传真。传真是通过传真机使包含文字和图表信息的文件通过普通的电话线得以传递。发送信息的传真机能够扫描有关资料并把它们数字化。接收信息的传真机能够读取这些经由扫描发过来的信息，并把它们复制出来。利用传真打印出来的信息，能够快速而快捷地在有关组织成员中进行传阅。

(7) 电子数据交换。电子数据交换是通过直接的计算机对计算机网络，使组织之间得以交换标准化的商务交易文件的方式，如发票、订货单的传递等。许多组织常常使用电子数据交换方式与供应商和客户沟通，节约了时间和费用。

(8) 电话会议。电话会议可以将过去必须聚集在同一场所开会的成员通过电话或电子群件通信软件在不同场所的同一时间开会。如果会议参加者能够通过电视屏幕看到对方，就称为可视会议。工作小组，无论规模大小，成员分布地域多广，都可运用通信网络工具实现工作的协同和信息的共享。

2. 无线通信技术

无线通信通过空气或太空传播信号，不需要借助微波信号、通信卫星、无线电波、无线电线或红外线等，甚至还可以通过 Wi-Fi (即信号覆盖区域，可以上网)进入无线网络。这些技术的使用使智能手机、笔记本电脑和其他小型通信设备成了管理者之间保持联系的一种全新方式。随着时间的推移，移动通信技术的用户数量也在持续增加，如今人们通过手机就可以进行发布信息，购物，订餐，支付，预订火车票、汽车票、船票和机票等操作。员工不必使用办公桌上的计算机，就可以与组织的其他成员进行沟通。信息领域的技术还处在进一步的发展中，未来我们将看到越来越多的组织成员运用无线通信技术实现合作和信息共享。

3. 对信息技术的警惕

信息技术的发展极大地改变了人们的交流、沟通方式。但是，信息技术的潜在隐患、危害或负面效应已经到了不得不治理的地步。小到骚扰、诈骗电话，大到环境污染问题，都可以被视为技术的负面影响。很多好莱坞科幻电影中，诸如人类成为智能机器人的俘虏等镜头，都是对技术进化速度远远超出大自然进化速度的一种警示。

试着问一问自己：在这个信息快速发展的时代，情感是否还像过去那样蓬勃饱满，是否易于被打动？是否已许久不知快乐为何物？到底是什么剥夺、压抑了一个人感知快乐的能力？是否越来越习惯于被信息技术带来的流行文化、快餐文化所裹挟，失去了对经典、对生命终极意义探寻的冲动？是否已不再抵抗世俗与粗鄙？理想是否已经被消费主义所消解、所稀释？

二、信息技术如何影响组织

组织中的员工，无论是以个人还是团队的方式工作，都需要信息，以便做出决策或做好工作。现代信息技术已经极大地影响了组织成员之间的沟通和信息共享，深刻地改变了人们的生活与开展工作的方式。沟通方式的改变也深刻地影响了组织的变革。

组织成员间的沟通和信息交换，已经不再受制于空间和时间。在地理位置分散个人或团队之间协同工作的努力，整个组织范围的信息共享和工作及决策的整合，这些都会随着信息技术的运用而获得明显改进，由此提高组织的效率和效果。

不过，我们还要意识到，信息技术使我们的生活和工作变得更方便的同时，似乎也在支配、控制着我们的生活与工作，人类似乎正在逐渐被信息技术所奴役。一方面，信息技术所产生的经济效益是显著的；但另一方面，它所带来的心理方面的压力也是不可忽视的。例如，不断有人联络的员工要付出多大的心理代价？在下班的时间还要上网，接受工作指派，随时被追踪，这是否增大了员工的压力？将工作和生活区分开，对组织的员工来说，有多大意义？这些问题并没有明确的答案，这些问题也是管理者未来不得不面对的课题。

本章提要

1. 沟通是意义的传递与理解，其重要性在于管理者所做的每一项工作(如决策、计划、组织、领导、激励、控制及其他所有管理活动)都需要进行信息沟通。

2. 沟通过程始于有信息需要传递的沟通信息源(发送者)，然后信息被转化为信号形式(编码)并通过通道传递给接收者，接收者再将信息解码。为了保证信息的准确性，接收者应向发送者提供反馈以检查自己是否理解了所接收的信息。

3. 克服沟通障碍的技术包括反馈、简化用语、积极倾听、控制情绪、注意非语言提示。

4. 与积极倾听有关的行为有：目光接触、赞许性地点头和恰当的面部表情、避免有分心的举动或手势、提问、复述、避免中途打断说话者、不要过多说话、使说者与听者的角色顺利转换。

5. 有效沟通的实现，要求管理者：正确对待沟通；培养听的艺术；创造信任的环境；缩短信息传递链，拓宽沟通渠道；加强定期沟通，实现沟通的制度化；强化专事沟通；加强平行沟通。

案例分析

❖ 案例 7-1 | 我与总经理的一次错误交流

2006 年 12 月，作为分管公司生产经营副总经理的我，得知一个较大工程项目即将进行招标，由于以电话的形式向总经理进行简单汇报后没有得到明确答复，我误以为总经理默认了我的想法。在情急之下我便组织业务小组投入时间和经费跟踪该项目，最终因准备不充分而使项目投标失败。事后，在总经理办公会上陈述有关情况时，总经理认为我“汇报不详，擅自决策，组织资源运用不当”，并当着各部门人员的面给予我严厉批评，我反驳认为“已经汇报、领导重视不够、故意刁难，是逃避责任所致”。双方信息传递、角色定位、有效沟通、团队配合、认知角度等存在意见分歧，致使企业内部人际关系紧张、工作被动，恶性循环，公司业务难以稳定发展。

资料来源：管理沟通案例分析. 原创力文档[EB/OL]. https://max.book118.com/. 作者有删改

基于沟通的有效性，试分析：

(1) 你认为“我”和总经理的错误交流责任在谁？请说明理由。

(2) 你认为应该如何改进“我”和总经理之间的交流？

(3) 以上面的案例来说，“信息发送者决定沟通质量”这句话是否正确？为什么？

❖ 案例 7-2 | 一字之差的服务

某航空公司收到投诉，因为该航空公司的一位主要客户因舱位已满无法升舱而感到愤怒。该航空公司决定为其提供一流的餐点以平息他的不满。

于是热心的空姐对客户说：“先生，很抱歉没能满足您的升舱要求，头等舱剩下的餐点我们提供给您，您看可以吗？”

没想到客户听后十分生气，原因是空姐的话让他感到很不爽。

思考：

想一想，如果空姐说给客户特意留了一份特别的头等舱餐，结果会不会完全不一样？谈一谈你通过这个案例得到的管理启示。

思考与练习

一、单项选择题

1. 组织成员的满足程度最高的信息沟通方式是(　　)。

A. 链式沟通　　B. 环式沟通

C. 轮式沟通　　D. 全通道式沟通

2. 如果发现一个组织中小道消息很多，而正式渠道的消息较少，这意味着该组织(　　)。

A. 非正式沟通渠道中信息传递很通畅，运作良好

B. 正式沟通渠道中信息传递存在问题，需要调整

C. 其中有部分人特别喜欢在背后议论，传递小道消息

D. 充分运用了非正式沟通渠道的作用，促进了信息的传递

3. 人际沟通中会受到各种“噪声干扰”，这里所指的“噪声干扰”可能来自(　　)。

A. 沟通的全过程　　B. 信息传递过程

C. 信息解码过程　　D. 信息编码过程

4. 在(　　)领导方式下，组织沟通通常以下行沟通为主。

A. 独裁式　　B. 民主式

C. 放任式　　D. 组织沟通方式实际上与领导方式无关

5. 下述关于对信息沟通的认识，错误的是(　　)。

A. 信息传递过程中所经过的层次越多，信息的失真度就越大

B. 信息量越多，就越有利于进行有效的沟通

C. 善于倾听能够有效改善沟通效果

D. 信息的发送者和接收者在地位上的差异也是一种沟通障碍

6. 在组织运作中，纵向层次设置越多，信息沟通的障碍就越大。这种障碍来源于(　　)。

A. 信息选择中的过滤现象　　B. 信息传递的速度过慢

C. 信息接收者的理解现象偏误　　D. 以上各种情况都存在

7. 随着互联网技术的发展，许多组织通过QQ群、微信群等发布信息，进行内部沟通。这种沟通方式发生沟通障碍的最大可能性是在沟通过程的(　　)。

A. 编码环节　　B. 信息传递环节

C. 接收环节　　D. 环式沟通网络

二、名词解释

沟通　　噪声　　小道消息

三、简答题

1. 为什么有效的沟通并不是达成一致意见的同义词?
2. 正确表述与积极倾听，哪个对管理者更重要？为什么?
3. 如何使用积极倾听的技能提高人际交往能力?
4. “低效的沟通是由信息的发送者造成的”。你同意这种说法吗？为什么?
5. 管理者如何使小道消息传播方式为己所用?
6. 信息技术会使管理变得更有效吗？请阐述你的观点。

四、应用分析题

1. 当你与同学或朋友进行沟通时，你常用哪些非语言沟通方式?
2. 结合自己与同寝室同学交往的实际生活，解释如何消除有效沟通的障碍。
3. 在大学军训过程中，哪种沟通方法是你和教官之间最常使用的?
4. 结合沟通理论，审视自己是否是一个好听众，并谈一谈如何提升自己的交往技能。
5. 有人说，矩阵式组织结构能够比较好地解决沟通不畅问题。请阐述你对这个认识的看法。

第八章　激　　励

知识目标

1. 能够说明激励的过程
2. 能够解释需要层次理论
3. 能够区分 X 理论、Y 理论和超 Y 理论
4. 能够解释激励—保健理论中激励因素的含义
5. 能够叙述公平理论中激励的含义

能力目标

1. 识别高成就需要者寻求工作的特点
2. 说明目标如何激励员工
3. 指出强化理论与目标设定理论之间的差异
4. 解释期望理论中的 3 种主要联系

素质目标

1. 观察在管理实践中哪些具体措施能够更有效地激励员工
2. 描述你期待自己如何被激励

第一节　动机与激励

Today Can Be The Best Day of Your Life 一书中描述了这样一则故事。

一所医院的儿科大楼内，游戏康复治疗课程出现了难题。因为孩子用颜料和泥胶时总是会弄脏地板，这惹怒了工友。一天，护士长看着年迈的工友弯着腰，吃力地刷着地板时，忽然发觉自己明白这个刷了多年地板的老工友的感受，但她同时晓得他也该把某些思想刷进心里。她耐心地向这个老工友解释，这些游戏其实不是孩子无聊的耍戏，而是能帮助他们康复的活动。之后，每当这个工友把掉到地板上的颜料和泥胶刷去时，都感到很自豪，因为他也参与了游戏治疗的课程，为孩子们的康复出了一份力。

这是一个涉及激励概念的有趣的故事。若要掌握激励理论，就需要先掌握“动机”的概念，两者密切相关。动机用来说明人采取行为的原因，是个体通过高水平的努力而实现组织目标的愿望，而这种努力又能满足个体的某些需要。

在动机的定义中有 3 个关键要素：努力、组织目标和需要。努力是强度或内驱力指标。当某人被激励时，他会更勤奋地工作。但是，如果这种努力与组织的方向不一致，则高努力水平并不一定就会产生令人满意的工作绩效。因此，考虑努力强度的同时，还要考虑努力质量，与组织目标保持一致的努力才是可取的。此外，动机可以看作是需要获得满足的过程(见图 8-1)。这种需要是指一种内部状态，它使某种结果具有吸引力。当需要未被满足时就会产生紧张感，进而激发了个体的内驱力，这种内驱力将导致某种寻求特定目标的行为。如果最终目标实现，则需要得以满足，紧张得以消除；如果目标未实现、需要未被满足，则可能会自我调适，也可能会导致紧张加剧。

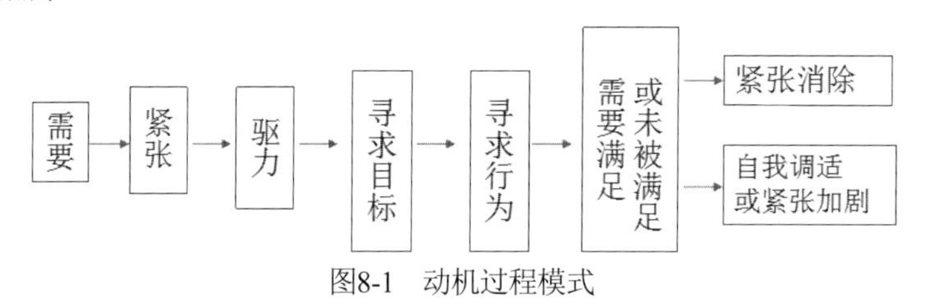

图8-1 动机过程模式

当被激励的员工处于紧张状态时，为了缓解这种紧张，他们会朝着组织的目标努力工作，紧张程度越大，努力程度越高。如果这种努力能够成功地使个体需要得到满足，个体将解除紧张状态。特别需要注意，在动机的定义中强调了个体的需要必须与组织目标相一致，如果不一致，个体产生与组织利益背道而驰的努力行为，则对组织毫无价值。

此外，动机是个人与环境相互作用的结果。因为有一些欲望和需求是由环境刺激引发的，例如，攀比心理可能本来并不是必要的需求，但在环境刺激下触发了动机的产生。当然，人和人之间在动机上差异很大，但动机通常是随环境条件的变化而变化的。因此，动机水平不仅因人而异，而且对于同一个人来说还因时而异。基于对动机内涵的描述，可以总结出以下几个关键知识点。

其一，动机的来源是人的内在需要，需要是人对某种目标的渴求、欲望，当人的需求未得到满足时，他会有采取行动的动机。

其二，动机的形成是人与环境互动的结果，因此动机水平不仅因人而异，而且因时而异，可以用一条“需求→意向→愿望+诱因=动机→行为”的线索来表示。

其三，动机具有内隐性、个性化(高度不同)、目标性(需求的满足)等特点。

其四，动机的功能是唤起、维持、强化人的行为。

基于对动机的认识，学术界发展出了许多激励理论，这些激励理论可以划分为以下 3 种类型。

(1) 内容型激励理论，包括需要层次理论、双因素理论、激励需求理论、阿尔德弗需要理论等。

(2) 过程型激励理论，包括目标设定理论、公平理论、期望理论等。

(3) 行为改造型激励理论，如强化理论、归因理论等。

需要指出的是，尽管我们可以对各种激励理论进行区分，但不能孤立地看待它们，因为许多激励理论的观点都是相互补充的，只有将各种理论融会贯通，才能更好地激励个体。

第二节 内容型激励理论

20 世纪 50 年代是激励理论发展的黄金时代，在这一时期出现了 3 种重要的理论观点：需要层次理论；X、Y 理论；激励—保健理论。尽管这些理论在当时受到了诸多批评，其有效性至今仍受到质疑，但它们是后来理论发展的基础，至今依然在激励员工方面有重要意义。

一、需要层次理论

有一首名为《解人颐》的诗，嘲讽人的贪得无厌，比较契合需要层次理论的情境。

终日奔波只为饥，方才一饱便思衣。
衣食两般皆俱足，又想娇容美貌妻。
娶得美妻生下子，恨无田地少根基。
买到田园多广阔，出入无船少马骑。
槽头扣了骡和马，叹无官职被人欺。
县丞主簿还嫌小，又要朝中挂紫衣。
做了皇帝求仙术，更想登天跨鹤飞。
若要世人心里足，除是南柯一梦西。

这篇描述人类欲望无止境的七言韵文白话诗，以俚语俗谚的方式把人的欲望、需求及其层次点评得淋漓尽致，揭示了人类欲望无穷、欲壑难填的心理状态，与下文所要探讨的需要层次理论相契合。

早期的激励理论中，最著名的当属亚伯拉罕·马斯洛(Abraham Harold Maslow)的需要层次理论。马斯洛认为每个人都有5个层次的需要，具体如下。

(1) 生理需要，如食物、水、穿衣、住所、性满足、睡眠及其他方面的生理需要。

(2) 安全需要，指在保证生理需要得到持续满足的同时，保护自己免受身体和情感伤害的需要，包括健康、安全感、社会保障等。

(3) 社会需要，即社交需求，包括友谊、爱情、归属、家庭及被接纳等方面的需要，是爱与被爱的情感归属需要。

(4) 尊重需要，这一需要包括自尊、自主和成就感等在内的内部尊重因素，以及地位、认可和关注等外部尊重因素。

(5) 自我实现需要，包括成长与发展、发挥自身潜能、实现理想的需要。这是一种追求个人能力极限的内驱力。

其中，生理需要与安全需要是较低级的需要，而社会需要、尊重需要与自我实现需要属于较高级的需要。高级需要是从内部使人得到满足，而低级需要则是从外部使人得到满足。并且，马斯洛认为，只有低层次的需要得到满足后，才会激活另一种更高层次的需要；一旦某个层次的需要得到了实质的满足，它就不再具有激励作用了。如图8-2所示，个体的需要是逐级上升的。从激励的角度来看，没有一种需要会得到完全满足，但只要其得到部分的满足，个体就会转向追求其他方面的需要。按照马斯洛的观点，如果希望激励某人，就必须了解此人目前所处的需要层次，然后着重满足其在这一层次或在此层次之上的需要。

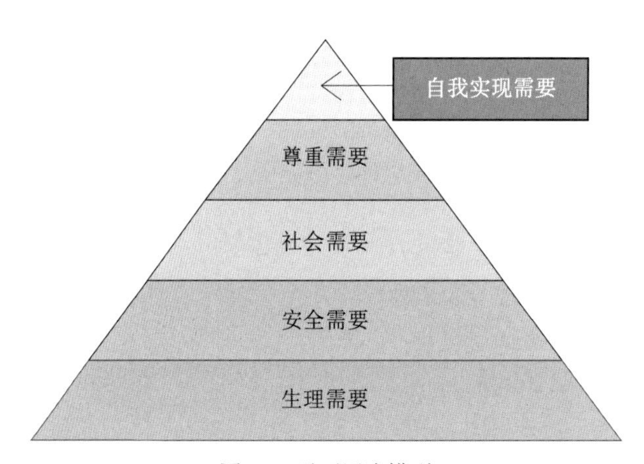

图8-2　需要层次模型

马斯洛的理论能够得到普遍认可，主要归功于该理论简单明了、易于理解，具有内在的逻辑性。但是，马斯洛的理论并没有更多的验证性支持，缺乏实证基础，许多学者也对需要层次理论提出了质疑，如在较高层次上，需要的迫切程度是因人而异的。

二、X理论、Y理论和超Y理论

1. X理论和Y理论

道格拉斯·麦格雷戈(Douglas McGregor)提出了有关人性的两种截然不同的观点：一种是基本上消极的 X 理论；另一种是基本上积极的 Y 理论。麦格雷戈发现，管理者对于人性的观点常常基于一些假设，并依据这些假设来塑造他们自己对下属的行为方式。

其中，X 理论有 4 种假设基础：①员工天生好逸恶劳，并尽可能地逃避工作；②员工厌恶劳动，因此必须采取强制或惩戒措施迫使员工努力工作，实现组织的目标；③员工比较安于现状，尽可能地逃避责任；④大多数员工没什么雄心壮志。

与消极的人性观点相反的是 Y 理论的基本假设：①员工视工作如休息、娱乐般自然；②如果员工对某项工作做出承诺，就会进行自我指导和自我控制，以完成任务；③每个人不仅能够承担责任，而且会主动寻求责任；④除了管理者，其他绝大多数人也都具备做出正确决策的能力。

对照马斯洛的需要层次理论，X 理论假设较低层次的需要支配着个人的行为，而 Y 理论假设较高层次的需要支配着个人的行为。麦格雷戈认为，Y 理论的假设相比 X 理论更具有现实性，因此他建议让员工参与决策，为员工提供富有挑战性和责任感的工作，建立良好的群体关系，以调动员工的工作积极性。不过，并没有充分的证据证实哪种假设更为有效，也没有充分的证据证明基于 Y 理论假设的管理行为能更有效地调动员工的积极性。在现实生活中，确实也有很多采用 X 理论而卓有成效的管理案例。

2. 超Y理论

除了麦格雷戈的 X 理论和 Y 理论外，学术界还发展了一种超 Y 理论。超 Y 理论实际上是权变理论的代表，是 1970 年由美国管理心理学家约翰·莫尔斯(John J. Morse)和杰伊·洛希(Jay W. Lorscn)根据“复杂人”的假定，提出的一种新的管理理论。它主要见于 1970 年《哈佛商业评论》杂志上发表的《超 Y 理论》一文和 1974 年出版的《组织及其他成员：权变法》一书中。该理论认为，没有什么一成不变的、普遍适用的最佳管理方式，必须根据组织内外环境自变量和管理思想及管理技术等因变量之间的函数关系，灵活地采取相应的管理措施，管理方式要适合于工作性质、成员素质等。

超 Y 理论在对 X 理论和 Y 理论进行实验分析比较后，提出了一种既结合了 X 理论和 Y 理论，又不同于 X 理论和 Y 理论的主张权宜应变的管理理论。实质上是要求将工作、组织、个人、环境等因素做最佳的配合，其基本观点如下。

(1) 人们带着许多不同的需要和动机加入组织，但最主要的是实现其胜任感。

(2) 由于不同的人对于胜任感的需求和满足方式不同，因此在管理中需要采取不同的方法和策略。有人适用 X 理论管理方式，有人适用 Y 理论管理方式。

(3) 组织结构、管理层次、职工培训、工作分配、工资报酬和控制水平等都要随着工作性质、工作目标及人员素质等因素而定，这样才能提高绩效。

(4) 当一个目标达成后，就会产生新的更高的目标，然后进行新的组合，以提高工作效率。

超 Y 理论很受西方一些管理学者的推崇，他们对此评价很高。但该理论含有辩证法的因素，强调特殊性而忽视普遍性规律，难以形成一种可“证伪”的科学理论。

三、激励—保健理论

美国心理学家弗雷德里克 • 赫茨伯格(Frederick Herzberg)提出的激励—保健理论，又称为双因素理论。该理论认为，个人与工作的关系是一个最基本的方面，而个人对工作的态度在很大程度上决定着任务的成功与失败。双因素理论是建立在赫茨伯格对“人们希望从工作中得到什么？”的员工调查基础上，该调查要求被调查者在具体情境下详细描述他们认为工作中特别好或特别差的方面。赫茨伯格发现，对工作感到满意的员工和对工作感到不满意的员工的回答十分不同。一些内在因素(如成就、承认、责任)与工作满意相关。当对工作感到满意时，员工倾向于将这些因素归因于他们本身；而当他们感到不满意时，则常常抱怨外部因素，如公司的政策、管理和监督、人际关系、工作条件等。

基于调查结果，赫茨伯格指出，满意的对立面并不是不满意，因为消除了工作中的不满意因素并不一定能使工作结果令人满意。与传统的观点不同，赫茨伯格提出：满意的对立面是没有满意，而非不满意；同样，不满意的对立面是没有不满意，而非满意。

按照赫茨伯格的观点，导致工作满意的因素与导致工作不满意的因素是有区别的。一方面，管理者消除了工作中的不满意因素只能安抚员工，而不能激励员工。赫茨伯格称这些导致工作不满意感的因素为保健因素，如组织政策、监督方式、工作条件、人际关系、报酬、地位、职业稳定、个人生活需要等。当这些保健因素得到充分改善时，员工就没有了不满意感，但也并不意味着感到满意。换言之，保健因素的改善只能消除工作中的不满情绪，而不能激发员工的工作热情，不能从根本上激励员工。另一方面，赫茨伯格认为，要激励员工努力工作，必须注意激励因素，这些因素的改善会增加员工的工作满意感，常见的有成就、赏识(认可)、艰巨的工作任务、晋升、成长、责任感等。换言之，管理者只有改善激励因素，才能调动员工的工作积极性，激发其工作热情，进而从根本上激励员工。

总而言之，实际工作中存在保健因素和激励因素这两类不同的因素，它们对激发员工的工作热情，提高工作效率起着不同的作用。不过，激励—保健理论在学术界同样存在着争议，包括：人们容易把满意的原因归因于他们自己，而把不满意的原因归因于外部因素，并且，在调查时评估者需要进行解释，这难免使调查结果掺杂偏见；缺乏普遍适用的满意度评价标准，因为一个人可能不喜欢工作的一部分，但他可能整体上认可这份工作；该理论忽视了情境变量；该理论只考察了满意度，而没有涉及生产率，满意度与生产率是密切相关的。

四、激励需求理论

激励需求理论，又称为3种需要理论或后天需要理论，是由美国哈佛大学社会心理学家大卫•麦克莱兰(David McClelland)等人提出来的，他们认为个体在工作情境中有3种主要的动机或需要，分别如下。

(1) 成就需要，即达到标准、追求卓越、争取成功的需要。

(2) 权力需要，即影响或控制他人且不受他人控制的欲望。

(3) 归属需要，即建立友好亲密的人际关系的愿望。

首先，成就需要是指一些人要将事情做得更完美、使工作更有效率，以获得更大的成功的强烈内驱力，但其追求的是个人成就感而不是成功之后的奖励。成就需要可以通过后天培养、训练而获得，因此后天的经历对有成就需要的人很重要。一般地，主管人员的成就需要比较强烈。一个组织的成败，取决于其拥有的高成就需要的人数。

高成就需要者喜欢能独立负责、可以获得信息反馈和中度冒险的工作环境，喜欢设立具有适度挑战性的目标。在这种环境下，他们可以被高度激励。但是，高成就需要者并非赌徒，他们不愿意碰运气或受他人的左右，而是愿意接受挑战，并能承担失败的责任。

另外，高成就需要者不喜欢接受在他们看来特别容易或特别困难的工作任务。通常，高成就需要者对于自己感到成败机会各半的工作，表现得最为出色。对他们而言，当成败可能性均等时，才是能从自身的奋斗中体验成功的喜悦与满足的最佳机会。

不过，高成就需要者未必就是一个优秀的管理者，因为高成就需要者只关注自己的成就，而优秀的管理者，应该重视的是帮助他人实现自己的目标。

其次，权力需要是指影响和控制别人的一种愿望或驱动力，是一种左右他人按某种方式行为的需要。高权力需要者喜欢“承担责任”，喜欢竞争性和地位取向的工作环境。

最后，归属需要是寻求被他人喜爱、接纳并期待建立友好的、亲密的人际关系的一种愿望。高归属需要者渴望友谊，喜欢合作而不是竞争的环境，希望彼此之间能够相互沟通与理解。

对于权力需要和归属需要，麦克莱兰认为，归属需要与权力需要和管理的成功密切相关；优秀的管理者是权力需要很高而归属需要很低的人。

五、阿尔德弗需要理论

阿尔德弗需要理论又称为ERG理论，是美国耶鲁大学心理学家克雷顿•阿尔德弗(Clayton P. Alderfer)通过对工人进行大量的调查和研究之后提出的激励理论。他认为一个人的需要分为生存、相互关系和成长3种。

(1) 生存的需要，是人最基本的、衣食住行等方面的物质需要。

(2) 相互关系的需要，是指个人在工作环境中与他人之间的人际关系。

(3) 成长的需要，是指个人在事业上、前途方面的发展。

阿尔德弗认为，某个层次的需要得到的满足越少，则这种需要越为人所渴求；较低级的需要得到的满足越多，对较高级的需要渴求就越强；较高级的需要越是满足得少，则对较低级的需要的渴求越强。这些理论成为激励的重要指导原则。

第三节　过程型激励理论

一、目标设定理论

有关目标管理(MBO)的讨论为下面这一观点提供了充分的论据：具有一定难度且具体的目标，一旦被接受，将会比容易的诸如“尽力而为”等泛泛的目标更能激发高水平的工作绩效。这种主张称为目标设定理论，由美国马里兰大学管理学兼心理学教授爱德温•洛克(Edwin A. Locke)提出。

具体来说，该理论认为，目标本身就具有激励作用，目标能把人的需要转变为动机，使人们的行为朝着一定的方向努力，并将自己的行为结果与既定的目标相对照，及时进行调整和修正，从而实现目标。另外，对于目标激励，当管理者意识到员工在接受比较困难的工作会遇到阻力时，让员工参与目标的设定是必要的、恰当的。

但目标设定理论的有效性，要受到以下 3 个权变因素的影响。

(1) 目标承诺。假定个体既不会降低目标也不会放弃目标。一般地，当目标是公开的、个体是内控类型的、目标是自我设定而不是分派而来的时候，这个假设容易成立。

(2) 自我效能感。即个体对于自己能否完成任务的信念。一般来说，自我效能感水平越高，个体越相信自己能够成功完成任务。

(3) 民族文化。目标设定理论受到民族文化的限制。目标设定理论的主要思想脉络与北美文化相一致，人们一旦确定并接受目标，就会坚定信念，不轻易改变，此时目标设定理论比较有效。但在其他与北美不一致的文化里，目标设定不一定会提高绩效。

基于目标激励的基本思想、影响因素，可以通过图 8-3 来揭示目标设定理论的激励过程。

需要提出的问题是，激励需求理论认为激发成就动机的是中度的具有挑战性的目标，而目标设定理论则认为设定具有一定难度的目标将产生更大的激励作用，这两种说法矛盾吗？其实不矛盾，原因有两方面：一是目标设定理论是针对一般大众的、基层的员工，而成就动机的结论是基于高成就需要者(如主管)而言的，换言之，大多数人更容易接受目标设定理论；二是目标设定理论适用于承诺并接受工作目标的人，也就是具有一定难度的目标只有被人们所接纳，才会产生更高的工作绩效。

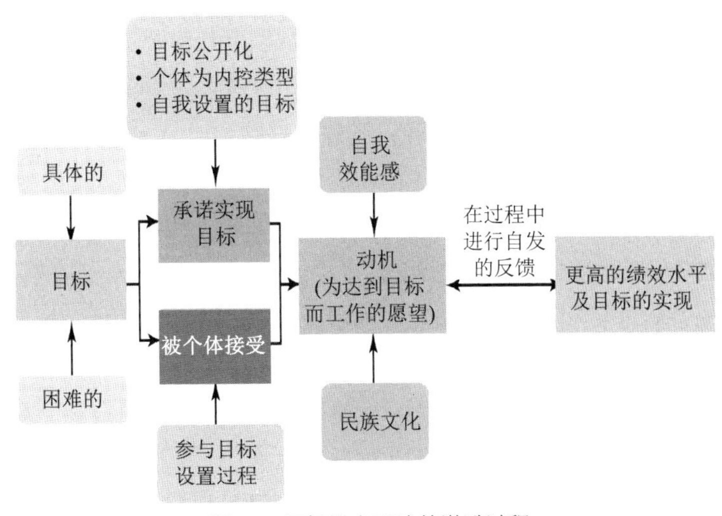

图8-3 目标设定理论的激励过程

二、公平理论

在一个共同的工作环境中，员工之间进行贡献与薪酬的比较是一种极为正常的现象。事实表明，员工经常将自己的付出与所得和他人进行比较。假如比较的结果是自己与他人具有较大差距，由此产生的不公平感将影响此人以后付出的努力。对于雇员来说，有时候，一个人的工作努力程度并不完全由其得到的绝对收入决定，它还受与他人相比较后的相对收入及该雇员公平观念的影响。

公平理论由美国心理学家约翰•斯塔西•亚当斯(John Stacey Adams)提出。该理论认为员工首先把自己在工作情境中得到的结果(也就是所得，如薪金、晋升、认可等)与自己的努力(即付出，如努力程度、工作经验、教育程度及能力水平等)进行比较，然后再将自己的“所得—付出比”与相关他人(即参照对象)的“所得—付出比”进行比较。如果员工感觉到自己的比率与他人相同，则认为是公平状态；如果感到两者的比率不相同，则产生不公平感，也就是说，他们会认为自己的收入过低或过高。这种不公平感会让员工产生紧张感，这种紧张感又会成为他们追求公平和平等的动机的基础。

在公平理论中，员工所选择的与自己进行比较的参照对象分为3类：“他人”“制度”和“自我”。其中，“他人”是从事类似工作的其他个体，包括同一组织的其他个体，也包括朋友、邻居及同行。员工通过口头、报纸、杂志及小道消息等渠道可以获得有关工资标准、劳工合同等方面的信息，并在此基础上将自己的收入与他人进行比较。“制度”是指组织的薪酬政策与程序，以及这些制度的运作与管理。组织层面上的工资分配、报酬政策，不仅包括明文规定的，还包括一些隐含的不成文的规定、惯例。“自我”指的是员工自己在工作中付出与所得的比率。它反映了员工个人的过去经历及交往活动，受到员工过去的工作标准及家庭负担程度的影响。

基于公平理论，当员工感到不公平时，可能会采取以下几种做法：①曲解自己或他人的付出或所得；②采取某种行为使得他人的付出或所得发生改变；③采取某种行为改变自己的付出或所得；④选择另外一个参照对象进行比较；⑤辞去工作。

大量研究证实了公平理论的观点：员工的积极性不仅受其绝对收入的影响，而且受其相对收入的影响。一旦员工感到不公平，他们就会采取行动纠正这种情况，其结果可能会降低或提高生产率，改善或降低产出质量，提高或降低缺勤率或自动离职率。该理论带给管理的启示是，公平性可能不容易被管理者觉察，如果员工要求增加工资，则说明组织对员工仍有吸引力；而如果离职率上升，则意味着员工已经有了强烈的不公平感。

当然，公平理论同样也存在一定的问题。公平与否，在很多方面来自于人们的主观判断，例如，员工如何界定和衡量其付出与所得？更何况，人具有一种倾向性：高估计自己的付出，低估计自己的收入。这时，采用公平理论对员工进行激励，将会对管理者产生较大的压力。

三、期望理论

维克托•弗鲁姆(Victor Vroom)的期望理论是一种影响力甚广的激励理论。期望理论认为，当人们预期某种行为能带给个体某种特定的结果，而且这种结果对个体具有吸引力时，个体就倾向于采取这种行为。

1. 期望理论的简化模式

期望理论包括以下 3 项变量或 3 种联系。

(1) 期望(努力—绩效的联系)。个体感觉到通过一定程度的努力可以达到某种工作绩效的可能性。

(2) 手段(绩效—奖赏的联系)。个体对于达到一定工作绩效后即可获得某种理想的奖赏结果的信任程度。

(3) 效价(吸引力)。如果工作完成，个体所获得的潜在结果或奖赏对个体的重要性程度，与个人的目标和需要有关。

上述内容可以转化为以下几个问题：我必须付出多大努力才能实现某一工作绩效水平？我真的能达到这一绩效水平吗？当我达到这一绩效水平后会得到什么奖赏？这种奖赏对我有多大吸引力？它是否有助于我实现自己的奋斗目标？

总之，员工是否愿意从事某种工作，取决于个体的具体目标及员工对工作绩效能否实现这一目标的认识。或者说，一个人从事工作的动机强度取决于他认为自己能够实现理想的工作绩效的信念程度。期望理论的简化模式如图 8-4 所示。

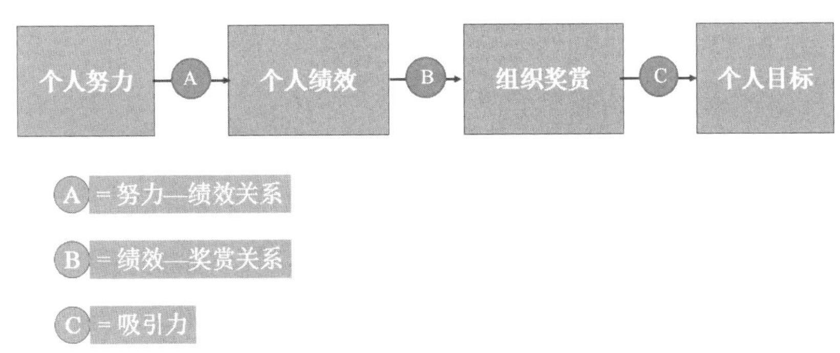

图8-4 期望理论的简化模式

2. 期望理论的运行步骤

(1) 员工预计工作能达到什么样的结果？这些结果是员工感知到的结果(无论其感知是否正确)，可以是积极的，如工资、人身安全、友谊、信任、额外福利、发挥自身潜能或才干的机会等；也可以是消极的，如疲劳、厌倦、挫折、焦虑、不自由、失业威胁等。

(2) 这些结果对员工的吸引力有多大？其评价是积极的、消极的还是中性的？这与员工的态度、个性及需要有关。如果员工发现某一结果对他有特别的吸引力(即他的评价是积极的)，那么他将努力实现它，而不是放弃工作。相反，如果他的评价是消极的，就可能会放弃工作。

(3) 为达到这一结果，员工需采取什么样的行动？只有员工清楚、明确地知道为达到这一结果必须做些什么时，结果才会对员工的工作绩效产生影响。

(4) 员工是怎样看待这次工作机会的？也就是，在衡量了自己的各项能力后，他认为完成工作的可能性有多大？

通过大学生上课的例子可以很好地解释期望理论的运行步骤。大多数学生可能会问老师这些问题：课程要求我们做些什么？考试和作业的内容是什么？应该何时完成？平时作业和期末考试的成绩占总成绩的比重有多大？同时他们自己还要考虑：我需要付出多少努力能获得这门功课的学分？我是否想得高分(拿奖学金、保送读研究生或找份好工作)？为了得高分我该付出多少努力？只有当学生重视分数，知道如何做能得到理想分数，并且获得好成绩的可能性较大时，学生才会被激励，从而努力学习。

3. 期望理论对管理的启示

(1) 期望理论强调报酬和奖赏，且组织给个体提供的奖赏正是他们所需要的，即组织的奖赏应与个体的需要保持一致。

(2) 期望理论的基础是自我利益，即组织应该意识到每位员工都在寻求获得最大的个人利益或满足感。

(3) 期望理论的核心是双向期望，即管理者期望员工的行为，员工期望管理者的奖赏。

(4) 期望理论注重被期望的行为，其关键在于正确识别个人目标并判断 3 种联系。

(5) 期望理论关心的是知觉，而与实际情况不相关。个体对工作绩效、奖赏、目标满足的知觉决定了他们的努力程度，而不是客观情况本身，因此组织应创造这种知觉环境。

总之，管理者必须尽力发现员工在能力方面与工作需求之间的对称性，从而帮助员工实现目标。

第四节　行为改造型激励理论

一、强化理论

强化理论是美国哈佛大学心理学家伯尔赫斯·弗雷德里克·斯金纳(Burrhus Frederic Skinner)等人提出的，也称为操作条件反射理论、行为修正理论。强化是指加强或削弱人的行为的一种刺激，也就是通过不断改变环境的刺激因素，来达到改变某种行为的目的。强化理论是研究行为的结果对动机影响的理论。该理论认为，人的行为是由外部因素控制的，行为的原因来自外部，控制行为的因素称为强化物。强化物是在行为结果之后紧接着的一个反应，它提高了该行为重复的可能性。换言之，当人们因采取某种理想行为而受到奖励时，他们最有可能重复这种行为；当这种奖励紧跟在理想行为之后，则奖励最为有效；而当某种行为没有受到奖励或者受到惩罚时，其重复的可能性则非常小。

强化可以分为正强化、负强化、惩罚、消失 4 种类型。

(1) 正强化。正强化又称为积极强化，就是奖励那些组织需要的行为，从而加强这种行为。当员工采取某种行为时，能从组织那里得到某种令其感到愉快的结果，这种结果反过来又成为推进员工趋向或重复此种行为的力量。或者说，正强化是指个体做出某种行为或反应，随后或同时得到某种奖励，从而使行为或反应强度、概率或速度增加的过程。

例如，组织用奖金、休假、认可、表扬、晋级、提升、改善工作条件和人际关系、安排从事具有挑战性的工作、给予学习和成长的机会等某种具有吸引力的结果，以表示对员工努力进行安全生产的行为的肯定，从而进一步增强员工遵守安全规程进行安全生产的行为。又如，妈妈为了激励小明提高成绩，提出如果他期末考试进了全班前十名，就给他买他一直想要的手机，这也是正强化或积极强化。

正强化的原理常被用来激励人们努力地学习与工作，做对社会有意义的事情，也用来帮助病人消除不良的行为和症状。

(2) 负强化。负强化又称为消极强化，是指通过某种不符合要求的行为所引起的不愉快的后果，对该行为予以否定。若员工能按符合要求的方式行动，就可减少或消除令人不愉快的处境，从而也增大了员工符合要求的行为重复出现的可能性。

例如，企业安全管理人员告知工人，不遵守安全规程就得不到季度安全奖励，工人为了避免此种不期望的结果出现，就会认真按操作规程进行安全作业。又如，妈妈为了激励小明提高成绩，提出如果他期末考试进了全班前十名，就免去他每周末洗碗的任务，这也是负强化。

(3) 惩罚。惩罚是通过厌恶刺激的呈现来降低反应在将来发生的概率。换言之，在消极行为发生后，组织以某种带有强制性、威慑性的手段(如批评、处分、经济处罚等)使人遭受身体上的痛苦，或者给人带来某种不愉快的结果，或者取消现有的令人愉快和满意的条件，以表示对某种不符合要求的行为的否定，从而减少这种行为。

例如，妈妈为了激励小明提高成绩，提出如果他期末考试没有进入全班前十名，过年就没有压岁钱，这就是惩罚，即用“没有压岁钱”来减少“没有考进全班前十名”发生的概率。

(4) 消失。消失又称为衰减、自然消退，是指撤销对原来可接受的行为的强化，该行为逐渐减少，直至消失。

消失是减少不良行为、消除坏习惯的有效方法。例如，企业曾对加班加点完成生产定额的职工给予奖酬，后经研究认为这样不利于职工的身体健康和企业的长远利益，因此不再发放奖酬，此后，加班加点工作的职工逐渐减少。

根据强化理论，管理者可以通过强化他们认为有利的行为来影响员工的活动。但强化理论的致命弱点是忽视了目标、期望、需要、工资级别等个体要素，只注重当人们采取某种行动时会带来什么样的后果。

二、归因理论

归因理论是美国心理学家海德(Heider)、维纳(Weiner)、凯利(Kelley)等学者提出、发展的一种激励理论。所谓归因，是指人们对他人或自己的行为进行分析，确认其性质或推论其原因的过程。

1. 归因的类型

(1) 情境归因。将某种行为或结果归结为社会条件等外部环境因素。

(2) 个人倾向归因。将行为的发生归结于个人主观的因素。

2. 归因偏见

美国心理学家维纳认为，成功与失败可以归结于4个原因，即努力、能力、任务难度和机遇。大量的心理学研究结果表明，一般人都有这样的归因倾向或偏见：将成功归结于内因(自身的努力、能力、情绪、心境)，将失败归结于外因(环境、任务难度、机遇)；而对他人成功与失败的归因，却刚好相反。例如，当看到好照片时人们通常的反应是“真不错，你用的什么相机”；当看到烂照片时，则往往嘲笑拍摄者“水平很臭”。

3. 归因的标准

正确的归因，应根据自己或他人行为的一贯性、一致性与特殊性等原则进行。凯利认为，这3方面的信息构成了一个协变的立体框架，可以将人的行为归因于行动者、客观刺激物和情境。其中，行动者的因素属于内部归因，客观刺激物和情境属于外部归因。

(1) 一贯性，是指考察行动者是否在任何情境和任何时候对同一刺激物做相同的反应，即考察行动者的行为是否稳定持久。例如，有一位学生今天上课迟到了。如果该学生并不总是上课迟到，他在一学年当中有 7 个月从未迟到过，则表明这是一个特例，行为的一贯性较低；而如果他每周都迟到两三次，则说明行为的一贯性高。行为的一贯性越高，观察者越倾向于对其做内部归因。

(2) 一致性，是将某种行为与他人进行对比，考察其是否具有相同性。如果每个人面对相似的情境都有相同的反应，则该行为表现出一致性。例如，所有住在同一栋宿舍、到同一个食堂去吃早饭、走相同路线上课的同学都迟到了，则迟到行为的一致性就高。如果一致性高，则我们对迟到行为进行外部归因；但如果住在同一栋宿舍、到同一个食堂去吃早饭、走相同路线上课的其他同学都准时到达了，则应认为该学生迟到行为的原因来自内部。

(3) 特殊性，是指考察某种行为时，要分析是否有特殊背景或条件，即行动者是在众多场合下都表现出这种行为，还是仅在某一特定情境下表现出这一行为。例如，一名迟到的学生是否经常表现得自由散漫、违反校纪校规或上课纪律。如果行为的特殊性低，则观察者可能会对行为进行内部归因；如果行为的特殊性高，则可能将其归于外部。

举例：教授甲批评学生乙，这个事情既可归因于学生乙，如学生乙懒惰；也可归因于教授甲，如教授甲是个爱批评人的人；又可归因于环境，如环境使教授甲误解了学生乙。

这三个原因都是有可能的，所以要找出一个真正的原因。凯利认为，要找出真正的原因必须使用行为的 3 种信息：一致性、一贯性和特殊性。一致性是指该行为是否与其他人的行为相一致，如果每个教授都批评学生乙，则教授的行为是一致性高的。一贯性指行动者的行为是否一贯，如教授甲是否总是批评学生乙，如果是的，则一贯性高。特殊性指行动者的行为在不同情况下对不同的人是否相同，如教授甲是否在一定情况下对学生乙如此，而对其他学生则不如此，如果是的，则特殊性高。凯利据此引出结论，如果一致性低、一贯性高、特殊性低，则应归因于行动者。这就是说，其他教授都不批评学生乙，教授甲总是批评学生乙，对其他学生也如此，此时应归因于教授甲。如果一致性高、一贯性高、特殊性高，则应归因于对手。这就是说，每个教授都批评学生乙，教授甲也总是批评学生乙，但不批评其他学生，此时应归因于学生乙。如果一致性低、一贯性低、特殊性高，则应归因于环境。这就是说，其他教授都不批评学生乙，教授甲也不总是批评学生乙，而是在一定情况下批评了学生乙，且对其他学生未加批评，此时应归因于环境。

实践中，根据归因理论，管理者要认识到员工是根据他们对事物的主观知觉而不仅是客观现实做出反应的。员工对于薪水、上级的评价、工作满意度、自己在组织中的位置和成就等方面的知觉与归因正确与否，对于其潜力的发挥和组织的良好运作是有重要影响的。同时，管理者在对员工的行为进行判断和解释时也应该尽量避免归因中的偏见和误差。

第五节 当代激励问题

一、激励理论与民族文化

管理学所介绍的激励理论，主要是由美国心理学家建立起来的，并在研究美国产业工人中得到了验证。因此，这些理论需要根据不同的文化背景进行调整。

“自我利益”概念与美国的资本主义和崇尚个人主义的文化相契合，本章介绍的激励理论都是以自我利益动机为基础，可能适用于如英国、澳大利亚、新西兰、加拿大等也重视资本主义和个人主义的国家的组织。但是，在集体主义占优势的国家(如委内瑞拉、新加坡、日本、墨西哥、中国)，个人与组织的关系强调的是个人对组织或社会的忠诚性，而不是自我利益。集体主义文化中的员工，更容易接受以集体为基础的职务设计、群体目标和群体绩效评估。例如，成就需要的概念就是带有美国特征的理论假定，因为那种认为高成就需要是内部激励因素的观点，其实是预先假设存在两种文化特征：一是接受中等程度风险的愿望；二是对绩效的关注。显然，这些特征将排除具有较高不确定性回避倾向和较高生活质量评价的国家中的组织。

二、激励多元化的员工队伍

为了对组织中的个体进行最大程度的激励，管理者有必要进行灵活的考虑和处理。灵活性是激励多元化员工队伍的关键，多样化的奖励措施应满足个人各不相同的需要与目标。例如，研究表明，男性比女性更看重工作的独立性；女性则比男性更看重学习机会、方便的工作时间及良好的人际关系。又如，一个有未成年孩子且需要从事全日制工作以维持家庭生活的单身母亲、一个单身且从事兼职工作的博士生、一个被返聘的大学教师，管理者应该清楚地认识到，激励他们工作的动力是完全不同的。一个单身母亲，她的孩子还没有到入学的年龄，如果公司拥有亲情般的福利项目，如小孩入托、灵活的工作时间、工作分工、多种福利待遇和个人假期，则她会容易对自己的工作感到满意，对公司表现出更多的承诺与忠诚。一个在校博士生可能会选择一些兼职工作，因为边工作边读书的方式可以使他获得有价值的工作经验，在满足其经济需要的同时还能使他继续攻读博士学位。一个已到退休年龄的大学副教授，他会经常称赞返聘他继续工作并能够提供良好医疗健康服务的高校，并保持着高度的勤奋和对科研工作的热情。

再如，对大学教师等专业人员的激励与对一般公司员工的激励也应该不同。其中，把科研工作表现出色的大学教授提升为管理者或者将其调配到行政岗位的做法可能并不是很好的奖励方法，因为这样做，反而可能会妨碍其科研、教学工作。相反，承认和奖励某些大学教授的有效措施，就是给他们更多的学术自由、赋予他们更大的责任。很多大学教授并不想承担管理责任，但却需要学术自由、教学氛围的自由及对其技术才能的认可。

此外，对于那些缺乏技能、工资较低的应急工、兼职工、合同工及其他短期工，其激励方案和举措也应该有所区别。

三、关于激励员工的建议

本章介绍了很多激励理论，问题是实践中管理者到底应该如何做呢？尽管并没有一个简单的、放之四海而皆准的行为指南，但是以下一些建议会对管理者激励员工有实质性帮助。

(1) 认清个体差异。几乎所有的当代激励理论都认为每个员工是一个独特的不同于他人的个体，他们的需要、态度、个性及其他重要的个体变量各不相同。例如，期望理论对内控型人比外控型人预测得更准确，因为这与期望理论中的自我利益假设是一致的。

(2) 人与职务相匹配。例如，高成就需要者应该从事小公司的独立经营工作或在大企业中从事相对独立的部门运作；大型官僚组织中的管理者通常是有高权力需要和低归属需要的个体。

(3) 运用目标。目标激励在很多情况下都适用。管理者应确保员工具有一定难度的具体目标，并对他们工作完成的程度提供反馈。此外，如果管理者预期到目标会受到抵制，则应该让员工参与目标的设定；如果参与目标设定的做法与组织文化相抵触，则应由管理者单独设定目标。

(4) 确保个体认为目标可以达到。如果员工认为目标无法达到，则其努力程度会降低。因此，管理者必须确保员工充满自信，让他们感到只要努力、勤奋，就可以实现绩效目标。

(5) 个别化奖励。不同员工的需要不同，管理者应当根据员工的需求差异对其进行个别化的奖励，差别化地运用加薪、晋升、度假、参与目标设定、参与决策的机会等奖励措施。

(6) 奖励与绩效挂钩。奖励与绩效需要相统一。一些常见的奖励措施，如加薪、晋升等，应该授予那些达到了特定目标的员工，并增加奖励、晋升的透明度。

(7) 检查体制的公平性。员工应当感到付出与所得是对等的。但公平是相对且很主观的，因此理想的奖励系统应当能够分别评估每一项工作的投入，并相应给予合适的奖励。

(8) 不要忽视钱的重要性。钱是大多数人从事工作的主要原因。因此，以绩效为基础的加薪、奖励及其他物质刺激在提高员工的工作积极性方面发挥着重要的作用。

本章提要

1. 动机是个体通过高水平的努力而实现组织目标的愿望，而这种努力又能满足个体的某些需要。动机过程始于一个未被满足的需要，从而产生紧张感，进而驱动个人去寻求特定的目标，如果最终目标实现，则需要得以满足，紧张得以消除。

2. 需要层次理论认为人有生理、安全、社会、尊重和自我实现5个层次的需要。个体试图不断努力以逐层满足这些需要。一种需要相对得到满足就不会再产生激励作用。

3. X理论比较消极地看待人性，如员工不喜欢工作，逃避责任且懒惰，所以必须对他们采取强制措施；Y理论则比较积极地看待员工，认为他们具有创造性，愿意主动承担责任，能够自我约束。

4. 双因素理论认为，保健因素只能安抚员工，不能让员工产生工作满意感，进而没有激励作用。但成就、认可、责任及晋升等激励因素能够使员工产生工作满意感。

5. 高成就需要者喜欢能够独立负责、可以获得信息反馈和中等风险水平的工作。

6. 通过制定具体的、富有挑战性的目标可以激励员工，起到指导和提高工作绩效的作用。

7. 强化理论认为，只有使用积极强化而非消极强化才能奖励理想行为。

8. 公平理论认为，个人总是将自己的付出—所得比与他人进行比较，进而导致降低或提高对工作的积极性。

9. 期望理论指出，只有当人们预期到某一行为能给个人带来既定结果，且这种结果对其具有吸引力时，个人才会采取这一特定行为。

10. 有效的激励建议包括：认清个体差异，使人与职务相匹配；运用目标；确保个体认为目标可以达到；个别化奖励；奖酬与绩效挂钩；确保公平及重视金钱的激励作用。

案例分析

❖ 案例8-1 | 电车脱轨事故的归因

昨天下午4:30左右，一辆满载乘客的有轨电车在接近南沙车站附近转弯时脱轨撞墙，车上30人受伤，其中5人伤势较重。有轨电车公司经理罗伯明说，这次事故显然是该车超速行驶所致。他认为，事故发生时电车正驶过一段弧线，刚要驶入南沙站，车速达30千米/小时，比转弯处的规定行驶速度高两三倍。有轨电车公司的一些工作人员认为，车撞到铁轨右侧的院墙才免于翻车，否则会造成更大伤亡。据罗伯明介绍，昨天发生事故的3509号车以前曾发生过三次脱轨，上一次脱轨时也是昨天那位司机开的。三次脱轨事故都发生在中山广场的转弯处。

有轨电车公司工会领导人就3509号车发生脱轨事故一事发表不同看法，他认为事故发生的原因不能完全归咎于电车司机，有轨电车线路设计和车辆维修等部门也难辞其咎。工会主席乔亚平为此提出警告："如果这些问题不能马上解决，这车我们是没法儿开下去了。"乔亚平承认他还不知道这次事故的具体原因，但他指出："我们希望公司领导不要武断地认为这是人为的过失。这些车辆本身早就有毛病。"自1982年1月这些新式有轨电车投入使用以来，已经发生了三十多起脱轨事故。当初，有轨电车公司共订购了25辆新车，耗资150万元，而现在只有十二三辆还能正常运行，其余的都已入库待修。

有轨电车公司发言人宣义德说，公司的技术人员对事故发生地点进行了详细调查，认定线路状况良好，符合运行条件。有轨电车公司对转弯处的速度有明确规定，不得超过每小时 10 千米。但据一些当事人和电车公司的罗伯明经理说，当时这辆电车速度可能达到了每小时 20 千米。另一位工会干部说："我们可以肯定，这次事故不是由司机加速造成的。因为我在出事后与司机谈过，司机说他当时并没有给车加速，他开得很慢，速度只有 3～4 千米/小时。"但是，公司发言人宣义德说："罗伯明经理仍认为把事故原因归于司机加速是有根据的。"

资料来源：电车脱轨事故的归因. 道客巴巴文档[EB/OL]. http://www.doc88.com/. 作者有删改

问题：

根据归因理论，你认为此次事故原因何在？还需要做哪些调查？

❖ 案例 8-2 李强的困惑

李强已经在智宏软件开发公司工作了 6 年。在这期间，他工作勤恳负责，技术能力强，多次受到公司的表扬，领导很赏识他，并赋予他更多的工作和责任，几年中他从普通的程序员晋升到了资深的系统分析员。虽然他的工资不是很高，住房也不宽敞，但他对自己所在的公司还是比较满意的，并经常被工作中的创造性要求所激励。公司经理经常在外来的客人面前赞扬他："李强是我们公司的技术骨干，是一个具有创新能力的人才……"

去年 7 月份，公司有申报职称指标，李强属于有条件申报之列，但名额却给了一个学历比他低、工作业绩平平的老同志。他想问一下领导，谁知领导却先来找他，说："李强，你年轻，机会有的是。"

最近李强在和同事们的聊天中了解到他所在的部门新聘用了一位刚从大学毕业的程序分析员，工资仅比他少 50 元。尽管李强平时是个不太计较的人，但对此还是感到迷惑不解，甚至很生气，他觉得这里可能有什么问题。

在这之后的一天下午，李强找到了人力资源部宫主任，问他此事是不是真的。宫主任说："李强，我们现在非常需要增加一名程序分析员，而程序分析员在人才市场上很紧缺，为使公司能吸引合格人才，我们不得不提供较高的起薪。为了公司的整体利益，请你理解。"李强问能否相应提高他的工资。宫主任回答："你的工作表现很好，领导很赏识你，我相信到时候会给你提薪的。"李强向宫主任说了声："知道了。"便离开了他的办公室，开始为自己在公司的前途感到忧虑。

资料来源：激励理论案例分析. 百度文库[EB/OL]. http://wenku.baidu.com/. 作者有删改

问题：

(1) 用双因素理论解释李强的忧虑与困惑。

(2) 谈一谈企业应如何做才能更好地、有效地激励员工？

❖ **案例 8-3** | 红烧肉的故事

老板接到一桩业务，有一批货要搬到码头上去，必须在半天内完成。任务相当重，手下就那么十几个伙计。这天一早，老板亲自下厨做饭。开饭时，老板给伙计一一盛好饭，还亲手递到他们每个人手里。伙计王接过饭碗，拿起筷子，正要往嘴里扒，一股诱人的红烧肉浓香扑鼻而来。他急忙用筷子扒开一个小洞，三块油光发亮的红烧肉焐在米饭当中。他立即扭过身，一声不响地蹲在屋角，狼吞虎咽地吃起来。这顿饭，伙计王吃得特别香。他边吃边想：老板看得起我，今天要多出点力。于是他把货装得满满的，一趟又一趟，来回飞奔着，搬得汗流如雨……

整个上午，其他伙计也都像他一样卖力，个个挑得汗流浃背。一天的活，一个上午就干完了。 中午，伙计王不解地偷偷问伙计张：“你今天咋这么卖力？”张反问王：“你不也干得起劲吗？”王说：“不瞒你，早上老板在我碗里塞了三块红烧肉啊！我总要对得住他对我的关照嘛！”“哦？”伙计张惊讶地瞪大了眼睛，说：“我的碗底也有红烧肉哩！”两人又问了别的伙计，原来老板在大家碗里都放了肉。众伙计恍然大悟，难怪吃早饭时，大家都不声不响地吃得那么香。

资料来源：管理案例. 搜狐网[EB/OL]. https://www.sohu.com/. 作者有删改

问题：

(1) 为什么三块红烧肉有那么大的作用？

(2) 老板为什么要单独在每个人碗底放红烧肉，而不是端在桌子上让大家共同分享？

思考与练习

一、单项选择题

1. 对“戴罪立功”的犯人一般会“从轻发落”，这属于(　　)。

A. 消退　　B. 惩罚　　C. 正强化　　D. 负强化

2. 下列因素中属于保健因素的是(　　)。

A. 领导的赏识　　B. 个人的发展前途

C. 工作上的责任感　　D. 工作条件

3. 某组织规定，职工上班迟到或早退一次，扣发当月 50%的奖金。自此规定出台之后，职工迟到早退的现象基本消除了，这是强化方式的(　　)。

A. 正强化　　B. 负强化　　C. 惩罚　　D. 消失

4. 某企业采用一种“胡萝卜加大棒”的管理方式，你认为他们把工人看作(　　)。

A. 社会人　　B. 经济人　　C. 复杂人　　D. 自我实现人

5. 如果某人对完成某任务的期望值很高，但效价较低，则他干该任务的积极性(　　)。

A. 高　　B. 低　　C. 中等　　D. 难以确定

6. 以下现象不能在需要层次理论中得到合理的解释的是(　　)。

A. 一个饥饿的人会冒险去寻找食物

B. 穷人很少参加排场讲究的社交活动

C. 在陋室中苦攻“哥德巴赫猜想”的陈景润

D. 一个安全需要占主导地位的人，可能因为担心失败而拒绝接受富有挑战性的工作

二、名词解释

动机　　自我效能感

三、简答题

1. 需要在动机中起什么作用？

2. 试用 X 理论和 Y 理论解释“胡萝卜加大棒”的激励政策。

3. 根据强化理论的观点，谈一谈为什么管理者不应该惩罚员工？

4. 目标设定理论所提倡的“具有一定难度的目标”与高成就需要者所寻求的“中等难度的目标”之间，似乎存在着明显的矛盾，如何解释？

5. 当员工感到自己的“所得—付出比”与相关他人的不相等时，可能会出现什么结果？

四、应用分析题

1. 分析金钱在以下理论中分别起什么作用？①需要层次理论；②激励—保健理论；③公平理论；④期望理论；⑤具有高成就需要的员工。

2. 分析知觉在以下理论中分别起什么作用？①期望理论；②公平理论；③强化理论。

3. 根据本章的各种激励理论，假设你是学院的学生会主席，如果你要为学生参与公共事务(如元旦晚会、体育竞赛、公益慈善活动、知识竞赛)制定一种奖励制度，你会采用哪种理论的何种要素？为什么？

4. 你认为员工队伍的多样化会给管理者运用公平理论造成什么困难？

第九章　领　导

知识目标

1. 能够解释管理者与领导者的异同
2. 能够阐述领导的特质理论与行为理论
3. 能够解释菲德勒的权变模型
4. 能够概述路径—目标理论
5. 能够描述领袖魅力型领导者、愿景规划型领导者及团队领导者的特征

能力目标

1. 对比事务型领导与变革型领导的差异
2. 对比赫塞—布兰查德的情境领导理论与领导者参与模型的差异
3. 解释领导者可能拥有的各种权力资源

素质目标

1. 假如你是一个领导者，你会如何创建信任的组织文化
2. 你是如何理解或看待领导风格中的性别差异与文化差异的

第一节　领导的基本概念

为了更深刻地理解与“领导”有关的管理及其理论问题，我们先来看华为公司的创始人任正非对领导的见解及格力集团董事长董明珠的领导行为。

“要在茫茫的黑暗中，发出生命的微光，带领着队伍走向胜利。”这是克劳塞维茨《战争论》中一句著名的话，也是任正非极为推崇的一句话。任正非进一步阐释道：“战争打到一塌糊涂的时候，高级将领的作用是什么？就是要在看不清的茫茫黑暗中，用自己发出微光，带着你的队伍前进；就像希腊神话中的丹科一样把心拿出来燃烧，照亮后人前进的道路。”

董明珠与生俱来的领袖特质加上后天的塑造形成了其独特的领导魅力——使命感、果断而正确的决策、制度化管理及足够影响他人的能力。此外，董明珠非常注重群众的意见，在一些隐蔽的地方(如厕所、拐角等)设意见箱，以建立规范的管理制度、创造公正的竞争环境。一个真正强大的企业，靠的不是一个人的力量，也不是一个人的智慧，而是所有人的努力。很多企业在业绩下降时，会埋怨员工不给力，董明珠提出，管理者不好，员工才不好，遇到问题不要一味地埋怨别人，应先从自己身上找问题，在尊重了自己和别人之后，才会赢得尊重，这比财富更有价值。董明珠就是这样一个融合了多重领导风格的传奇女人。

那么，领导能力是与生俱来的，还是后天形成的？领导者与非领导者有何不同之处？领导者主要追求什么？女性领导者有何管理上的优势？如果你希望被别人看作是领导者，你应该怎样做？在回答这些问题之前，首先应该辨析管理与领导的区别和联系。

一、领导和领导者

一般认为，领导者是指能够影响他人并拥有管理职权的人；而领导，是一个影响群体成功地实现目标的过程。准确地理解“领导”的含义，还需要把握以下几方面内容。

(1) 领导是一个过程，而不是某一个体。“领导”这一过程是一个动态过程，受许多因素影响，领导活动表现出很强的规律性和创造性，是科学性和艺术性的综合体现，是领导与群体的各种交换作用的体现。

(2) 领导的本质是人际影响，是一种追随关系。领导要有追随者，要有影响力。没有影响力就不会有追随者。正是人们愿意追随某人，才使他成为了领导者。人们往往追随那些他们认为能提供实现其愿望和需求手段的人。

(3) 领导的目的是群体或组织目标的实现。领导是一种社会活动，特指领导的角色行为，对他人施加影响力，以实现组织或群体目标；而领导者是一种社会角色，特指领导活动的行为主体，即能实现领导过程的人。

二、领导与管理的异同

任何一个管理者若想带领团队走向成功，那么领导才能是他必须具备的内在素质，管理技能是他应该掌握的外在条件。因此，领导与管理，既有共性的地方又有较大的差异。

在共性方面上，领导和管理都是通过影响他人的协调活动来实现组织目标的过程。领导和管理也存在诸多非共性的地方，表现在以下 5 方面。

(1) 管理是一种附属于职权的强制力，通常下属必须服从上级的管理，但可以消极抵抗。而领导的本质是建立在个人魅力或专长上的影响力，如品格、才能、知识、情感、责任感等，接受领导的下属一般会自觉地为实现组织目标而努力。

(2) 管理者是被任命的，他们拥有合法的对下属进行奖励和处罚的权力，其影响力来自他们所在的职位所赋予的正式权力。而领导者可以是被任命的，也可以是从群体中产生出来的，他可以不运用正式权力来影响他人的活动。

(3) 管理的经验、制度可以从其他组织中学习和引进，但领导才能必须自我锤炼。

(4) 领导的对象主要是人(下属、员工及其他非组织中的个人或群体)，而管理的对象可以是人，也可以是财、物、信息、时间、空间、资源。

(5) 领导与管理各自运用的比重与组织的层级有关。作为一个管理者，当职位不断上升时，除了具备了应有的管理技能外，领导力也会得到培养与提升(见图 9-1)，如由内而外逐渐培养起来的品质、领袖风范等。

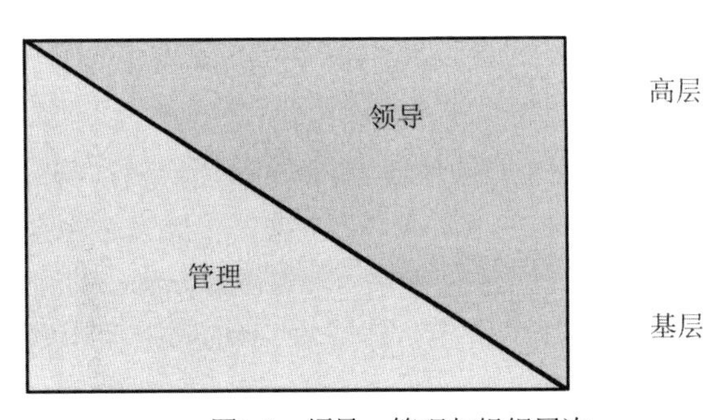

图9-1 领导、管理与组织层次

基于对管理与领导差异的理解，管理学研究的是能够影响他人行为并拥有正式职位的人，主要关心管理者如何成为领导者。有人会有这样的疑问：所有的管理者都是领导者吗？或者反过来说，所有的领导者都是管理者吗？在理想情况下，所有的管理者都应该是领导者。但是，一个人能够影响他人这一事实并不表明他同样能够进行计划、组织和控制，即并不是所有的领导者必然具备有效管理者应具备的能力或技能；同样，管理其他人也并不意味着立即拥有了领导地位。

三、领导者的权力与影响力

1. 领导者的权力

领导者一般都具有一定的力量，这是因为他具有权力，例如，领导者有权做决策，他可能会影响一个组织的成功或失败，也可能会影响他人的升迁与收入。现实中，有些领导者在使用权力方面做得非常好，而有些人却在挥霍这些权力。领导者的权力有以下 5 种来源。

(1) 法定权力。这是指领导者在组织中身处某一职位而获得的权力，如任命权、罢免权等，它来源于正式或官方明确规定的赋予。这样的法定权力还可以引申出下面的奖赏权力和强制权力。

(2) 奖赏权力。奖赏权力包括加薪、改变津贴限额、提供晋升机会、授予官衔、改变福利分配等被奖赏方看重的任何东西。领导者因为有能力控制组织的金融、人力资源，所以可以对依赖这些资源的人施加影响，通过奖赏可以提升追随者对领导者的忠诚度。

(3) 强制权力。这是领导者惩罚或控制的能力，即通过处罚或剥夺其权利来影响其他人，如批评、训斥、降薪、解雇等。这种带有强制性的权力与奖赏性权力是一对相对的概念。惩罚的作用是利用追随者对失去其重视的成果的恐惧感来控制他们。

法定权力、奖赏权力、强制权力源于领导者的工作职位，我们可以将其统称为职位权力，其具有强制性、潜在性等特征。领导者除了具有源于法定职位的权力外，还具有以下两种源于个人特征的权力，我们将其统称为个人权力。

(4) 专家权力。专家权力是由于具有他人承认的知识、技能而产生的权力，是一种基于专业技术、特殊技能或知识的影响力，如电工、律师、医生等相对而言具有专家权力。

(5) 参照权力。参照权力是由个人特质产生的一种使别人认同的权力，与人格特性及其他个人特质有关。参照权力形成的原因是他人的崇拜。

2. 领导者的影响力

以传统的领导观来看，领导差不多就等于权力(领导=权力)；但现代领导观认为，领导是权力与威信的综合体(领导=权力+威信)，即领导力不仅意味着权力，也意味着对人际关系的影响力。尽管领导者的各种权力是构成影响力的基础，但权力不等于影响力。权力与影响力的差异如表 9-1 所示。

表9-1　权力与影响力的差异

差异	权力	影响力
来源	法定职位，由组织规定	完全依靠个人素质、品质、业绩和魅力而产生
范围	受时空和权限限制	不受时空限制，可以超越权限，甚至可以超越组织的局限
大小	不因人而异	因人而异，同一职位的管理者，有的有影响力，有的没有影响力
方式	以行政命令方式实现，外在作用	自觉接受，是一种内在的影响
效果	服从、敬畏，也可以调职、离职方式逃避	追随、信赖、爱戴
性质	强制地影响	自然地影响

四、领导理论的分类

领导理论是研究领导有效性的理论。影响领导有效性的因素及如何提高领导的有效性是领导理论研究的核心。学术界将领导理论大致归纳为以下 3 方面。

(1) 领导特质理论。该理论集中研究有效领导者应该具备的个人特质，包括领导的品行、素质、修养等，关心好的领导者应该具备的特质。

(2) 领导行为理论。该理论研究领导的行为和风格对领导有效性及对下属的影响，主要关心好的领导行为和风格。

(3) 领导权变理论。该理论集中研究不同情况下采用何种工作作风和领导行为效果最佳，重点在于研究影响领导有效性的环境因素，从而了解在具体情况下，什么样的领导方式是好的。

接下来重点阐述领导特质理论、领导行为理论和领导权变理论中几个有代表性的理论观点。

第二节　领导特质理论

如果随机选择一些行人做一个街头访谈或调查，问一问这些行人在他们心目中领导是什么样子的，那么我们可能会得到一系列的品质特征，如智慧、领袖魅力、决策力、热情、实力、勇气、正直和自信等。这些回答反映了领导特质理论的本质。

早期的领导理论研究着重在找出杰出领导者所具有的某些共同的特性或品质上。领导特质是指能够把领导者从非领导者中区分出来的个性特点。领导特质理论侧重于选择“正确”的人来承担组织中的正式领导职位。但是，对于那些被公认为是领导者的个体，如汉武帝刘彻、唐太宗李世民、明太祖朱元璋、林肯、拿破仑、撒切尔夫人、比尔•盖茨、张瑞敏、任正非等人，我们能够从他们身上分离出一个或几个非领导者所不具备的特质吗？毫无疑问，这些人符合领导者的定义，但他们各自表现出全然不同的特点。如果领导特质理论站得住脚，就需要找到所有领导者可能都具备的具体特点。

传统领导特质理论认为，领导者的特质是天生的、超人的，由遗传因素决定，包括体质特征、特性特征、工作特征和社会性特征，反映在领导者的精力、外貌、年龄、适应性、进取心、独立性等方面，领导者的特征可以划分为三类：①生理与气质，包括年龄、身高、体重、容貌、体格、风度等；②能力与技巧，包括智力、指导别人的能力、决断能力、与人友好相处的能力及运作技能等，且智力对领导效能的影响较大；③兴趣与性格，热衷于探究并乐于从事某事物的倾向，以及自信度、适应性、支配性、外向性等性格特征。

现代领导特质理论认为，领导者的特质也是可以在实践中形成的，可以通过后天的教育培养出来。美国心理学家艾德温•杰沙利将领导特质分为三大类 13 个因素：①能力，包括监督能力、智力、创造力等；②个性特征，包括性别、自信、决断力、成熟度、人际关系等；③激励特征，包括职业成就需要、自立、对权力的追求、不慕财富、冒险等。在这13个因素中，性别是最不重要的；而监督能力、职业成就需要、智力、自立、自信、决断力则是特别重要的。

斯蒂芬•罗宾斯总结出领导者有六项特质不同于非领导者，即进取心、领导意愿、正直与诚实、自信、智慧和工作相关知识，如表9-2所示。

表9-2　领导者不同于非领导者的六项特质

特质	描述
进取心	领导者表现出高努力水平，拥有较高的成就渴望；他们进取心强，精力充沛，对自己所从事的活动坚持不懈，并有高度的注意力
领导意愿	领导者有强烈的意愿去影响和领导别人，他们表现为乐于承担责任
正直与诚实	领导者真诚且言行高度一致，他们与下属之间建立相互信赖的关系
自信	领导者为了使下属相信他的目标和决策的正确性，必须表现出高度的自信
智慧	领导者需要具备足够的智慧来收集、整理和解释大量信息；并能够确立目标，解决问题，做出正确的决策
工作相关知识	有效的领导者对于行业、公司和技术事项拥有较高的知识水平。广博的知识能够使他们做出富有远见的决策，使下属理解这种决策的意义

另外，变革型领导的倡导者巴斯(Bass)也认为，有效的领导者在完成任务的过程中具有以下特质：有强烈的责任心；能精力充沛、锲而不舍地追求目标；在解决问题时具有冒险性和创造性，在社会环境中能运用首创精神；富有自信和特有的辨别力；愿意承担决策和行为的结果；愿意承受人与人之间的压力；愿意忍受挫折；具有影响其他人行为的能力。

然而，不管如何描述管理者的特质，仍然有学者指出，完全基于特质的解释忽视了领导者与下属的相互关系及情境因素，如被领导者的地位和影响等；具备恰当的特质只能使个体更有可能成为有效的领导人，这还不够，他还需要采取正确的行动，而且，在一种情境下正确的行动在另一种情境下却未必正确；领导者的性格特征内容过于复杂，且随不同情况而变化，因此难以寻求由此获得成功的真正因素，也难以探索领导者所有性格特性彼此的相对重要性。

第三节　领导行为理论

在意识到特质理论的一些局限性之后，研究者开始把目光转向领导者表现出的具体的行为身上，希望了解有效领导者的行为是否有独特之处，例如，领导者倾向于更为民主还是更为专制？研究者希望行为理论能提供更为明确的有关领导实质的答案，如果行为研究的确找到了有关领导方面的关键性决定因素，则可以通过训练使人们都成为领导者。

领导行为理论认为领导的有效性取决于领导者与被领导者之间形成相互作用的适当行为方式。为此，研究者将研究的重点集中在以下 3 方面：任务绩效、群体的维系程度和员工决策时的参与度。试图通过这一方法弄清楚优秀的领导者都在做什么？领导者工作的重点是把工作做好还是让下属感到愉快？决策时应该独裁还是民主？这一节将介绍研究者在行为类型方面所进行的一些经典研究。

一、俄亥俄州立大学的研究

较为全面且得到较多验证的行为理论，来自 20 世纪 40 年代末期的俄亥俄州立大学进行的“四分图理论”研究，研究者希望确认领导者行为的独立维度，收集了大量下属对领导行为的描述，开始时列出了 1000 多项，最后归纳为两个维度：定规维度和关怀维度。

定规维度指的是为了达到组织目标，领导者界定和构造自己与下属角色的倾向程度。它包括试图设立工作、工作关系和目标的行为。具有高定规特点的领导者会向小组成员分配具体工作，要求员工保持一定的绩效标准，并强调工作的最后期限。

关怀维度指的是领导者与其下属的工作关系以相互信任、尊重下属意见和重视下属情感为特征的维度。高关怀的领导者帮助下属解决个人问题，他友善而平易近人，公平对待每一个下属，并对下属的生活、健康、地位和满意度等问题十分关心。

“定规”与“关怀”这两个维度的组合可构成四种不同的领导行为模式(见图 9-2)。以这些概念为基础进行大量研究后发现，一个在定规和关怀方面均高的领导者(高—高型领导者，high—high leader)常常比其他三种类型的领导者(低定规—高关怀、高定规—低关怀、低定规—低关怀)更能使下属达到高绩效、获得高满意度。

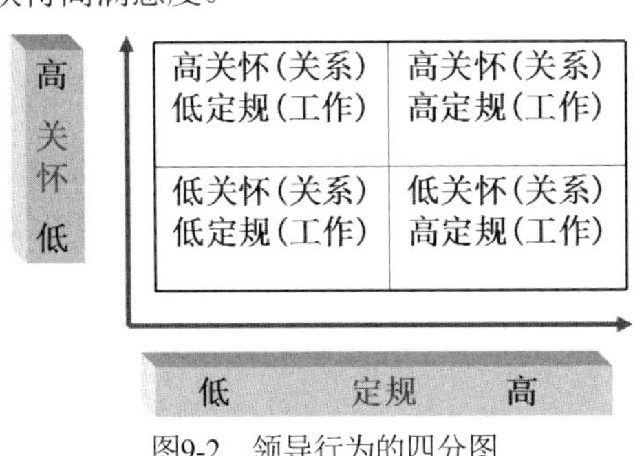

图9-2 领导行为的四分图

但是，“高—高型风格”并不总是产生积极的效果。例如，当工人从事常规工作时，以高定规为特点的领导行为导致了高抱怨率、高缺勤率和高离职率，工作的满意度水平也很低。其他研究还发现，在生产部门，工作绩效评定结果往往与定规程度成正相关，与关怀程度成负相关；而在非生产部门则相反。总之，“高—高型风格”能够产生一些积极的效果，但有时还需要考虑情境因素。

二、密歇根大学的研究

密歇根大学的研究与俄亥俄州立大学的研究同期，也有相似的研究目标，即确定领导者的行为特点，以及它们与工作绩效的关系。

密歇根大学的研究小组也将领导行为划分为两个维度，即员工导向和生产导向。他们认为，员工导向的领导者更重视人际关系，他们总会考虑下属的需要，并承认人与人之间的不同。相反，生产导向的领导者倾向于强调工作的技术或任务事项，关注的重点是群体任务的完成情况，并把群体成员视为达到目标的工具。

密歇根大学研究者的结论对员工导向的领导者十分有利，他们与高群体生产率和高工作满意度成正相关。而生产导向的领导者则与低群体生产率和低工作满意度联系在一起。

三、艾奥瓦大学的研究

艾奥瓦大学心理学家科特•勒温(Kurt Lewin)教授与助手们以权力为变量，把领导者在领导工作中所体现出来的领导行为分为独裁型、民主型、放任型 3 种风格。

(1) 独裁型风格：告知下属使用什么样的工作方法。这种领导风格将权力定位于领导者个人，“以力服人”，靠权力和强制命令让人服从。该风格的特点是独断专行、奉命行事，有命令和纪律约束，上级与下属之间常常保持一种心理距离。领导效果：虽然能实现对领导的服从，但也容易导致成员之间的相互攻击，领导不在则工作松懈。

(2) 民主型风格：员工参与有关工作方法与工作目标的决策，并把反馈当作指导员工工作的机会。这种领导风格将权力定位于组织中的群体，靠领导的影响力和成员自觉。该风格的特点是群体讨论政策，下属的自由度高，主要依靠影响力来维持合作，下属更积极地参与群体活动。领导效果：成员关系比较融洽，成员之间比较团结，领导不在同样努力。

(3) 放任型风格：给群体充分自由做出决策、完成工作。这是一种放任自流的领导风格，将权力定位于组织的每一个成员，崇尚一种“无政府”式的管理，领导者缺乏关于团体目标和工作方针的指示，对具体工作安排和人员调配也不做明确指导。领导效果：适用时，角色分工明确、战略目标清晰、有共同的价值观、员工主动性强；不适用时，个体能力无法得到发展，群体协作也很难以实现。

四、管理方格理论

布莱克(Blake)和莫顿(Mouton)发掘了领导风格的二维观点，在“关心人”和“关心生产”的基础上提出了管理方格理论，充分概括了俄亥俄州立大学的关怀与定规维度及密歇根大学的员工取向和生产取向维度。管理方格如图 9-3 所示，在两个坐标轴上分别划分出 9 个等级，从而生成了 81 种不同的领导类型。但是，管理方格理论强调的并不是结果，而是领导者为了达到这些结果应考虑的主要因素。尽管在管理方格中存在 81 种类型，但布莱克和莫顿主要阐述了 5 种比较具有代表性的类型。

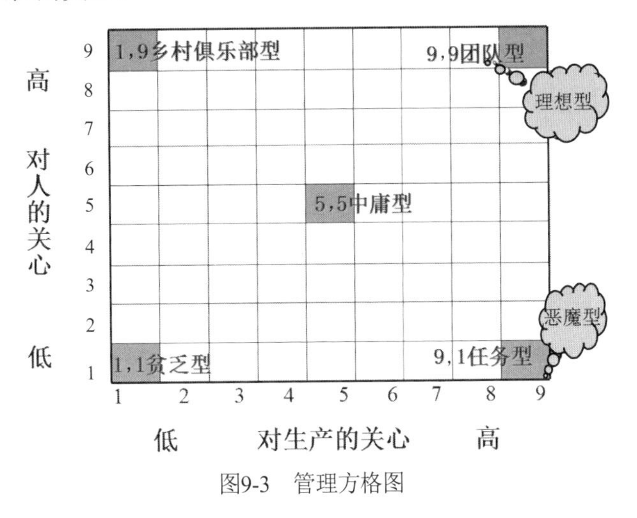

图9-3 管理方格图

(1) 贫乏型(1,1)。贫乏型的领导者只花最少的努力去实现目标、维持组织成员的身份，很少关心生产和员工的需求。

(2) 任务型(9,1)。任务型的领导者只重视任务效果，而不重视员工的发展和士气的激励，他们通过安排合适的工作条件来最大程度地提高工作效率，而将人的因素的干预降到最低限度。

(3) 乡村俱乐部型(1,9)。乡村俱乐部型的领导者只注重支持和关心下属，而不关心任务效率。

(4) 中庸型(5,5)。中庸型的领导者在维持足够的任务效率和满意的士气之间保持平衡，使组织绩效得以充分实现成为可能。

(5) 团队型(9,9)。团队型的领导者通过共同的目标、信任与相互尊敬来激励员工的奉献精神。他们通过协调和综合工作中的相关活动，提高任务效率与员工士气，把组织的目标和个人的需求、理想等有效地结合起来。

布莱克和莫顿从中得出结论：团队型(9,9)的领导者工作最佳。遗憾的是，管理方格理论并未对如何培养领导者提供答案，只为领导风格的概念化提供了框架。此外，也没有实质性的证据证实在所有情境下团队型(9,9)风格都是最有效的。

五、领导行为理论的总结

以上阐述了几种对领导进行解释的较流行、较重要的行为理论。然而，所有这些研究在确定领导行为类型与成功的绩效之间的一致性关系上并不是非常成功。事实上，不同的环境导致了不同的结果，因此很难对领导行为做出概括性的陈述。领导行为理论欠缺的是对影响成功与失败的情境因素的考虑。例如，需要重新思考领导行为的典型例子有：如果是在19世纪末或20世纪初，特蕾莎修女(Mother Teresa)、黑人人权运动领袖马丁•路德•金(Martin Luther King)是否还会成为被压迫者的杰出领袖？也有足够多的事实表明，虽然诺贝尔和平奖获得者纳尔逊•罗利赫拉赫拉•曼德拉(Nelson Rolihlahla Mandela)是备受赞誉的、被全球所有国家高度评价的政治家，但是在他的领导下，南非在经济、社会治安和国家实力等方面的发展与白人统治时期相比仍存在差距。还有，如果瑞尔弗•奈德(Ralph Nader)出生于1834年而不是1934年，或出生于哥斯达黎加而非美国，他还会成为消费者活动团体的领导人物吗？这似乎不可能，但领导行为理论未能指明这些情境因素。

❖ 案例导入1

星耀车间是某厂唯一进行倒班的车间。一个星期六的晚上，车间主任去查岗，发现二班的年轻人几乎都不在岗位。据了解，他们都去看电视现场转播的足球比赛去了。车间主任气坏了，在星期一的车间大会上，他一口气点了十几个人的名字。没想到他的话音刚落，人群中不约而同地站起几个被点名的青年，他们不服气地异口同声地说："主任，你调查了没有，我们并没有影响生产任务，而且……"主任没等几个青年把话说完，严厉地警告说："我不管你们有什么理由，如果下次再发现谁脱岗去看电视，扣发当月的奖金。"

谁知，就在宣布"禁令"的那个周末晚上，车间主任去查岗时又发现，二班的员工竟有6名不在岗。主任气得直跺脚，质问班长是怎么回事，班长无可奈何地掏出三张病假条和三张调休条，说："昨天都好好的，今天一上班都送来了。"说着，他凑到主任身边劝道："主任，说真的，其实我也是身在曹营心在汉，那场球赛太精彩了，您只要灵活处理一下，看完了比赛大家再补上时间，不是两全其美吗？上个星期的二班，为了看比赛，星期五就把活提前干完了，您也不……"车间主任没等班长把话说完，扔掉还燃着的半截香烟，一声不吭地向车间对面还亮着灯的厂长办公室走去……

问题：

(1) 车间主任会采取什么举动？

(2) 你认为二班年轻人的做法合理吗？

(3) 在一个组织中如何采取有效措施解决群体需要与组织目标的冲突？

(4) 如果你是这位车间主任，会如何处理这件事？

❖ 案例导入2

一家公司的销售副总在外出差时家里失火了。他接到妻子打来的电话后，连夜赶回家。第二天一早去公司向老总请假，说家里失火要请几天假安排一下。按理说，这并不过分，但老总却说："谁让你回来的？你要马上出差，如果你下午还不走，我就免你的职。"这位副总很有情绪，无可奈何地从老总办公室出来后又马上出差了。

老总听说副总已走，马上把各部门负责人都叫了过来，要求他们分头行动，在最短的时间内，不惜一切代价把副总家里的损失弥补回来，把家属安顿好。

问题：

(1) 运用管理方格理论分析这位老总属于哪一种领导风格？为什么？

(2) 从本案例中你可以获得哪些启迪？

(3) 你赞成这位老总的做法吗？有何建议？

第四节　领导权变理论

由于领导特质理论、领导行为理论未能在领导效果等方面获得一致性的结果，使得人们开始重视情境的影响。权变理论认为，领导的有效性不仅与领导者的素质和行为有关，而且与其所处的环境相关。具体地，与特定情境相适合的领导方式是有效的，而与特定情境不相符的领导方式往往是无效的；也就是说，领导的有效性取决于领导者、被领导者，以及环境的影响。领导风格与有效性之间存在紧密关联，X 风格在 A 条件下恰当可行；Y 风格则更适合于条件 B；Z 风格适合于条件 C，即随着环境的改变而改变领导行为也许是最有效的领导。条件 A、B、C 指代的是环境或情境，但 A、B、C 具体指什么呢？这意味着，研究者不仅要知道领导的有效性取决于情境，还需要分离这些情境条件。

很多研究在分离影响领导效果的主要情境因素方面做出了贡献。情境因素中，领导者所从事的任务(即项目的复杂性、类型、技术和规模)是一个明显的中间变量，其他情境因素还包括领导者直接主管的风格、群体规范、控制范围、外部的威胁与压力、组织文化等。本书主要介绍情境条件的四种分离方法：菲德勒模型、赫塞—布兰查德的情境领导理论、路径—目标理论及领导者参与模型。

一、菲德勒模型

美国管理学家弗雷德 • 菲德勒(Fred E. Fiedler)提出了权变领导理论，他认为，任何领导方式都可能是有效的，其有效性取决于领导方式是否与所处环境相适应。菲德勒权变模型表明，有效的群体绩效取决于领导者与下属相互作用的风格，以及情境对领导者的控制和影响程度之间的合理匹配。以下是对该模型的具体描述。

1. 领导风格的测量

菲德勒相信影响领导成功的关键因素是个体的基本领导风格，因此他首要探究的是这种基本风格是什么。为了测定领导者的领导方式或领导风格，菲德勒设计了一份调查问卷，让领导者对最难合作的同事进行评分，用以测量个体是任务取向型还是关系取向型。问卷由 16 组对应形容词构成(见表 9-3)。菲德勒让作答者回想一下自己合作过的所有同事，并找出一个最不合拍或最难合作的同事(least preferred co-worker，LPC，指从工作绩效角度考虑，领导者最不愿意选择的合作对象)，在16组形容词中按1～8个等级对他进行评估。菲德勒相信，在回答LPC问卷的基础上，可以判断出个体的基本领导风格。

表9-3 菲德勒的LPC问卷

快乐——8 7 6 5 4 3 2 1——不快乐
友善——8 7 6 5 4 3 2 1——不友善
拒绝——1 2 3 4 5 6 7 8——接纳
有益——8 7 6 5 4 3 2 1——无益
不热情——1 2 3 4 5 6 7 8——热情
紧张——1 2 3 4 5 6 7 8——轻松
疏远——1 2 3 4 5 6 7 8——亲密
冷漠——1 2 3 4 5 6 7 8——热心
合作——8 7 6 5 4 3 2 1——不合作
助人——8 7 6 5 4 3 2 1——敌意
无聊——1 2 3 4 5 6 7 8——有趣
好争——1 2 3 4 5 6 7 8——融洽
自信——8 7 6 5 4 3 2 1——犹豫
高效——8 7 6 5 4 3 2 1——低效
郁闷——1 2 3 4 5 6 7 8——开朗
开放——8 7 6 5 4 3 2 1——防备

菲德勒运用LPC问卷可以将绝大多数作答者划分为以下两种领导风格。

(1) 对最难合作的同事能给予高评价——宽容型的、人际关系型的领导(LPC≥72)。

(2) 对最难合作的同事给予低评价——工作任务型的领导(LPC≤63)。

具体来说，如果以相对积极的词汇描述最难共事者(LPC得分高)，则作答者很乐于与同事形成友好的人际关系，也就是说，如果你把最难共事的同事描述得比较有利，菲德勒称你为关系取向型；相反，如果你对最难共事的同事看法比较消极(LPC得分低)，你可能主要感兴趣的是生产，因而被称为任务取向型。当然，他也发现有一小部分人处于两者之间，菲德勒承认很难勾勒出这些人的个性特点。

值得注意的是，菲德勒认为一个人的领导风格是固定不变的——你不可能改变你的风格去适应变化的情境，这意味着，如果在某情境下需要一位任务取向型的领导者，而在此岗位上的人却是关系取向型的领导者，这时要想到达最佳效果，要么改变情境，要么替换领导者。

2. 权变因素的确定

在用LPC问卷对个体的基本领导风格进行评估之后及进行情境评估之前，菲德勒列出了三项权变因素，用以确定决定领导有效性的情境。

(1) 领导者—成员关系，即下属对领导的信任、喜爱、忠诚和愿意追随的程度，以及领导者对下属的信赖、尊重和吸引的程度。

(2) 任务结构，即下属担任的工作任务的明确程度和人们对这些任务的负责程度，也就是工作任务的程序化程度(结构化或非结构化)。

(3) 职位权力，即领导者拥有的权力(包括雇佣、解雇、训诫、晋升和加薪)的影响程度，具体指的是领导者所处的职位具有的权威和权力的大小，或领导的决定权、强制权、奖励权的大小。

通过将个体的个性和特点与情境联系起来，并将领导效果作为两者的函数进行预测，菲德勒相信通过对上述三项因素的判断可与领导者的行为取向进行恰当匹配。

3. 领导情境的评估

菲德勒模型的下一步是根据这三项权变因素来评估情境。领导者—成员关系或好或差，任务结构或高或低，职位权力或强或弱，三项权变因素的不同组合，可以得到 8 种不同的情境(见图 9-4)。从最理想的情境(强有力的职权、明确的任务结构和良好的上下级关系)到最差的情境(职位权力弱、无序的任务结构和恶劣的上下级关系)，每一个领导者都可以从中找到自己的位置。

4. 情境类型与领导风格的对比

菲德勒模型认为，当个体的 LPC 分数与三项权变因素的评估分数相匹配时，会达到最佳的领导效果。菲德勒研究了 12000 个工作群体，在 8 种情境下分别对比了关系取向型和任务取向型两种领导风格。由此得出结论：任务取向型的领导者在非常有利的情境和非常不利的情境中工作得更好(见图 9-4)。也就是说，当面对 I、II、III、VIII 类型的情境时，任务取向型的领导者干得更好；而关系取向型的领导者则在中度有利的情境，即 IV、V 类型的情境中干得更好。

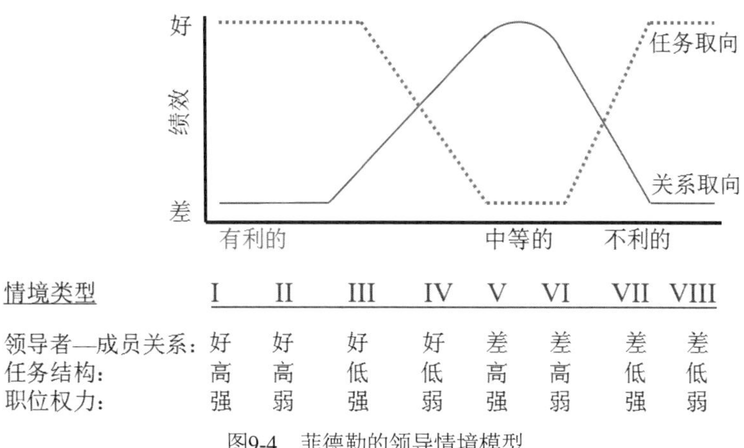

情境类型	I	II	III	IV	V	VI	VII	VIII
领导者—成员关系:	好	好	好	好	差	差	差	差
任务结构:	高	高	低	低	高	高	低	低
职位权力:	强	弱	强	弱	强	弱	强	弱

图9-4 菲德勒的领导情境模型

前面提到过，菲德勒认为个体的领导风格是稳定不变的，因此提高领导者的有效性实际上只有两条途径：①替换领导者以适应情境。例如，如果群体所处的情境被认为是十分不利的，而此前又是一个关系取向型的管理者进行领导，那么替换成一个任务取向型的管理者则能提高群体绩效。②改变情境以适应领导者，即重新建构任务、提高(或降低)领导者可控制的权力(如加薪、晋职和训导活动)，包括改善领导者与被领导者的关系，提高下属任务的明确度，强化领导的职位权威。

有大量的研究对菲德勒模型的总体效率进行了考察，并得到了十分积极的结果：不存在唯一的最佳领导方式，不同情境需要运用不同的领导方式；不能只根据领导者过去的工作成绩来对其现在的水平进行预测，还要了解以前的工作类型同现在是否相同。但是，该模型也存在一些缺陷，例如，该模型假定“个体不可能改变自己的领导风格以适应情境”并不符合实际情况；在 LPC 问卷及该模型的实际应用方面存在着一些问题，一些研究指出作答者的 LPC 分数并不稳定；权变因素的衡量对于实践者来说也过于复杂和困难，在实践中很难确定领导者—成员关系有多好，任务的结构化有多高，以及领导者拥有的职权有多大。

二、赫塞—布兰查德的情境领导理论

保罗 • 赫塞(Paul Hersey)和肯尼思 • 布兰查德(Kenneth Blanchard)提出的情境领导理论是一个重视下属的权变理论，又称为领导生命周期理论。赫塞和布兰查德认为，依据下属的成熟度水平选择正确的领导风格会取得领导的成功。这一理论由于其广泛的接受性和很强的直观感，常被作为主要的培训手段应用，还被所有的军队服务系统所承认。

赫塞和布兰查德将成熟度定义为：个体对自己的直接行为负责任的能力和意愿。它包括两项要素：工作成熟度与心理成熟度。前者指的是一个人的知识和技能，工作成熟度高的个体拥有足够的知识、能力和经验完成他们的工作任务而不需要他人的指导；后者指的是一个人做某事的意愿和动机，心理成熟度高的个体不需要太多的外部鼓励，他们靠内部动机激励。成熟度的确定，应从两方面考察：一方面考察任务状况、目标要求(工作任务是不是模糊不清的)；另一方面考察人员能力、工作阅历、教育程度、经验、积极性。

在分析领导风格时，赫塞和布兰查德也从两个维度来进行考察，即任务行为维度和关系行为维度，并进一步将这两个维度组合成以下 4 种具体的领导风格。

(1) 命令(高任务—低关系)。领导者界定角色，明确告诉下属具体该干什么、怎么干及何时何地干。

(2) 推销(高任务—高关系)。领导者同时提供指示性行为与支持性行为。

(3) 参与(低任务—高关系)。领导与下属共同决策，领导者的主要任务是提供便利条件与沟通渠道。

(4) 授权(低任务—低关系)。领导者提供极少的指示性行为或支持性行为。

接下来，赫塞—布兰查德定义了成熟度的 4 个阶段，并针对下属成熟度的 4 个阶段，分别实行命令式、推销式、参与式和授权式 4 种领导方式。

第一阶段 M1，下属对于执行任务既无能力又不情愿；他们既不能胜任工作又不能被信任。

第二阶段 M2，下属缺乏能力，但却愿意从事必要的工作任务；他们有积极性，但目前缺乏必要足够的技能。

第三阶段 M3，下属有能力却不愿意做领导者希望他们做的工作。

第四阶段 M4，下属既有能力又愿意做领导者让他们做的工作。

图 9-5 概括了情境领导模型的各项要素。当下属的成熟度水平不断提高时，领导者不但可以不断减少对活动的控制，还可以不断减少关系行为，在第一阶段，下属需要得到明确而具体的指导。在第二阶段，领导者需要采取高任务—高关系行为。高任务行为能够弥补下属能力的欠缺；高关系行为则试图使下属在心理上“领会”领导者的意图。在第三阶段，出现的激励问题运用支持性、非指导性的参与风格可获最佳效果。在第四阶段，领导者不需要做太多事，因为下属既愿意又有能力担负责任。

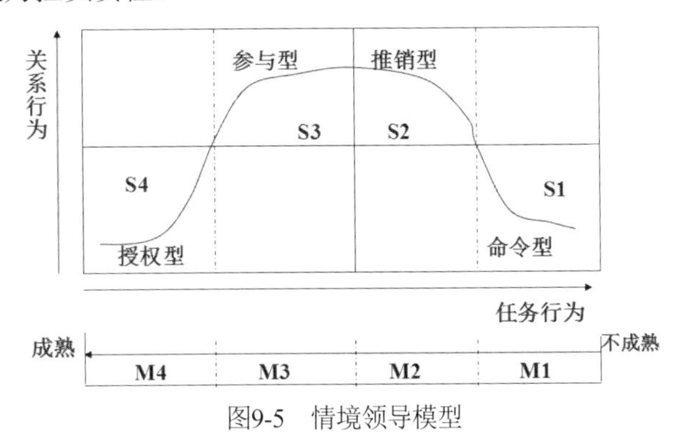

图9-5　情境领导模型

不过，赫塞—布兰查德的情境领导理论很少被研究者所重视。一些研究者认为该理论能在部分场景得到验证；另一些人却指出没有发现这一假设的支持证据，应用该理论要谨慎。

三、路径—目标理论

罗伯特 • 豪斯(Robert House)以俄亥俄州立大学的领导理论研究为基础，借鉴激励理论中的期待理论，提出了路径—目标理论。该理论认为，领导者的工作是帮助下属达到他们的目标，并提供必要的指导和支持以确保各自的目标与群体或组织的总体目标相一致。“路径—目标”的概念来自这样一种信念：有效领导者通过指明实现工作目标的途径来帮助下属，并为下属清理各项障碍和危险。

领导者的行为被下属接受的程度，取决于下属是将这种行为视为获得满足的即时源泉，还是作为未来获得满足的手段。领导者行为的激励作用在于：第一，它使下属的需要满足与有效的工作绩效联系在一起；第二，它提供了有效绩效所必需的辅导、指导、支持和奖励。为此，豪斯确定了以下 4 种领导风格。

(1) 指导型领导。他们让下属知道领导对他的期望是什么，以及完成工作的时间安排，并对如何完成任务给予具体指导，这种领导类型与俄亥俄州立大学的定规维度十分近似。

(2) 支持型领导。他们十分友善，并表现出对下属需求的关怀，这种领导类型与俄亥俄州立大学的关怀维度十分近似。

(3) 参与型领导。他们与下属共同磋商，并在决策之前充分考虑下属的建议。

(4) 成就导向型领导。他们设定富有挑战的目标，并期望下属发挥自己的最佳水平。

不过，与菲德勒领导行为理论中领导风格是固定不变的假定相反，豪斯认为领导者是灵活的，同一领导者可以根据不同的情境表现出不同的领导风格。

同时，豪斯还提出了两个权变因素作为领导者的行为和结果之间的中间变量(见图 9-6)，具体如下。

(1) 环境。环境是在下属可控制范围之外的权变因素，如工作性质、组织性质、任务结构、正式权力系统、工作群体等，其决定了需要什么样的领导行为类型。

(2) 个人。个人是下属个性特点中的一部分内容，如控制点、经验、认知能力、受教育程度、承担责任、独立程度等，其决定了个体对环境和领导者行为如何解释。

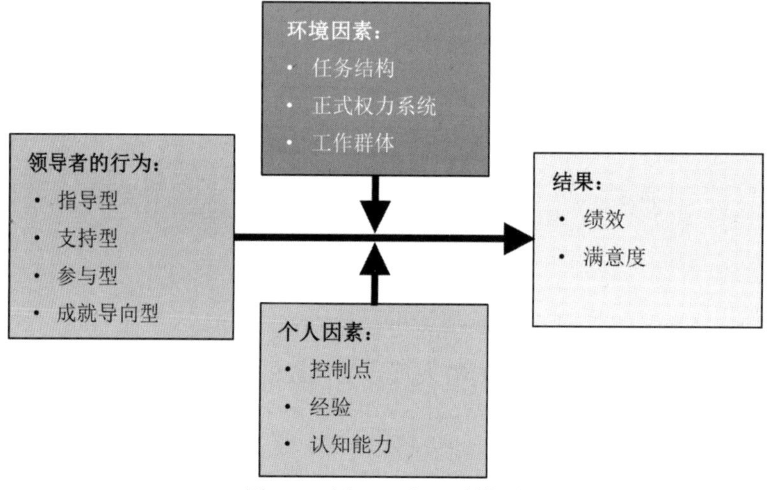

图9-6　路径—目标理论模型

下面是由路径—目标理论引申出的范例。

(1) 相较于具有高度结构化的任务(或安排完好的任务)，当任务不明或压力过大时，指导型领导能使员工获得更高的满意度。

(2) 当下属执行结构化任务时，支持型领导能使员工获得高绩效和高满意度。

(3) 当下属认知能力强或经验丰富时，指导型领导往往会被视为累赘、多余。

(4) 组织中的正式权力关系越明确、越官僚化，领导者越应表现出支持型行为，降低指导型行为。

(5) 当任务结构不清时，成就导向型领导能提高下属的努力水平，易实现高绩效的预期。

(6) 控制点为内部的下属，对指导型风格更为满意。

对路径—目标理论的研究揭示了其背后的逻辑，即如果领导者弥补了员工或工作环境方面的不足，则会对员工的绩效和满意度起到积极的影响；当任务本身十分明确或员工有能力和经验处理它们而无须干预时，如果领导者还花费时间解释这些任务，则下属会把这种指导性行为视为累赘、多余甚至是无用的。

四、领导者参与模型

1973 年，维克托 • 弗鲁姆和菲利普 • 耶顿(Phillip Yetton)提出了领导者参与模型，其主要指出了领导行为和决策参与的关系。由于认识到常规活动和非常规活动对任务结构的要求各不相同，研究者认为领导者的行为必须加以调整以适应这些任务结构。领导者参与模型提供了一系列的有序规则，在决定领导者在决策中的参与类型和参与程度时必须遵循这些规则。这一决策模型包括 7 项权变因素(可通过“是”或“否”选项进行判定)和 5 种可供选择的领导行为。

该模型认为对于某种情境而言，5 种领导行为中的任何一种都是可行的，它们是独裁 I(AI)、独裁 II(AII)、磋商 I(CI)、磋商 II(CII)、群体决策 II(GII)，具体描述如下。

(1) AI。领导使用自己手头现有的资料独立解决问题或做出决策。

(2) AII。领导从下属那里获得必要的信息，然后独自做出决策。在决策中下属扮演的角色是向领导提供必要信息的人，而不是提出或评估可行性解决方案的人。

(3) CI。领导与有关的下属进行单独讨论，获得他们的意见和建议。领导所做出的决策可能受到或不受到下属的影响。

(4) CII。领导与下属集体讨论有关问题，收集他们的意见和建议，领导所做出的决策可能受到或不受到他们的影响。

(5) GII。领导与下属集体讨论问题，一起提出和评估可行性方案，并试图获得一致的解决办法。

领导者参与模型进一步证实了领导研究应指向情境而非个体。与豪斯的路径—目标理论相同，弗鲁姆、耶顿和杰戈都反对把领导者的行为看作是固定不变的，他们认为，领导者可根据不同的情境调整他的风格。

五、领导并非总是被需要

按照领导权变理论，领导风格在任何情境下都有效的看法可能并不正确。领导并不总是重要的。不少研究资料表明：在许多情境下，领导者表现出什么样的行为是无关紧要的。某些个体、工作和组织变量可以作为“领导的替代物”，从而替代领导者的影响。

例如，当下属有经验、受过专业培训或有独立需要时，则可以替代领导的效果或取代为了进行结构化和降低任务模糊性而产生的对领导支持的需求。同样，当工作明确、规范或能满足个体需求时，下属对领导变量的需要也会大大减少。此外，明确正式的目标、严格的规章和程序或内聚力高的工作群体等组织变量，也可以代替正式的领导活动。

六、民族文化与领导风格

根据领导权变理论，有效的领导者并不局限于采用某一种特定的风格，他们会根据情境灵活调整自己的领导风格。然而，在某些情况下也有例外，如民族文化这个重要情境变量对塑造领导风格有重要影响。

领导风格的有效性受到民族文化的影响，因为下属的期望会基于他们的文化基础。这时，领导者不能凭主观意愿选择他的风格。例如，阿拉伯地区和拉丁美洲国家的权力距离指数较高，采用操纵或专制的领导风格可能比较有效；而在低权力距离的国家(如挪威、芬兰、丹麦和瑞典等)，参与式的领导风格可能更有效。

不过，绝大多数领导理论都是在美国发展起来的。这些理论都比较强调下属的责任而不是权利，看重获得自我满足感而不是对职责的承诺或是利他的动机，看重工作本身和民主化的价值取向，比较强调理性。基于此类领导风格的领导理论，可能不太适用于其他国家。

❖ 案例导入 1

高明是空调销售公司的总经理。他刚接到有关公司销售状况的最新报告：销售额比去年同期下降了 25%、利润下降了 10%，而且顾客的投诉上升。更为糟糕的是，公司内部员工纷纷跳槽，甚至还有几名销售分店的经理提出辞职。他立即召集各主管部门的负责人开会讨论该问题的解决办法。会上，高总说：“我认为，公司的销售额之所以下滑都是因为你们领导不得力。公司现在简直成了俱乐部。每次我从卖场走过时，我看到员工们都在各处站着，有的在聊天，有的在打电话，对顾客视而不见，他们关心的是多拿钱少干活。要知道，我们经营公司的目的是赚钱，赚不到钱，想多拿钱，门儿都没有。你们必须记住，现在我们迫切需要做的是对员工进行严密监督和控制。我认为现在有必要安装监听装置，监听他们在电话里谈些什么，并将对话记录下来，交给我处理。当员工没有履行职责时，你们要警告他们一次，如果他们不听，马上请他们走人……”

部门主管们对高总的指示都表示赞同，唯有销售部经理李燕提出反对意见。她认为问题的关键不在于控制不够，而在于公司没有提供良好的机会让员工真正发挥实力。她认为每个人都有一种展示自己的才干、为公司努力工作并做出贡献的愿望。所以解决问题的方式应该从和员工沟通入手，真正了解他们的需求，使工作安排富有挑战性，促使员工以从事这份工作而引以为豪。同时在业务上给予指导，花大力气对员工进行专门培训。

然而，高总并没有采纳李燕的建议，而是责令所有的部门主管在下星期的例会上汇报要采取的具体措施。

问题：

请运用菲德勒的权变领导理论，说一说高总应该采取怎样的领导方式才能改善公司现有的局面。

❖ 案例导入 2

一家软件服务公司近两年来业务扩展得很迅速，业绩持续增长，公司打算招聘一些新员工，并对原来的人员进行人事调整，以便更好地适应公司业务发展。于是，人力资源部决定将研发部程序员 Sam 提升到另外一个部门做项目经理，负责接手刚签订的财务软件的开发项目。Sam 在公司工作三年多了，在上司 Tony 眼中，他无疑是一个很有发展前途的好员工。每天早上他总是神采奕奕地手拎笔记本电脑，步履矫健地走进办公室，迎面碰到同事，他总是带着微笑说声“hello”，周围的人都能被那股充满激情的劲头所感染。对于上司交代的任务，他也总能高效率地独立完成，并提出一些更有效的处理建议。当同事在工作中遇到一些问题时，他都很乐意提供帮助。理所当然，他应该成为公司这次人事提拔的首要人选。

Sam 调到新工作岗位后的几周内，依旧像往常一样勤奋，一丝不苟地工作。可是最近一段时间，他变得沉默寡言，表情十分漠然，每天拖着沉重的步子慢慢挪进办公室，甚至有几次上班迟到，没有工作状态，脾气变得越来越急躁不安，每次都要等到 Tony 催促，他才嘟嘟囔囔着草草完工。Tony 对此疑惑不解，为什么 Sam 提升后的表现和以前截然不同，显然这和公司的期望完全相反，究竟是什么地方出了问题？

问题：

(1) Sam 为什么能得到提拔？你认为 Tony 很可能是哪种领导理论的信奉者？

(2) 你认为 Sam 不能适应新岗位的主要原因是什么？

(3) 如果你是 Tony，你会怎样帮助 Sam？

第五节　有关领导的其他视角

一、领导归因理论

归因理论主要用于搞清原因和结果之间的关系。当一件事发生时，人们总愿意将它归因于某种原因。领导归因理论是指领导对下属行为原因的解释。

基于归因理论的框架，研究者发现，人们倾向于把领导者描述为具有这样一些特质，如智慧、随和的个性、很强的语言表达能力、进取心、理解力和勤奋。俄亥俄州立大学研究中的高—高型领导者与人们对好领导的归因一致，即不论情境如何，人们都倾向于将高—高型领导者视为最佳。

在组织层面上，归因理论解释了人们为什么倾向于把组织中绝对消极或绝对积极的工作绩效归因于领导；它还有助于解释当组织面对严重的财政危机时首席执行官们的敏感性；它还澄清了为什么 CEO 都会因为极好的财政状况而赢得好评，而不管他们实际上的贡献大小。

还有一个有趣的现象，人们常常认为有效的领导者所做的决策前后一贯或坚定不移。有证据表明“伟人式”领导人被认为是从困难或不寻常入手，通过决心和毅力，最终获得成功。

二、领袖魅力型领导与愿景规划型领导

魅力型领导理论指出，当下属观察到某些行为时，会把它们归因为伟人式的或杰出的领导能力。大部分关于魅力型领导的研究主要是确定具有领袖气质的领导者与无领袖气质的领导之间的行为差异。

一些研究者试图确认有领袖魅力的领导者的个性特点。罗伯特•豪斯提出魅力型领导有3种个人特征：高度自信、有支配他人的倾向、对自己的信念坚定不移。瓦伦•本尼斯(Warren Bennis)研究了90位美国比较成功的领导者，发现他们有4种共同的能力：①有令人折服的远见和目标意识；②能清晰地表述目标，使下属明确理解；③对目标的追求表现出一致性和全身心的投入；④了解自己的实力并以此作为资本。而麦吉尔大学的杰•康格(Jay Conger)和鲁宾德拉•卡农格(Rabindra Kanungo)发现，有领袖魅力的领导者都有一个想要达到的理想目标，并会为此目标全身心地投入和奉献；他们反传统、非常固执而自信，通常被认为是激进变革的代言人而不是传统现状的卫道士。表9-4总结了有领袖魅力的领导者的关键特征。

表9-4　有领袖魅力的领导者的关键特征

特征	描述
自信	有领袖魅力的领导者对他们自己的判断和能力有充分的信心
远见	能够清晰、生动地描述愿景目标。他们有理想的目标，认为未来定会比现状更美好
清楚表述目标的能力	他们能够明确地陈述目标，以使其他人都能明白。这种清晰的表达表明了对下属需要的了解，并成为一种激励的力量
对目标的坚定信念	他们具有强烈的奉献精神，愿意从事冒险性的工作，能够承受高代价，为了实现目标勇于前进，不惧失败
不循规蹈矩的行为	行为表现常常超乎常规。他们的行为被认为是新颖的，反传统、反规范的。当获得成功时，这些行为令下属惊诧而崇敬
作为变革的代言人出现	他们被认为是激进变革的代言人而不是传统现状的卫道士
环境敏感性	对环境限制及下属需要十分敏感。他们能够对需要进行变革的环境、约束和资源进行切实可行的评估

研究表明，有领袖魅力的领导者与下属的高绩效和高满意度之间有着显著的相关性。为有领袖魅力的领导者工作的员工，会因为受到激励而付出更多的努力，而且，由于他们喜爱自己的领导，也表现出更高的满意度。那么，既然领袖魅力如此理想，人们是否可以学做有领袖魅

力的领导者呢？大多数研究者认为个体可以经过培训而展现领袖魅力。

另外，虽然有领袖魅力的领导者对于员工达到高绩效水平来说并不总是必需的，但当任务中包含观念性要素时，领导者的领袖魅力就显得尤为重要。这可以解释为什么有领袖魅力的领导者更多地存在于政治、宗教活动中，或者在一个引入重要新产品或面临生存危机的组织中出现。例如，富兰克林•罗斯福在经济大萧条期间指出了光明的前景；马丁•路德•金的伟大梦想是通过和平手段实现社会平等；史蒂夫•乔布斯为苹果公司赢得了技术员工的忠诚和承诺；毛泽东高超的预见力和洞察力、非凡的军事指挥才能，对党和红军制定正确的方针政策、取得长征胜利发挥了无可替代的作用。

愿景规划型领导是指能够设计一个现实的、可信的、诱人的前景目标的领导者。他们通常具有引人注目的鲜明形象，这种形象冲击着人们的情感、鼓舞着人们的热情、激发着人们的能量，去实现组织目标，并且组织成员还相信这种愿景完全可以实现。原中国女排总教练郎平就是一个善于规划球队的发展方向、完成组队，并协助教练班子完成训练和比赛任务，展现鲜明的愿景规划的领导者。

愿景规划型领导具备的技能有：①向他人解释愿景的能力；②不但通过言语更要通过行动表达愿景的能力；③在不同领导情境中施展并运用愿景的能力。

三、事务型领导与变革型领导

本章中介绍的大多数领导理论(如俄亥俄州立大学的研究、菲德勒模型、路径—目标理论、领导者参与模型)讲的都是事务型领导。这些领导者通过明确角色和任务要求而指导或激励下属向着既定的目标活动。还有另一种领导类型，他们鼓励下属为了组织的利益而超越自身利益，并能对下属产生超乎寻常的深远影响。他们是变革型领导，如微软公司的比尔•盖茨、苹果公司的乔布斯、华为公司的任正非。他们关心每一个下属的日常生活和发展需要，关注每一个下属的兴趣所在；他们帮助下属以新观念看待老问题从而改变下属对问题的看法；他们能够激励、唤醒和鼓舞下属为达到群体目标而付出更大的努力；他们鼓励下属为了组织利益而超越自身利益；他们对下属产生超乎寻常的深远影响。

在工作中，这两种类型的领导并不是相互对立的，变革型领导是在事务型领导的基础上形成的。但有相当多的证据证实变革型领导要优于事务型领导。与单纯的事务型领导相比，变革型领导能够更好地激发下属的工作动机，提高绩效水平。或者说，变革型领导与低离职率、高生产率和高员工满意度之间有着更强的相关性。此外，变革型领导也更具有领袖魅力。变革型领导与领袖魅力型领导的区别在于：领袖魅力型领导希望下属能够适应其所创造的环境，而变革型领导则试图逐步培养下属的能力，使他们不但能解决由观念产生的问题，还能解决领导者提出的问题。

四、性别与领导

今天，已经有成千上万的女性成为优秀企业家甚至国家领导人，如德国原总理安格拉·多罗特娅·默克尔(Angela Dorothea Merkel)、英国前首相玛格丽特·希尔达·撒切尔(Margaret Hilda Thatcher)、英国前首相特雷莎·玛丽·梅(Theresa Mary May)、缅甸原国务资政昂山素季(Aung San Suu Kyi)、中国香港特别行政区第五任行政长官林郑月娥、珠海格力电器股份有限公司董事长兼总裁董明珠等，都是杰出的女性政治领导人或企业家。随着女性地位和受教育水平的提高，相信会有越来越多的女性进入管理层，扮演着企业家、银行家或政治家等角色。但无论对于男性还是女性，领导中的一些性别话题将会对聘用、绩效评估、晋升及其他人事决策造成困扰，因而有必要对性别与管理问题加以讨论。

有一个颇具争议性的课题，即女性与男性的领导风格是否有所不同？进一步的问题是，如果确有不同，那是否就意味着某一种更为不利？这些都是无法回避的问题。

大量的研究表明，男性与女性确实会采用不同的领导风格。通常，女性相对于男性倾向于采用更为民主型或参与型的风格，而较少采用专制型或指导型的风格。她们鼓励参与，共享权力与信息，并努力提高下属的自我价值，而且依赖她们的领袖魅力、专业知识和人际交往技能来影响他人。女性倾向于运用变革型的领导方式，通过将员工的自身利益转化为组织目标而激励他人。而男性常以自己岗位所赋予的正式权力作为影响基础，更乐于采用指导型、命令型的风格。男性倾向于运用事务型的领导方式，通过奖励优异工作和惩罚不良工作进行领导。不过，也有研究表明，在男性主导的工作中，女性领导者更为民主的倾向性会减弱。此时群体规范和男性角色的刻板印象大大超过了个人偏好，因而女性在这些工作中放弃了她们本质的风格而以更为专制的风格采取行动。

另外，在现代组织中，灵活性、团队工作、信任和信息共享的特点正在迅速地取代工作结构僵化、个人主义倾向严重、控制和保密等特点。此时，最好的管理者应认真聆听下属的心声，充分激励和支持下属，鼓励和影响下属而不控制下属。总体上说，女性在倾听、激励、放权、支持、鼓舞、谈判等事务上似乎比男性更为出色。一般地，在组织发展的共同事务上，女性并不像男性那样过分看重个人的输赢和竞争。

当然，并非所有的女性领导者都偏好民主型风格，也有很多女性采取变革型的领导方式。因此，当我们以性别来标识领导风格时应十分慎重。另外，女性倾向于采取的领导风格并非必然带来领导的有效性。何种风格有效还取决于情境，不应断定某一种风格总比另一种风格优秀。例如，当没有经验和缺乏进取心的员工从事结构不明的任务时，指导型的领导风格可能更有效，但指导型风格不是女性所偏好的。最好的领导者是能够不断地调整领导风格以适应不同情境的管理者。

五、通过授权而领导

随着经济全球化的深入发展和科学技术的日新月异，单个管理者的能力、知识、见识在现代管理工作的复杂性面前捉襟见肘。授权成为解决现代管理难题的重要内容。

授权受到两种力量的推动。其一是最了解问题情况的人需要进行快速决策，这需要将决策移到较低层次。如果组织想在全球经济竞争中获胜，就必须能够进行快速决策和迅速变革。其二是组织精简的事实，其结果使得很多管理者的管理幅度显著增加，因此处处过问、事无巨细的管理显然行不通了，“因为你不可能懂得每一种数据系统和每一项决策”。这样，管理者必须授权给他的员工。授权是一个放手的过程，是一种领导的延伸。

特别地，如果一个工作队伍由有知识、有技能、有经验、完全可以胜利工作的成员组成，而且这些成员是内控型并追求自主性的工作风格，则可以通过授权与参与的方式使员工拥有权力，这与情境领导理论和路径—目标理论的观点是一致的。另外，授权工作几乎总是与集中培训相伴随，因为当员工基于再培训提高了技术、能力和自信后，授权过程成功的可能性便增加了。

六、团队领导

团队领导是指负责为团队提供指导，为团队制定长远目标，在适当的时候代表团队处理与组织内其他部门关系的角色。团队领导属于这个团队，是这个团队中的一员，并且在团队内部施加影响。

团队领导角色与传统的领导者角色十分不同。团队领导需要具备的技能包括：①耐心地分享信息；②信任他人并放弃自己的职权；③明白在什么时候对员工进行干预。基于此，团队领导在管理工作过程中，一般会重点关注两方面的内容：①对团队外部事务的管理；②对团队进程所实施的推动。此外，团队领导扮演着 4 种具体的领导角色，具体如下。

(1) 对外联络官。团队领导应该澄清其他人对团队的期望，从外界收集信息并与团队成员分享这些信息。

(2) 困难处理专家。团队领导应该组织团队成员针对困难进行交流，并获得解决某些困难所必需的资源。

(3) 冲突管理者。团队领导应该帮助团队成员明确问题所在，包括明确：有谁卷入了冲突？可能的解决方案有哪些？

(4) 教练。团队领导应该明确团队的未来期望和所有团队成员的角色，为团队成员提供教育与支持，为团队成员的成功喝彩，尽一切努力帮助团队成员保持高水平的工作业绩。

七、创建信任的文化

还有一个与领导角色相关的问题尚未触及，那就是作为一个组织成员，你为什么不相信组织或领导？也许你有正当的理由，例如，因为领导失信于人，或者是因为领导或你服务的组织不正规、不靠谱。“一朝被蛇咬，十年怕井绳。”这句谚语合理地解释了某些员工难以对组织领导产生信赖的原因。这就涉及领导在组织中如何创建信任文化的课题，因为建立和谐的合作关系的唯一途径，就是使双方相互信任。

创建信任的文化包括以下两方面内容。

(1) 领导者要有信誉。所谓信誉，就是领导者的诚实、胜任力和鼓舞他人的能力等要素。其中，在受尊重的领导者当中，诚实这一要素位列第一。

(2) 领导者要被下属、组织成员所信任。所谓信任，就是组织成员对其领导者的为人、人格和能力十分相信。他们确信领导者的权力与影响力不会被滥用。这时，领导给下属授权很重要，领导要相信组织成员，组织成员也要利用好他们的新权力来完成任务，从而扩展组织内部与组织之间的非权威性关系。

领导又该如何在组织中建立起信任呢？研究表明，以下几方面对于建立信任非常重要：工作要透明化；领导者要公正；领导者要适当地与组织成员分享情感；领导者要讲真话；领导者在对待组织工作和组织成员时要能够做到始终如一；领导者要能够兑现承诺；领导者要保护隐私；必要的时候，领导者要能够展现出实力，如领导者的临危不乱、气魄、勇气、毅力、胆识、洞见、坚持不懈等，都是实力的展现，并为组织成员树立榜样。

本章提要

1. 管理者是被任命的，他们拥有合法的对下属进行奖励和处罚的权力，其影响力来自于他们所在的职位赋予的正式权力。而领导者则可以是被任命的，也可以是从一个群体中产生出来的。领导者可以不运用正式权力来影响他人的活动。

2. 领导者有六项特质不同于非领导者：进取心、领导意愿、诚实与正直、自信、智慧、工作相关知识。

3. 菲德勒模型确定了三项权变因素：领导者—成员关系、任务结构和职位权力。通常，在十分有利和十分不利的情境中，任务取向型的领导者干得更好；在中等有利或不利的情境中，关系取向型的领导者干得更好。

4. 情境领导理论提出了 4 种领导风格：命令、推销、参与、授权。选择何种领导风格取决于下属的成熟度。如果下属的成熟水平较高，则领导者应该减少控制和参与。

5. 路径—目标理论指出有两个权变因素，即环境变量和下属的个性特点；还提出了 4 种领导行为，即指导型、支持型、参与型、成就导向型。领导行为应与环境要求和下属特点相匹配。

6. 领袖魅力型领导是自信的、富有远见的，对目标有强烈的信念，具有反传统精神；事务型领导通过明确角色和任务要求而指导下属达到目标；变革型领导能够鼓励下属为了组织的利益而超越自身的利益。

7. 女性与男性具有不同的领导风格。通常，女性更倾向于民主或参与；而男性则更倾向于指导、命令和控制。当然，这个结论并不具有普遍意义。

案例分析

❖ 案例 9-1

教室的门被推开后，走进来三个人，教授后面跟着一位年轻的陌生人和一位大家都认识的某企业名人，这位名人的年纪与教授相当，大约 60 岁。教授先介绍了这位年轻的陌生人，他是去年以第一名成绩毕业的 MBA 学生；另外这位企业名人则是教授的高中同学，只有高中学历。教授说他今天请这两位来宾分别用 20 分钟来说明什么是“好的领导”，然后请同学们写出这两个人的差异。

这名学生在短短 20 分钟内引用了 5 位名人的领导经验，这 5 人包括通用电气集团 CEO 杰克•韦尔奇、英特尔公司前 CEO 安迪•葛洛夫、现代管理学之父彼得•德鲁克，以及中国台湾的王永庆和中国香港的邵逸夫。听起来似乎这 5 人的领导方式便代表着好的领导。

年轻人讲完后，很有信心地将麦克风交到企业名人手中。企业家微笑着说：“我用 6 个字就能说明什么是好的领导。”随后停顿了一下又说道：“但是怕教授和同学们说我在浑水摸鱼，因此必须把 6 个字讲成 20 分钟，希望大家未来不要学我把领导复杂化了。”

“在我 40 年的职场岁月中，只是不断地想做到一个境界：那就是如何让别人在我的公司上班是出于‘心’甘情愿，而非出于‘薪’甘情愿。虽然只差一个字，我却练习了 40 年。”

“要做到‘薪’甘情愿比较简单，制定一套健全的管理制度就可以了，但要做到让别人‘心’甘情愿，就必须让别人从心底接受你。所以我认为，领导没有什么大道理，就是‘领导等于做人’这 6 个字而已。”

“我把职场分成什么都不懂、初阶主管、中阶主管、高阶主管、老板五个阶段，为了把人做好，我在每个阶段练习一件事，因此总共练习了 5 件事，虽然只有 5 件事，但这却花了我 40 年的时间。”

“在我刚毕业什么都不懂的时候，我练习的第一件事是‘少不多是’，也就是我从‘不’会去问公司给的任务有多困难，我只问自己要如何去达成而已，练习久了，就会感觉到自己正在快速地成长。”

“后来自己成了初阶主管，我练习的第二件事是‘少说多听’，也就是可以听的时候我绝对不开口，让自己不断学习如何掌握重点与分析逻辑。练习久了，自然就形成了讲话只讲重点的风格。”

“当自己成为中阶主管后，我练习的第三件事是‘少我多你’，也就是多想到别人，少想到自己，凡事从别人的角度来想，练习久了，自然就培养出更大的雅量。”

“成为高阶主管时，我练习的第四件事是‘少旧多新’，也就是我不再重复做已经成功做过的事，否则不可能有新的突破，练习久了，就会不断产生新的创意。”

“最后当自己变成了老板，我练习的第五件事是‘少会多读’，也就是要求自己重新从什么都不会的阶段再开始要求自己，放空自己，多阅读，书读多了，自然会看到自己还有很多本该谦虚的地方。”

老教授最后向学生解说道，他今天之所以安排一位没经验的管理者，与一位有丰富经验的管理者来对比，主要目的是想让学生亲身感受一个简单的事实：若想将自己变成一位成功的领导者，就要先把人做好。

资料来源：领导与做人. 百度文库[EB/OL]. http://wenku.baidu.com/. 作者有删改

问题：

试运用本章所学习的领导理论分析企业家的领导哲学。

❖ 案例 9-2 | 最初的“军事训练营”

马克•扬是一家大型医院的粉刷部领导，其手下有 20 名雇员。他在来医院工作之前，也是一名独立承包人。他在医院的这一职位是新设立的，因为医院觉得进行粉刷事务的方式应该有所改变。

在马克开始其新工作时，他先进行了一项为期 4 个月的关于粉刷事务的直接和间接花费的分析。分析结果与他的上司得出的粉刷服务效率低下且费用昂贵的看法完全符合。因此，马克对整个部门进行了重组，制定出了一套新的进度计划程序，重新确立了评估绩效的标准。马克说他刚开始领导粉刷部进行工作时的准则是“唯任务论”，就像一个军事训练官一样，根本不理会下属反映的情况。在他看来，医院这一工作环境决定了工作中不允许出现任何差错，所以他严格要求员工，使他们在医院的环境约束下努力工作。

随着时间的推移，马克逐渐改变了他的领导模式，变得比较宽松，而不是只会通过下命令来领导了。他把部分责任交给了两位向他负责和报告的组长，但同时还保持和每一个员工的近距离交流。每周他都会带一些员工去当地的一个体育休闲酒吧吃点东西。他还喜欢和员工开玩笑。他在“索取”的同时也“付出”。

马克为他的部门感到骄傲。他说他总是希望能够成为一名教练，这也是他对于管理这一部门的想法。他喜欢和员工一起工作，尤其喜欢看见他们漂亮地完成工作，以及依靠自身力量完成工作时兴奋的目光。

在马克的成功领导下，粉刷部的工作成绩有了显著的提高，现在已经被别的部门视为维护部中最具效率的部门。顾客们对粉刷服务的好评率高达92%，这是医院所有服务项目中好评率最高的。

资料来源：领导行为理论案例. 360文库[EB/OL]. https://wenku.so.com/. 作者有删改

问题：

(1) 从领导行为理论的角度考虑，你会如何描述马克•扬的领导行为？

(2) 马克的领导模式随着时间是如何变化的？

(3) 总的来说，你认为马克是偏向于任务导向还是关系导向？

❖ 案例 9-3 | 孔明失街亭的根源

《三国演义》中第95、96回是书中极为精彩的部分，讲的是孔明与司马懿为争取街亭斗智斗勇的故事。孔明虽有百万甲兵，但对人的领导仍存在盲点。若现在以情境领导的观点来看，则会发现孔明直接带领众多将军，导致“控制幅度”过大，加上在战事中决策的失误，不但失了街亭，还斩了马谡，可以说是孔明一世英明中的败笔之一。虽然随后用空城计退了司马懿，扳回一役，但是无法弥补他斩将的损失。

资料来源：情景领导案例剖析. 豆丁网[EB/OL]. https://www.docin.com/. 作者有删改

问题：

(1) 孔明的失误说明了领导者在用人方面应注意哪些问题？

(2) 试用情境领导理论剖析孔明“失街亭，斩马谡”的领导行为。

思考与练习

一、单项选择题

1. 根据领导者运用职权的方式划分，可以将领导方式分为专制、民主与放任3种类型。其中民主式领导方式的主要优点是(　　)。

A. 纪律严格，管理规范，赏罚分明

B. 组织成员具有高度的独立自主性

C. 按规章管理，领导者不运用权力

D. 员工关系融洽，工作积极主动，富有创造性

2. 领导者是(　　)。

A. 企业中职称最高的人　　B. 企业中技术水平最高的人

C. 企业中最有威信的人　　D. 确定和实现组织目标的指挥者

3. 根据领导权变理论，领导的有效性取决于(　　)。

A. 领导者的个人品质　　B. 固定不变的领导行为

C. 领导者是否适应所处的具体环境　　D. 领导者是民主型领导还是放任型领导

4. 按照领导生命周期理论，对于比较成熟的中年骨干职工，领导风格宜采取(　　)。

A. 命令型　　B. 说服型　　C. 参与型　　D. 授权型

5. 领导力的来源包括两方面：位置权力和个人权力。以下权力中属于个人权力的是(　　)。

A. 惩罚权　　B. 模范权　　C. 合法权　　D. 奖赏权

二、名词解释

领导者　　管理方格理论

三、简答题

1. 领导者的权力来源是什么？
2. 对比赫塞—布兰查德的情境领导理论与管理方格理论。
3. 按照领导者参与模型，说一说哪些权变因素决定了领导者实施参与的程度？
4. 人们是否可以通过学习成为具有领袖魅力的领导？请举例解释。
5. 我们是否可以说女性或男性的领导风格更好？为什么？

四、应用题

1. 为什么人一走，茶就凉？请运用领导理论解释“人走茶凉”的现象。

2. 如果让大街上的普通人解释为什么一个人会成为领导，他们倾向于描述这个人有能力、坚忍持久、自信、能够激发共识、对未来的目标倾注热情，以及支持下属。你是否能将这些描述与本章提出的领导概念联系起来？

3. 有人请教艾森豪威尔将军是怎么当领导的。他就拿了一个软软的绳子，又在地上画了一条直线，然后说：“要叫这条绳子按着这个直线走的话，你是在后面推它，还是在前面拉它呢？”请运用本章的领导理论解释艾森豪威尔将军的提问，并试着分析艾森豪威尔将军的特质。

第十章 控　　制

知识目标

1. 了解控制的定义
2. 能够描述市场控制、官僚控制、小集团控制
3. 能够描述控制过程
4. 能够区分前馈控制、同期控制、反馈控制

能力目标

1. 解释控制为何重要
2. 描述一个有效控制系统的特性
3. 讨论影响一个组织的控制系统设计的权变因素
4. 说明哪些因素是管理者能够控制的

素质目标

解释工作场所隐私、员工偷窃、工作场所暴力这3个当代问题如何影响控制

第一节　控制概述

一、控制的定义

控制是指对各项行动进行监视，从而保证各项行动按计划进行并纠正各种显著偏差的过

程。所有的管理者都应当承担控制的职责，即便他们所在的部门完全按照计划在运作。因为在管理者将已经完成的工作与计划所应达到的标准进行比较之前，其并不知道部门的工作是否进行得正常。一个有效的控制系统可以保证各项行动都朝着组织目标前进，确定控制系统有效性的准则就是评估它对促进组织目标实现的程度。一般地，控制系统越完善，管理者就越容易实现组织的目标。

二、控制的重要性

完善的计划、有效的组织结构及员工的积极性，都不能保证所有的行动都按计划执行，也不能保证管理者追求的目标一定能达到。“走出沙漠”的故事可以揭示这种状况。

比塞尔是西撒哈拉沙漠中的一个小村庄，它在一片绿洲旁。从这走出沙漠一般需要三个昼夜的时间，可是在肯•莱文发现它之前，这里没有一个人走出过沙漠，据说不是他们不愿意离开这块贫瘠的土地，而是尝试过很多次都没有走出去。

肯•莱文当然不相信这种说法。他用手语问这里的人原因，结果每个人的答案都一样：从这儿无论向哪个方向走，最后都还是回到了出发的地方。为了证明这种说法，他做了一次试验，从比塞尔村向北走，结果三天半就走了出来。

肯•莱文非常纳闷，为什么比塞尔人走不出来呢？最后他雇了一个比塞尔人，让他带路，看一看到底怎么回事。他们带了半个月的水，牵了两头骆驼，收起了指南针等现代设备，只拄了一根木棍。十天过去了，他们走了约 800 英里的路程，第十一天早晨，他们果然回到了比塞尔。这次肯•莱文明白了，他们走不出沙漠是因为他们根本不认识北斗星，没有目标调整方位。

由于环境的变化或其他因素的干扰，企业的实际目标与预期目标可能会出现较大偏差，若要减少此偏差，就需要强化管理中的控制职能。控制作为管理的 4 项基本职能之一，能有效强化计划、组织、领导职能的实施成效，对企业目标的实现起到积极的作用。

首先，控制职能作为管理的最后一个职能，其重要性体现在，如果缺乏有效控制手段的支持，管理者就难以保证计划、组织和领导的运行不偏离既定的方向。

其次，控制作用的价值还体现在它与计划的关系上。目标是计划的基础，目标能为管理者指明具体方向。但是仅仅明确目标或者让员工被动地接受目标，并不能确保他们能够采取完成该目标的必要行动。也就是说，控制与计划的关系应该体现为，有效的管理者应该始终监测、督促他人，以保证应该采取的计划行动已经在进行，保证他人应该达到的计划目标能够达到。

再次，控制系统的重要性也体现在管理者的授权问题上。授权意味着管理者对下属的决策负有最终的责任，因此，建立反馈机制是必要的。实践中，许多管理者认为授权是一件非常困难的事情，对于下属犯错误而后果却由管理者自己来承担责任的情况心存顾虑，因此许多管理者试图靠自己做事来避免授权给他人。但是，如果形成了有效的控制系统，这种不愿授权的现象就可以得到有效改善，因为控制系统可以提供给管理者有关下属工作绩效的信息和反馈，进而有助于管理者对下属的行为进行纠正。

最后，控制的重要性还体现在以下对需要控制的原因的描述上：①组织内、外环境变化导致环境的不确定；②分工导致管理权力的分散；③组织成员的工作能力及素质客观上存在差异；④组织活动也是动态的、复杂的；⑤管理失误有时候是不可避免的。

三、市场控制、官僚控制和小集团控制

由控制的定义延伸出去，还有另外几个相关概念，具体如下。

1. 市场控制

市场控制是一种强调使用外在市场竞争的机制，在系统中建立使用标准来达到控制的方法。市场控制实际上是一只“无形的手”在控制、纠偏，常应用于产品或服务市场竞争较为激烈的场景，其控制效果的评价标准可以是各自对公司利润贡献的百分比。

2. 官僚控制

官僚控制是一种强调组织权威的控制手段或途径。这种控制依靠组织的管理规章、制度、过程及政策；依赖行为规范、良好的职务设计、工作描述和其他具体的管理机制与工作流程来保证员工举止得当并且符合行为标准。

3. 小集团控制

在小集团控制下，员工的行为靠组织共同的价值、规范、传统、仪式、信念及其他组织文化方面的东西来调节，小集团控制适用于团体合作频繁且技术变化剧烈的公司。从小集团控制的角度来讲，组织文化和民族文化对组织的运行和发展起着至关重要的作用。

四、控制的基本要素

(1) 控制标准。控制标准就是实施控制行为所依据的标准。标准可以分为多种类别，如质量标准、消耗标准、利润标准、时间标准等。另外，标准可以是有形的，也可以是无形的；标准可以是定量的，也可以是定性的；标准可以是综合的，也可以是具体的。

(2) 偏差信息。偏差信息就是实际行动、工作情况或行动结果与控制标准之间的偏差。只有了解偏差信息，才能决定是否实施控制。

(3) 纠正措施。纠正措施包括对偏差原因进行有效且正确的分析，然后对偏差加以纠正，这些纠正措施包括采取弥补措施、拨乱反正、终止工作。

第二节 控制过程

控制过程可以划分为3个步骤：①衡量实际绩效；②将实际绩效与标准进行比较，并报告给通过自己的行动能对最终结果产生影响的人；③采取管理行动来纠正偏差或不适当的标准。例如，寻找原因，即判断是目标不合理，还是执行存在问题；纠正性调整，即判断是改善工作条件，还是对下属加以培训或损员。

控制过程假定行动的标准总是存在的。虽然标准有很多种类别，但控制标准实际上是一系列的、可以用来对实际行动进行度量的目标。控制标准的基本要求是，让有关人员都知道希望达到的成果是什么。目标主要在管理的计划职能中产生，一般应具备明确的、可证实的和可度量的特征。这里，如果采用目标管理(MBO)，那目标管理中的目标就成了比较和衡量工作过程的标准；如果不采用目标管理，那标准就是管理者使用的具体的衡量指标。但不管怎样，标准必须从计划中产生，计划必须先于控制。

1. 衡量

为了确定实际工作的绩效究竟如何，管理者首先需要收集必要的信息，然后进行衡量。但在进行衡量之前，应该考虑如何衡量和衡量什么。

(1) 如何衡量。通常，管理者通过以下4种渠道收集信息来衡量实际工作绩效，即个人观察、统计报告、口头汇报和书面报告。

个人观察提供了关于实际工作的最直接和最深入的第一手资料。观察的内容十分广泛，理论上任何实际工作的过程都可以观察到。走动管理是常见的观察手段，它可以获得面部表情、语调及状态等常被其他来源忽略的信息。但个人观察也有缺陷，如容易受个人偏见的影响、通常要耗费大量时间、有时还要承受贸然闯入的嫌疑。

统计报告是另一种用来衡量实际工作情况的信息来源。统计报告不仅有文字，还包括多种图形、图表等，并且按管理者的要求列出了各种数据。不过，尽管统计数据可以清楚、有效地显示各种数据之间的关系，但它也有缺陷，例如，它对于实际工作提供的信息是有限的，因为其只能在少数可以用数值衡量的地方提供数据，可能会忽略其他许多重要因素。

口头汇报也是获取信息的重要渠道，如各种会议、一对一的谈话或电话交谈等。口头汇报是一种快捷的、有反馈的且同时可以通过语言、语调和词汇来传达信息的信息来源。对在虚拟环境中工作的组织来说，它可能是最好的信息获取方法。现代信息技术使得口头汇报很容易被录制下来，便于存档，像书面文字一样能够永久保存，但缺点是，口头汇报的信息是经过了过滤的。

书面报告也可以用来衡量实际工作绩效。与口头汇报相比，书面汇报的形式更正式、精确和全面，也更易于分类存档和查找；与统计报告相比，书面汇报显得要慢一些。

上述 4 种信息获取方式各有优缺点，但将它们结合起来使用，不仅拓宽了信息的来源，也提高了信息的可靠性。

(2) 衡量什么。“衡量什么”可能比“如何衡量”更关键。如果错误地选择了标准，将会导致严重的不良后果。一般来说，衡量什么将会在很大程度上决定组织中的管理者和员工追求什么。

有一些控制准则在任何组织环境中都可以运用。例如，管理者是指导他人行动的人，因此员工的满意度、营业额及出勤率等是可以衡量的；许多管理者通常都有他职权范围内的费用预算，因此支出费用是否在预算之内也是一种常用的衡量标准。再如，生产主管可以用日产量、单位耗时、单位能耗或顾客退货率等指标来衡量生产工作绩效；行政主管可以用每天起草的文件份数、每小时发布的命令数，或者用电话处理一项事务的平均时间来衡量行政工作绩效；销售主管可以用市场占有率、每笔合同的销售额或每位销售员拜访的顾客数量等等指标来衡量销售工作绩效。

但是有些工作和活动的结果是难以用数量标准来衡量的。例如，衡量大学教授的工作，显然要比衡量保险推销员的工作要困难得多。也有许多活动可以分解成能够用目标去衡量的工作，这时管理者需要先确定某个人、某个部门或某个生产单位对整个组织所贡献的价值，然后将其转换成标准。另外，许多工作可以用确定的或可度量的术语来表达，但当一种衡量业绩的指标难以用这种可确定或可量化的术语来表达时，管理者应该寻求一种主观衡量方法。当然，任何建立在主观标准上的分析和决策都可能会有局限性。

2. 比较

比较用来确定实际工作成绩与标准之间的偏差。在某些活动中，偏差是在所难免的，因此，有必要确定可以接受的偏差范围，如图 10-1 所示。在做比较时，管理者应该注意偏差的大小和方向。如果偏差大大超出了可接受的波动范围，管理者就应该提高警觉。

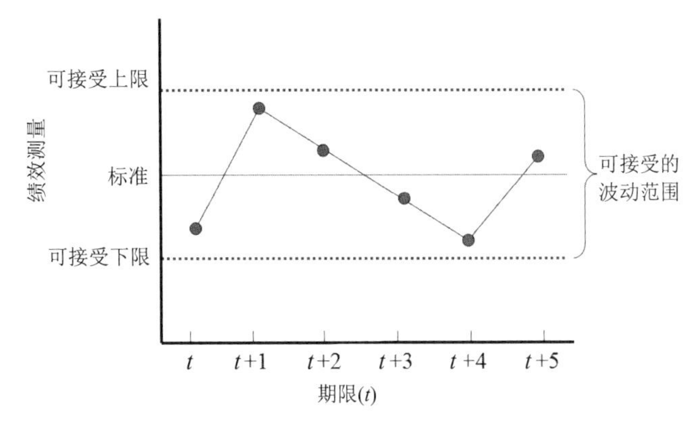

图10-1 确定可接受的偏差范围

3. 采取管理行动

在比较之后，控制的下一步就是采取管理行动。管理者应该在下列 3 种行动方案中进行选择：改进实际绩效，修订标准，或者什么也不做。接下来，重点分析一下前两种行动方案。

(1) 改进实际绩效。如果偏差是由于工作不足所产生的，管理者就应该采取纠正行动。具体的纠正行动包括但不限于：调整管理策略、优化组织结构、采取补救措施、实施培训计划、重新配置工作、进行人事调整等。

改进实际绩效包括两个工作层面：①直接纠正行动，即治标的纠偏举措，立即将出现问题的工作矫正到正确的轨道上；②彻底纠正行动，即治本的纠偏举措，先要弄清工作中的偏差是如何产生的、为什么会产生，再从产生偏差的地方开始进行纠正。在紧急的状态下，首先应该采取直接纠正行动，但最终都应该采取彻底纠正行动，对偏差进行认真的分析，不能满足于不断的救火式的直接纠正行动。事实证明，花时间永久性地纠正实际工作绩效与标准之间的偏差是值得的。

(2) 修订标准。实际工作中的偏差也有可能来自不现实的标准，也就是说，是标准定得太高或太低了，而不是工作表现不好。在这种情况下，需要纠正标准，而不是纠正工作绩效。

不过，降低标准可能会引起更多的麻烦。例如，用对标准的抱怨来掩饰自己的懈怠就是常有的现象。正如激励的归因理论所解释的那样，人们倾向于将成功归功于自己的努力和聪明才智(内因)，而将失败归咎于外部环境(外因)，在这里就是抱怨标准的不合理。当然，也许确实是标准不合理导致了工作中的显著偏差，或者说标准也的确需要加以完善或改进，但是，无论是普通雇员还是管理层，没有达到标准就先责备标准并不是恰当的工作态度。就个人而言，正面的工作姿态是首先反省自己，并向雇员或管理层解释你的观点，然后主动采取一些必要的行动改进工作，努力使期望成为现实。

图 10-2 揭示了控制的过程。标准来源于目标，但目标又是在制订计划时得到的，因此标准远离控制过程。控制过程基本上是一个在衡量、比较和管理行动之间连续流动的过程。根据比较阶段的结果所采取的管理行动可以是改进实际绩效、修订标准或什么也不做。

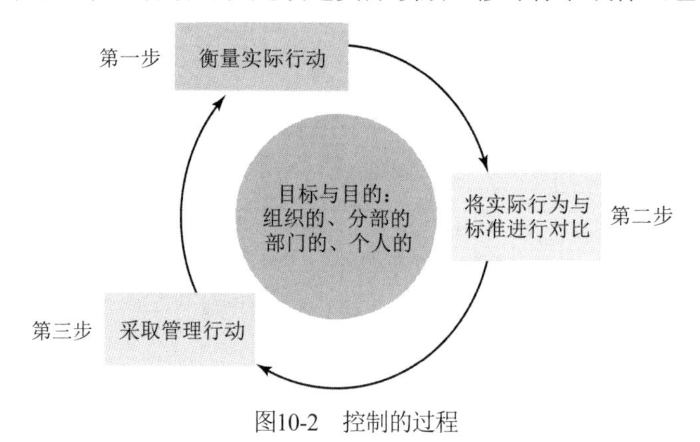

图10-2　控制的过程

第三节 控制的类型、内容与特征

一、控制的类型

管理中的控制可以在行动开始之前、进行之中或结束之后进行。在行动开始之前的控制称为前馈控制；在行动过程中的控制称为同期控制；在行动结束后的控制称为反馈控制。例如，我们常说的“亡羊补牢”，既是反馈控制，又是前馈控制。前馈控制、同期控制、反馈控制的关系如图10-3所示。

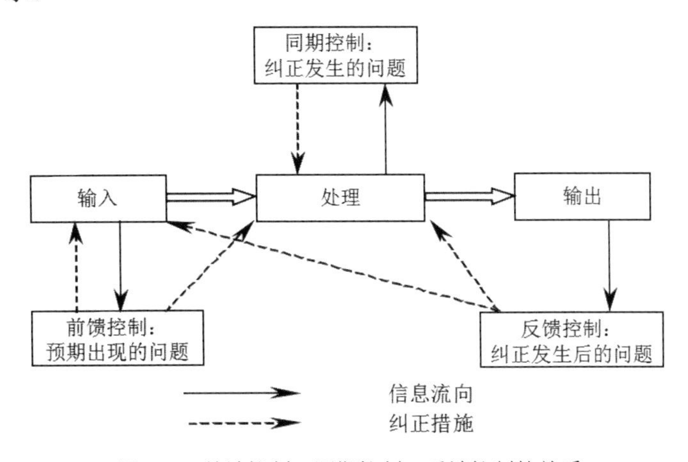

图10-3 前馈控制、同期控制、反馈控制的关系

1. 前馈控制

前馈控制是发生在实际工作开始之前的控制，它是以未来为导向的，又叫事前控制、预防控制，是人们最希望采取的控制类型，因为它能避免预期出现的问题。军事演习、消防演练、企业寻求战略联盟合作伙伴关系等都属于前馈控制。采用前馈控制的关键是要在实际问题发生之前就采取管理行动。

前馈控制是采取预防措施防止问题的发生而不是当出现问题时再补救。这种控制需要及时和准确的信息，但往往很难办到。因此管理者不得不借助另外两种类型的控制。

2. 同期控制

同期控制，又叫现场控制、事中控制、作业控制、即时控制、过程控制，它是发生在活动进行之中的控制。在活动进行中予以控制，管理者可以在发生重大损失之前及时纠正问题。

最常见的同期控制方式是直接视察。当管理者直接视察下属的行动时，可以同时监督雇员的实际工作，并在发生问题时马上进行纠正。虽然在实际行动与管理者做出反应之间肯定会有一段延迟时间，但这种延迟是非常小的。技术设备可以设计成具有同期控制的功能，如许多计算机程序中就设置了当出现错误时操作人员能采取的行动。

3. 反馈控制

反馈控制是在行动发生之后的控制，又叫事后控制，此时损失可能已经产生。召开总结性会议是组织常见的一种反馈控制方式。尽管反馈控制存在一些缺陷，如管理者获得信息时损失已经产生了，但在许多情况下，反馈控制要优于前馈控制和同期控制。一方面，反馈控制为组织提供了关于计划效果的真实信息：如果反馈显示标准与现实之间只有很小的偏差，则说明计划的目标达到了；如果偏差很大，管理者就应该利用这一信息完善或修订计划。另一方面，反馈控制可以增强员工的积极性。因为人们希望获得评价他们绩效的信息，而反馈正好提供了这样的信息，尽管绩效评价的结果可能是令人沮丧的。

二、控制原则

实践中，控制活动是复杂的、艰难的，环境是不好把握的，绩效是难以考核的，甚至控制的后果也是难以预知的。此时，实施管理控制可以基于以下基本原则。

(1) 系统控制原则。系统控制是指在控制中要树立目的性、全局性、层次性的观点。

(2) 以人为中心原则。在控制过程中应充分发挥人的主观能动性，最重要的是纠正人的思想，为人服务，问题最终得靠人去解决。

(3) 例外与重点原则。管理的控制职能，应该树立一种标准，定期地进行衡量，并且只是进行抽样衡量，只有当情况与标准出现明显偏差时才予以控制。控制的重点应放在对组织目标有重要意义的项目与事务上。

(4) 弹性原则。任何一个控制系统，都必须充分考虑各种变化的可能性，管理系统整体或内部各要素、层次在各个环节和阶段上要保持适当的弹性。

三、控制内容

根据事前、事中、事后的控制类型，我们可以进一步细化控制的内容或焦点。虽然控制的内容是纷繁复杂的，但许多控制活动总是体现在人员、财务、作业、信息和组织绩效 5 个方面之一上。

(1) 人员。管理者是通过他人的工作来实现其目标的。为了实现组织的目标，管理者需要让员工按照其所期望的方式去工作，可以直接巡视，评估员工的表现，纠正可能出现的问题。如果绩效良好，员工应该得到奖励；如果绩效不达标，管理者就应该想办法解决，并根据偏差程度予以不同的处分。管理者常用的行为控制手段如表 10-1 所示。

表10-1 管理者常用的行为控制手段

控制手段	作用
甄选	识别和雇用价值观、态度和个性符合管理当局期望的人
目标	当员工接受了具体的目标，这些目标就会指导和限制他们的行为
职务设计	职务设计在很大程度上决定了工作任务、工作节奏及人与人之间的相互作用
定向	员工定向规定了何种行为是可接受的或不可接受的
直接监督	监督人员亲临现场可以限制员工的行为和迅速发现偏离标准的行为
培训	正式培训计划向员工传达期望的工作方式
传授	老员工非正式或正式的传授活动向新员工传递了“该知道和不该知道”的规则
正规化	正式的规则、政策、职务说明书和其他制度规定了可接受的行为和禁止的行为
绩效评估	员工会以使各项评价指标看上去不错的方式行事
组织报酬	报酬是一种强化和鼓励期望行为、消除不期望行为的手段
组织文化	通过故事、仪式和高层的表率作用，塑造员工的行为范式

(2) 财务。例如，企业的首要目标是获取一定的利润。在追求这个目标时，管理者就要进行费用控制。管理者可能仔细查阅每季度的收支报告，以发现多余的支出；财务主管也可能对几个常用财务指标进行计算，以保证有足够的资金支付各种费用，保证债务负担不至于太重，并确保所有的资产都得到有效利用。对财务的控制包括但不限于测定、计算和观察以下这些财务指标：流动性检验(流动比率、速率)、财务杠杆(负债比、收益率)、运营检验(周转率)、盈利性(销售利润率、投资收益)等。

当然，财务控制并不只局限在企业等营利性组织中。例如，在中国红十字会、宋庆龄基金会等非营利性组织(公益慈善机构)中，管理者进行财务控制的主要目标是提高资金的使用效率；而医院、学校和政府部门中的预算控制是一种控制成本的重要手段。

(3) 作业。即对生产、作业事项进行控制。一个组织的成功，很大程度上取决于其生产或服务能力，换言之，通过作业控制可以评价一个组织的转换过程的效率和效果。

典型的作业控制包括：监督生产活动是否按计划进行；评价组织的购买能力，以尽可能低的价格获得所需质量和数量的原材料；监督组织的产品或服务的质量；保证所有的设备处在正常的运行状态下或得到良好的维护。

(4) 信息。即控制与信息有关的事项。管理者需要依靠信息来完成他们的工作，不精确的、不完整的、过多的或延迟的信息将会严重阻碍管理行动，因此开发管理信息系统是非常必要的，要使它能在正确的时间，以正确的数量，为正确的人提供正确的数据。信息技术的发展为信息的收集、处理和提供带来了巨大的便利，过去管理者要花几天才能得到的数据，现在只需几秒。

(5) 组织绩效。许多研究部门为衡量一个机构的整体绩效或效果做着不懈的努力。例如，在企业中，关心组织绩效的利益相关者不仅有组织的管理者、组织的雇员或潜在的雇员，还包括顾客、客户或其委托人，此外，证券分析家、潜在的投资者、潜在的贷款者和供应商也会对组织绩效做出判断。再如，政府机构要决定一个部门的预算是增加还是减少，其根本的依据就是该部门的任务和绩效。此时，为了维持或改进一个组织的整体效果，管理者应该关心控制。整体绩效的衡量指标包括生产率、效率、利润、员工士气、产量、适应性、稳定性，以及员工的旷工率等，其中的单个或多个指标的综合，从一个或多个侧面反映了组织绩效。

四、有效控制的特征

有效的控制系统都具有一些相同的特征，当然这些特征在不同情况下的重要程度不同。

(1) 准确性。准确的控制系统是可靠的，能提供正确的数据。一个提供不准确信息的控制系统将会导致管理层在应该采取行动的时候而没有行动，或者在根本没有出现问题的时候采取了不适当的行动。

(2) 适时性。有效的控制系统必须能够提供及时的信息，以便能及时地引起管理层的注意，防止出现对组织造成严重伤害的行为。即使是最好的信息，如果过时了，也将毫无用处。

(3) 经济性。任何控制产生的效益都必须与控制的成本进行比较，使控制从经济角度上看是合理的。为了节省成本，管理层应该在保障期望结果的前提下使用最少量的控制。

(4) 灵活性。环境的不确定性使得控制方式需要随时间和条件的变化而加以调整。控制系统应该具有灵活性，以适应各种不利的变化或利用各种新出现的机会。

(5) 通俗性。控制手段应该尽量通俗易懂。一个令人难以理解的控制系统会导致不必要的错误发生，打击员工的积极性。一个不容易被理解的控制是没有价值的。

(6) 标准的合理性。控制的标准必须是合理的且能达到的。标准的设置需要富有挑战性并能激励员工表现得更好，不能让人泄气或鼓励欺诈。标准不合理，就不会起到激励作用。

(7) 战略高度。管理层应该控制那些对组织行为有战略性影响的因素，包括组织中关键性的活动、作业和事件。也就是说，管理层不可能控制组织中的每一件事，因此，应该把控制的重点放在容易出现偏差的地方，或者把控制的重心放在偏差造成重大危害的地方。

(8) 强调例外。一种例外系统可以保证当出现偏差时管理层不至于不知所措，因此管理层应该采用能够顾及例外情况发生的控制手段。

(9) 多重标准。实际工作很难用单一指标进行客观评价，而多重标准能够更准确地衡量实际工作，防止因标准单一出现做表面文章的现象。

(10) 纠正行动。控制系统应该在指出问题的同时给出解决问题的方法。一个有效的控制系统不仅要指出显著偏差，还要给出纠正这种偏差的建议。

第四节 对控制的反对

实践中，我们常常遇到因控制造成严重后果的情况。例如，医院为了避免患者逃欠费用而给医院带来损失，一般都规定先交费后治病(救人)。因此，我们有时会听到“因没带够医疗费，患者未得到及时抢救，最终导致死亡”的新闻。患者之死拷问着医院先交钱后救人的、属于典型管理控制问题的规则。但各方都有看似合理的理由：市民说救死扶伤是医生的天职，以交费问题拖延抢救时间肯定不对；医生说在患者未交费的情况下进行救治，可能会自己替患者买单；而医院说很多危重病人经过急诊救治恢复后因没钱偷偷跑了，导致医院为其垫付医疗费出现损失。

如何看待这一问题呢？其实，当控制没有灵活性或控制标准缺乏现实性时，产生的后果有时候可能是很严重的，甚至其危害是无法弥补的，就像上面的例子一样，进而可能导致人们丧失识别组织整体目标的能力。控制措施有时候会扭曲组织存在的目的、意义和价值，导致不是组织在行使控制，而是控制在管理组织。这就是控制系统的缺陷。

任何控制系统都存在某种缺陷，当一些人或组织中的部门想使控制手段看起来非常好时，问题就产生了。例如，对于医院这样的组织而言，如果对控制目标的设置和实施不够恰当，就可能会出现机能障碍等问题。通常，机能障碍是由对行为进行衡量的标准不完善所引起的。如果控制系统仅以产量作为衡量依据，那么人们就会忽略质量。就像上面医院收费的例子一样，如果医院仅以成本、利润为衡量绩效的依据，那么实际上医院就失去了“红十字”标志的意义。与此相似，如果衡量的是活动过程而不是结果，那么人们就会在活动过程上花费时间，使之看起来不错；反过来，如果衡量一个学生的学习效果只有结果(考试分数)而不是学习的过程及学习的价值，那么作弊也就难以杜绝了。总结起来，反对控制的理由主要包括以下几点。

(1) 目标不合理。目标过多，而人的精力有限；目标不明确，使人抓不住重点。

(2) 标准不合理。标准不明确，导致人们茫然无措；标准过高(过低)，无法起到激励作用。

(3) 控制过度。过度的控制其实是一种机械控制状态，失去了灵活性，也束缚了自由。

(4) 控制工作的性质。因为控制要衡量绩效，并总是指出偏差、加以整改，甚至会否定过去的行为，所以控制总是带来坏消息，但没有人愿意面对坏消息。

(5) 实施控制的主体。这是外行领导内行的情形。不相干的人实施控制，常常与重复、浪费、从头再来等现象相伴随。

(6) 经济上的考虑。如果控制在经济上不划算，那么组织(或公司老板)可能就会反对控制。

第五节　当代控制问题

一、控制的国别差异

管理控制的国别差异主要体现在以下 4 个方面。

首先，控制人员与工作的方法在不同的国家差别非常大。对跨国公司而言，距离阻碍了直接控制。在国外作业的管理者趋向于远离总部的控制，因此跨国公司总部必须依赖大量的正式报告来维持控制。但是距离产生了形式化控制的倾向，技术的差异也会导致控制数据的不可比性。例如，某跨国公司在中国的工厂与在美国的工厂生产同种产品，假定其他条件相同，中国比美国更具有劳动力价格优势，此时，如果总部主管想控制成本，如计算单位产品的劳动力成本或单个工人的产量，那么这些数值将很难进行直接比较。

其次，技术先进的国家与技术落后的国家相比，技术对控制的影响更加明显。技术先进的国家(如美国、日本、英国、德国等)的组织，除了采用标准化规则和直接监督外，常采用计算机生成分析报告等间接控制手段来保证活动按计划进行;而技术落后的国家(如菲律宾、赞比亚、黎巴嫩、朝鲜等)的组织，其基本的控制方法是直接监督和高度集中的决策。

再次，一些国家的法律对管理者采取什么样的纠正行为会有约束。例如，有些国家规定企业的管理当局没有权力关闭工厂、解雇员工、将资金带到国外或从国外引进新的管理队伍。

最后，为了迎合控制、避免管理者的指责，雇员会故意采取一些虚假行动或操纵衡量标准，进而影响一个特定控制阶段内信息系统中产生的数据，使这些数据表面上看起来光鲜。篡改控制数据绝非偶然的现象。一般地，组织中的某项工作越重要、使个人报酬产生的差异越大，那么该工作被浮夸的可能性就越大。当依据真实的工作绩效获得奖励的希望非常小时，个人就会倾向于篡改数据使之表面光鲜，如歪曲实际数据、强调功劳、隐匿过失等。与此形成对照的是，如果分配奖金的方法不受影响，则数据中通常只产生随机误差。

二、工作场所的隐私

有时候，控制也意味着员工的隐私权被部分地剥夺。例如，公司的主管、上司可以通过计算机监视员工的工作，储存和检查计算机文件；公司门卫可能会在员工进出公司、厂房大门时搜身；甚至员工在员工澡堂或更衣室时也会被监视。

为什么要监视员工在做什么呢？这是为了防止员工在工作时间上网、休闲，或者防止公司机密的泄露和偷盗行为的发生。

这不是个别现象，实际上，许多公司都制定和实行了工作场所监视政策，包括制定清晰明确的计算机使用规定，告诉员工其使用的计算机随时都会受到监视，并一般会提供明确具体的原则或操作规范，说明电子邮件系统的使用方法，或指明哪些是可以浏览的网站。

三、工作场所的暴力

在管理控制的实践中，工作场所常常会有各种形式的暴力存在，这种暴力，既包括硬暴力，如殴打、侮辱、禁闭等，也包括各种软暴力，如歧视、冷漠、恐吓、故意忽视等。导致工作场所暴力的因素包括但不限于以下 13 个方面。

(1) 员工是由 TNC(时间、数字、危机)来驱使工作的，内心比较紧张。

(2) 快速的和不可预测的外界环境变化所引起的不稳定性和不确定性折磨着员工。

(3) 管理者沟通时采用过分放肆、暴躁、过于消极等有害的交流方式；在工作场所过度地取笑、戏弄员工，或者寻找替罪羊来背锅，造成心灵伤害。

(4) 专制型领导以过于严厉的方式粗暴地对待员工；一般员工不被允许提出疑问、抗辩、参与决策或建立工作团队。

(5) 管理者顽固，很少采取或根本没有绩效反馈；只管数量；以咆哮、恐吓和回避的方式处理冲突。

(6) 管理者对不同的员工在规章、程序、培训机会、职务晋升、工资报酬、休假请假等方面实行双重标准。

(7) 缺乏矛盾纠纷的处置机制，或者只有敌对方来解决问题而造成悬而未决的冤情。

(8) 由于长期存在的规章、以前的工会条约，或者管理者不愿意(或拖沓)解决问题，一些失职的个人受到保护或被忽视。

(9) 由于管理者的不情愿或不作为，受情绪激动困扰的员工得不到帮助。

(10) 没有机会做其他事情，或者没有新同事的加入导致工作单调乏味。

(11) 有故障、不安全的设备，或者缺乏培训使工人不能高效率地、安全地工作。

(12) 糟糕的工作环境，如温度不适、空气质量差、空间过度拥挤、噪声严重、光污染、加班时间过长、工作负担过重等，导致工作条件具有潜在的危险。

(13) 由于个人暴力或谩骂的历史使组织具有某种暴力文化；容忍工作时间饮酒；容忍办公室政治斗争；容忍性骚扰或黄色语言等，都会导致工作场所的暴力。

本章提要

1. 控制是一种监视工作活动的过程，用来保证工作按计划完成并纠正出现的任何显著偏差。控制系统由控制标准、偏差信息、纠正措施三部分因素构成。

2. 控制之所以重要，是因为它监督目标是否按计划实现及上级权力是否被滥用。控制的目标是“限制偏差的积累”和“适应环境的变化”，即完整的控制包括“纠偏”和“调适”两方面。

3. 在控制过程中，管理层必须先根据计划阶段形成的目标制定行为标准，然后用该标准来衡量实际的工作绩效。如果标准与实际之间有偏差，那么管理当局必须根据情况选择调整实际工作，或者调整标准，或者什么也不做。

4. 有3种控制类型：前馈控制是以未来为导向的控制，能防患于未然；同期控制是发生在活动进行中的控制；反馈控制是发生在活动结束之后的控制，具有亡羊补牢的作用。

5. 控制工作常聚焦于人员、财务、作业、信息和组织绩效。

6. 一个有效的控制系统应该是准确的、及时的、经济的、灵活的和通俗的。它采用合理的标准，具有战略高度，强调例外的存在，并且能给出解决问题的方法。

案例分析

❖ 案例 10-1 | 查克·皮克的停车公司

如果你在好莱坞或贝弗利山举办一个晚会，肯定会有这样一些名人来参加：杰克·尼科尔森(Jack Nicholson)、麦当娜(Madonna)、汤姆·克鲁斯(Tom Cruise)、切尔(Cher)、查克·皮克(Chuck Pick)。“查克·皮克？”“当然！”没有停车服务员你不可能开一个晚会，而南加州停车行业内响当当的名字就是查克·皮克。查克停车公司中的雇员有100多人，其中大部分是兼职的，每周至少为几十个晚会办理停车服务。在一个最忙的周六晚上，可能要同时为六七个晚会提供停车服务，每个晚会可能需要3～15个服务员。

查克停车公司是一家小企业，但每年的营业额大约有100万美元，其业务包含两项内容：一项是为晚会解决停车问题；另一项是不断地在一个乡村俱乐部办理停车经营特许权合同。但是查克公司的主要业务来自私人晚会。

查克每天的工作就是拜访富人或名人的家，评价道路和停车设施，并告诉他们需要多少个服务员来处理停车的问题。一个小型的晚会可能只需要3个服务员，花费大约400美元，而一个大型晚会的停车费用可能高达2000美元。

尽管私人晚会和乡村俱乐部的合同都涉及停车业务，但付费方式却很不相同。私人晚会是以当时出价的方式进行的。查克首先估计大约需要多少服务员为晚会服务，然后按每人每小时多少钱给出一个总价格。如果顾客愿意“买”他的服务，查克就会在晚会结束后寄出一份账单。在乡村俱乐部，查克根据合同规定，每月要付给俱乐部一定数量的租金来换取停车场的经营权。他收入的唯一来源是服务员为顾客服务所获得的小费。因此，在为私人晚会服务时，他绝对禁止服务员收取小费，而在俱乐部服务时小费是他唯一的收入来源。

资料来源：斯蒂芬·罗宾斯，玛丽·库尔特. 管理学[M]. 9版. 孙健敏，黄卫伟，王凤彬，等译. 北京：中国人民大学出版社，2008.

问题：

(1) 查克的“控制”在两种场合下是否不同？为什么？

(2) 在乡村俱乐部和私人晚会上，列举出查克可能采取的控制手段类型。

❖ 案例 10-2 | 汤姆的目标与控制

汤姆担任一家工厂的厂长已经一年多了。他刚看了工厂有关今年实现目标情况的统计资料，厂里各方面的工作情况都出人意料，他为此气得一句话都说不出来。汤姆担任厂长后的第一件事情就是亲自制定一系列计划目标。具体地说，他要解决原材料浪费、职工超时工作、运输费用上升等问题。他规定：在一年内把购买原材料的费用降低 10% ~ 15%；把用于支付工人超时工作的费用从原来的 11 万美元减少到 6 万美元；把废料运输费用降低 3%。他把这些具体目标告诉了下属有关方面的负责人。

然而，年终的统计资料却大大出乎了他的意料。原材料的浪费占总额的 16%，比去年更为严重；职工超时费用也只降低到 9 万美元，远没有达到原定的目标；运输费用也根本没有降低。

他把这些情况告诉了负责生产的副厂长，并严肃地批评了这位副厂长。但副厂长争辩说：“我曾对工人强调过要减少浪费，我原以为工人也会按我的要求去做的 。”人事部门的负责人也附和着说：“我已经为削减超时费用做了最大的努力，只支付了那些必须支付的款项。”而运输方面的负责人则说：“我对未能把运输费用减下来并不感到意外，我已经想尽了一切办法。我预测，明年的运输费用可能要上升 3% ~ 4%。”

在分别和有关方面的负责人交谈之后，汤姆又把他们召集起来提出了新的要求，他说：“生产部门一定要把原材料的费用降低 10%，人事部门一定要把超时费用降到 7 万美元；即使运输费用要提高，但也绝不能超过今年的标准，这就是我们明年的目标。我到明年年底再看你们的结果！”

资料来源：管理案例分析. 百度文库[EB/OL]. http://wenku.baidu.com/. 作者有删改

问题：

(1) 你认为导致汤姆控制失败的原因是什么？

(2) 汤姆所制定的明年的目标能完成吗？为什么？

思考与练习

一、单项选择题

1. 控制工作的第一步是(　　)。

A. 采取矫正措施　　B. 鉴定偏差

C. 衡量实际业绩　　D. 确定控制标准

2. “根据过去工作的情况，去调整未来的行动。”这话是对(　　)的描述。

A. 前馈控制　　B. 反馈控制

C. 实时控制　　D. 现场控制

3. 统计表明，“关键的事总是少数，一般的事常是多数”，这意味着控制工作最应重视(　　)。

A. 突出重点，强调例外　　B. 灵活、及时和适度

C. 客观、精确和具体　　D. 协调计划和组织工作

4. 某企业在新工厂的建设及生产过程中接二连三地发生了多起恶性人员伤亡事故。为此，新工厂负责人B被公司老板训斥了一顿。回到办公室后，B立即召集所有有关科室的负责人层层落实安全生产责任制度；对所有一线生产职工结合本岗位特点进行了安全培训、教育；并建立了“互保对子”，使相互协作的生产职工相互监督，检查“互保对子”的安全生产保障状况。从控制角度来看，该企业在这件事上采取了(　　)。

A. 反馈控制　　B. 前馈控制

C. 现场控制　　D. 以上都是

5. “治病不如防病，防病不如讲卫生。”根据这一说法，以下几种控制方式中最重要的是(　　)。

A. 现场控制　　B. 实时控制

C. 反馈控制　　D. 前馈控制

二、名词解释

控制　　市场控制　　官僚控制　　小集团控制

三、简答题

1. 在管理中控制的作用是什么？
2. 简述计划与控制的联系。
3. 为什么说在控制过程中“衡量什么”比“如何衡量”更关键？
4. 举例说明管理者获得关于实际工作信息的4种方法。
5. 比较“直接纠正”与“彻底纠正”的差异。

四、应用分析题

举一个由于企业控制不当导致其经营管理失败的例子，并进行分析。

第十一章 社会责任与管理道德

知识目标

1. 能够阐述社会责任的古典观和社会经济观
2. 能够阐述公司的社会责任和经济效益间的联系
3. 了解道德的定义，并能够区分四种道德观
4. 能够描述道德发展的阶段
5. 能够讨论组织改善雇员道德行为的各种途径

能力目标

1. 列举赞成和反对企业承担社会责任的各种论点
2. 区分社会责任和社会响应
3. 识别影响道德行为的因素
4. 描述以价值观为基础的管理及其影响组织文化的方式

素质目标

1. 剖析你对组织社会责任的基本认识
2. 对照本章的理论知识来评估你自己的价值标准

第一节　组织的社会责任

在20世纪60年代以前，组织的社会责任问题并没引起广泛的社会性反应。但随着社会运动的兴起，人们对工商企业制定单一经济目标的做法提出了质疑。这些质疑包括性别歧视、种

族歧视、环境污染等。但如今不同，中国企业的管理者经常遇到需要考虑社会责任的决策，如公益慈善事业、最低工资、环境资源的保护及产品质量等，这些都是极为明显的社会责任问题。例如，阿里巴巴前董事局主席马云曾经在回答对巴菲特和比尔•盖茨的慈善中国行有何想法问题时说过“创造就业机会重于做慈善”。对于这位成功企业家的话，究竟应该如何认识？为了进一步理解社会责任，我们基于下面描述的情形来进行剖析。

随着新冠肺炎防疫措施的实施，各类口罩需求激增，一些商家乘机抬价销售。2020 年 1 月 23 日，北京丰台区一家药店对进价为每盒 200 元的口罩，标出了 850 元的高价，因此被罚 300 万元；天津市一大药房以超过进价 10 倍的价格销售口罩。依据《价格违法行为行政处罚规定》的规定：情节较重的处 50 万元以上 300 万元以下罚款，直至责令停业整顿或吊销营业执照；对情节恶劣的典型案件，将予以公开曝光。两市的市场监管部门按上限对当事企业处以 300 万元罚款，并通过媒体对其进行了曝光。

一、两种相反的观点

定义社会责任的术语非常多。一些较为流行的定义有“只是创造利润”“不仅是创造利润”“是自愿的活动”“关心更大的社会系统”及“社会敏感”等，但这些定义大多都是片面的。古典观认为管理者唯一的社会责任就是使利润最大化；社会经济观认为管理者的责任不仅是使利润最大化，而且还要保护和增加社会财富。

1. 古典观

古典观的支持者是诺贝尔经济学奖获得者、货币学派的代表人物米尔顿•弗里德曼(Milton Friedman)。他认为，今天大部分的经理是职业经理人，即他们并不拥有他们经营的公司，他们是雇员，对股东负责，因此，他们的主要责任就是按股东的利益来经营业务。那么这些利益是什么呢？弗里德曼认为股东们只关心一件事：财务收益率。

根据弗里德曼的观点，当经理将组织资源用于“社会产品”，或者说将组织资源用于“社会利益”时，他们是在增加经营成本，削弱市场机制的基础。这种资产再分配的代价必须由某些人承担，因为成本只能通过高价格转嫁给消费者，或者通过降低股息回报由股东承担。如果社会责任行为降低了利润和股息，那么股东遭受损失；如果必须通过降低工资和福利来支付社会行为，那么雇员遭受损失；如果用提价来补偿社会行为，那么消费者遭受损失；如果市场不接受更高的价格，销售额便下降，那么企业也许就不能生存，此时组织的全部组成要素都将遭受损失。因此，在弗里德曼看来，管理者的主要责任就是从股东的最佳利益出发来从事经营活动，古典观支持所承担的社会责任仅限于为股东实现组织利润的最大化。

2. 社会经济观

社会经济观认为，时代已经变了，并且对公司的社会预期也在变化。《中华人民共和国公司法》可以作为这个观点的注脚：公司要经政府许可(登记、注册)方能成立和经营；同样，必要的时候政府亦有权解散它们，因此公司不再是只对股东负责的独立实体，它还要对建立和维持它们的更大的社会负责。正如一位社会经济观的支持者提醒的那样："利润最大化是公司的第二位目标，而不是第一位目标，公司的第一位目标是保证自身的生存。"

让我们来审视三鹿集团毒奶粉事件。三鹿集团的前身是 1956 年 2 月成立的"幸福乳业生产合作社"，曾经是中国最大的奶粉制造商，奶粉产销量自 1993 年起连续 11 年全国第一，并在同行业创造了多项奇迹。但 2008 年曝出的中国奶制品污染事件使得三鹿集团最终走上了覆灭的命运。事故起因是很多食用三鹿集团生产的奶粉的婴儿被发现患有肾结石，随后经权威部门检测，在其奶粉中发现了化工原料三聚氰胺。截至 2009 年 1 月 8 日，全国累计报告食用三鹿奶粉和其他个别奶粉导致泌尿系统出现异常的患儿达 29.6 万人，6 例死亡病例不能排除与食用问题奶粉有关。事件引起各国的高度关注和对乳制品安全的担忧。2009 年 2 月，三鹿集团被法院宣布破产，集团董事长田文华被判处无期徒刑，副总裁王玉良、杭志奇及相关职工被判处 5～15 年的有期徒刑。

在社会经济观的支持者看来，古典派观点的主要缺陷在于他们的时间框架。他们认为，管理者应该关心长期的资本收益率最大化。为了实现这一点，他们必须承担社会责任及由此产生的成本。他们必须以不污染、不歧视、不进行欺骗性的广告宣传等方式来保护社会福利，还必须融入自己所在的社区，并资助公益慈善组织，从而在改善社会的过程中扮演积极的角色。此外，现代企业常常从事政治游说活动，以此来影响政治进程，从而为自己谋求利益。同时，社会也接受甚至鼓励工商企业参与到社会、政治和法律环境中。现代企业组织已经不是单纯的工商业组织，例如，在中国，大量的国有企业承担着非纯粹的经济职能。

3. 赞成和反对社会责任的争论

一个引申的问题是，赞成和反对工商业组织承担社会责任的具体论据是什么呢？表 11-1 列举了各方的主要观点。

表11-1　赞成和反对工商企业承担社会责任观的论据

观点	论据	解释
赞成	公众期望	公众对工商企业的社会期望急剧增长，公众支持工商企业在追求经济目标的同时追求社会目标的主张，现在则更加坚定
	长期利润	承担社会责任的工商企业趋向于取得更稳固的长期利润，这是更好的社区关系、负责的行为和更好的工商企业形象的必然结果
	道德义务	工商企业应该有良心，应该承担社会责任，因为负责的行为也符合它们自身的利益
	公众形象	公司设法加强自身的公众形象以获得更多的顾客、更好的雇员及其他益处；能够通过追求社会目标来创造大众喜欢的形象
	良好氛围	工商企业的参与能解决许多社会难题，从而在企业中形成良好的企业文化，吸引并留住雇员

(续表)

观点	论据	解释
赞成	减少政府调节	政府调节增加了经济成本，限制了管理当局的决策灵活性。通过承担社会责任，工商企业可以减少政府调节的程度，节省国家财政
	责任与权力的平衡	工商企业在社会中拥有巨大的权力，这就要求有同等程度的责任来平衡它，否则会助长违背公众利益的不负责行为
	股东利益	长期来看，股票市场将把承担社会责任的公司看作风险更小的和接受公众监督的公司，使得股票获得更高的价格
	资源占有	工商企业拥有财政资源、技术专家和管理人才，它们有能力通过成立基金会的方式来帮助需要援助的公共项目和公益慈善计划
	预防社会弊端的优越性	社会问题发展到一定时候必须处理。工商企业应该在问题变得更严重、必须付出更大代价去补救，以及在分散管理当局实现产品和服务目标的精力之前，对它们采取措施
反对	违反利润最大化原则	这是古典观的精髓。工商企业在严格追求自己的经济利益并把其余活动留给其他机构时，就是在最大限度地承担社会责任
	淡化使命	对社会目标的追求冲淡了工商企业的基本使命——经济的生产率。社会也许会因不能很好地实现经济和社会目标而遭受损失
	成本	许多社会责任活动不能自负盈亏，某些人不得不为此付出代价，工商企业必须承担这些成本或将其以更高的价格转嫁给消费者
	权力过大	在社会中，工商企业已经是较有权力的机构之一，如果它追求社会目标，则它的权力将会更大
	缺乏技能	工商企业领导者的眼光和能力基本上是经济导向的。商人不能胜任处理社会问题的角色
	缺乏明确规定的责任	政治代表追求社会目标并对他们的行为负责，而工商企业领导则不必。工商企业与社会公众之间没有社会责任的直接联系
	缺乏大众支持	并没有广泛的社会授权要求工商企业参与社会问题，公众在这些问题上意见不一致；这是一个不能引起激烈争论的话题

4. 从义务到响应

通常，社会责任是一种工商企业追求有利于社会长远目标的义务，而不是法律和经济所要求的义务。理解这一定义的前提是，其一，不管企业是否愿意承担社会责任，它们都会遵守国家颁布的所有法律；其二，将企业看作是一种道德机构，在努力为社会做贡献的过程中，它必须分清正确的和错误的行为。

为了更好地理解社会责任的内涵，我们来对比另外两个相关概念：社会义务和社会响应。社会义务是工商企业参与社会的基础。当企业符合经济和法律标准时，或者说，当企业达到了法律的最低要求时，它已经履行了它的社会义务。这时，一个企业追求社会目标的程度仅限于它们有利于该企业实现其经济目标的程度。显然，与社会义务相比，社会责任和社会响应就不仅限于符合基本的经济和法律标准。

社会责任加入了一种道德规则，能明辨是非，促使人们从事、参与那些使社会变得更美好的事情，而不做有损于社会的事情。社会响应是指一个组织适应变化的社会状况的能力。社会责任要求组织决定什么是对的、什么是错的，从而找出基本的道德真理。而社会响应强调组织对社会呼吁的响应，受社会伦理道德标准引导，能够为管理者做决策提供一个更有意义的指南。表 11-2 揭示了社会责任与社会响应的区别。

表11-2　社会责任与社会响应的区别

对比因素	社会责任	社会响应
主要考虑	道德的	实际的
焦点	结果	手段
强调	义务	响应
决策框架	长期	中、短期

社会义务、社会责任与社会响应之间是一种什么样的关系呢？接下来的几个例子有助于我们理解它们之间的关系。例如，当一个公司达到了国家法律法规设立的排污标准，或者不歧视那些打算两年内生育孩子的女性时，它只是履行了其社会义务。因为法律规定公司不能污染环境，不能实行女性歧视。再如，为了应对雇员的呼吁、职业压力和环境保护者的抗议，2021 年 3 月江苏一高校为其教职员工提供托幼服务，2016 年 9 月韩国三星电子公司因电池起火问题宣布在全球范围召回 Galaxy Note 7 手机并在 10 月停售，2012 年 7 月 3 日“什邡事件”中四川省什邡市政府宣布停止宏达钼铜冶炼项目的建设，等等，这些组织这样做都是对社会的响应。当然，任何组织若从起初开始就能提供高质量、符合消费者需求和有利于公共利益的生产、服务和建设行为，就可以说这些组织在承担一种社会责任。一个对社会敏感的管理者，不是评价从长期来看什么对社会有益，而是更愿意认识到流行的社会准则，然后改变其社会参与方式，从而对变化的社会状况做出积极的反应。

二、社会责任和经济绩效

承担社会责任常常意味着组织要投入更多的预算，消耗更多的精力，降低组织的利润，因此，人们不由得会问，承担社会责任会降低公司的经济绩效吗？如果仅查看公司的年度报表和经济指标(如净收入、权益收益率或每股价格)，那么可能会得到肯定的答案。然而，尽管经济绩效指标比较客观，但这些指标通常仅用于表明短期的财务绩效。社会责任对企业利润的冲击(积极的或消极的)存在时滞，短期财务资料不具有说服力。更何况，其中还有一个因果关系问题，例如，就算有证据证明社会责任和经济绩效是正相关的，也并不意味着一定是承担社会责任带来了高效益，它可能表明正是高利润才使得企业有能力广泛地参与社会活动，担负社会责任。

尽管如此，还是有多数研究表明了“社会责任”与“经济绩效”之间的正相关关系，而仅有少量研究发现了负相关关系。正相关关系的逻辑基础是社会参与为公司提供了大量利益，足以补偿其付出的成本。这些利益的范围较广，包括：积极的、正面的组织形象；目标明确和更讲究奉献的员工队伍；政府较少的干预。据此，或许可以得出一个有意义的结论：没有足够的证据表明，一个公司的社会责任行为明显降低了其长期经济绩效。如果现实中有足够多的政治和社会压力迫使企业去追求社会目标，那么这个结论可以在决策中用来尝试着说服股东。

三、组织社会责任扩展的四阶段模型

现代管理学之父彼得•德鲁克说，管理是一门真正的博雅艺术。管理的对象是谁呢？是工作的人类社群。管理者应对任何受组织决策和政策影响的个人或团体负责。这些利害相关者是组织环境中的任何方面：政府机构、工会、雇员、顾客、供应商、所在社区及公众利益集团等。

从表面来看，管理的对象是工作的成效，但是工作是由人从事的，所以，管理者不能不和人打交道。管理者每天都要面对既可爱而又不完美的人，如下属、顾客、客户等，要正视、面对人性中的善、人性中的恶、人的潜能和长处，以及人的弱点。因此，管理的本质其实就是激发每个人的善意：同情别人，愿意为别人服务，愿意帮他人改善生存环境、工作环境。管理者要做的是激发人本身固有的潜能，创造价值，为他人谋福祉。因此，在德鲁克看来，企业的目的在外而不在内；从宏观的社会角度来看，企业本质上是“利他”的，本质上就是要承担社会责任的。这并不是说企业赚了钱之后要拿出一部分去承担社会责任(这只是承担社会责任的方式之一)，而是说，企业存在的本身就是在承担一种社会责任，因为企业创造了顾客，生产出产品和服务就是在承担社会责任。赚钱只是企业为顾客创造价值之后的一个副产品，它是结果而不是目的。

从德鲁克的这个思想来看，整个社会责任观点不过是一个虚幻的公共关系概念，它使得公司管理层在追求利润目标的同时显示出了某种社会意识。也就是说，尽管公司的某些社会行为主要是由利润动机驱动的，公司的行为是私利的，常常是从自身利益最大化出发进行决策的，但客观上实现了社会福利最大化。社会责任行为不过是一种乔装的利润最大化行为。有关“起因相关营销”的概念能够印证这一点，它是指实施直接由利润驱动的社会行为，其背后的思想是发现与公司产品和服务相吻合的社会原因，然后以互利的方式把它们联系起来。另外，公司的公益慈善事业需要借助广告，也要以利润来驱动。显然，虽然我们不能判定企业的每一个“社会”行动的动机，但至少有一些这样的行为显然是出于利润动机的，这个事实和古典观的追求利润最大化的目标是一致的，也从另一个角度印证了公司的社会责任和经济效益之间的正相关关系，承担社会责任并不会损害企业绩效。

组织社会责任扩展的四阶段如下。

在第一阶段，管理者将通过寻求成本最低化和使利益最大化来提高股东的利益。

在第二阶段，管理者将承认他们对雇员的责任，并把重点放在人力资源管理上，如改善工作条件、扩大雇员权利、增加工作保障等，以获得、保留和激励优秀的雇员。

在第三阶段，管理者将扩展其目标，包括公平的价格、高质量的产品和服务、安全的产品、良好的供应商关系等，并意识到，只有通过间接地满足其他利害攸关者的需要，才能履行对股东的责任。

在第四阶段，管理者对社会整体负责，他们对提高公众利益负有责任，而承担这样的责任意味着管理者积极促进社会公正、保护环境、支持社会文化活动，哪怕这样的活动会暂时对利润产生消极影响。显然，这一阶段管理者的追求与社会经济观定义的社会责任内涵一致。

总之，工商业组织的管理者有遵守法律和创造利润的基本责任，如果不能实现这两个目标将威胁组织的生存。除此之外，管理者也要识别他们认为的对其负有责任的人们。通过关注利益相关者和公众对组织的期望，管理者会增强对关键的利害攸关者的责任，或减少疏远他们的可能。

第二节 管理道德

这一节将考察管理的道德问题。道德通常是指规定行为是非的惯例或原则。管理者制定的许多决策和实施的很多其他管理行为，如产品销售、原材料采购、合同签订等，需要考虑谁会在决策和管理行为的结果和手段方面受到影响，并直接影响组织的绩效。

一、四种不同的道德观

在道德标准方面有四种不同的观点。

(1) 道德的功利观。这种道德观点完全按照成果或结果制定决策。功利主义旨在为绝大多数人提供最大的利益，忽视一些利益相关者的权利，鼓励效率和生产力，以符合利润最大化目标。它可能造成资源的不合理配置，侵犯那些欠缺影响力或话语权的人的利益。

(2) 道德的权利观。这是与尊重和保护个人自由和特权有关的观点，包括隐私权、良心自由、言论自由和法律规定的各种权利，如下属揭发或告发上级违法时应当受到严格保护，免受打击报复。权利观积极的一面是保护个人自由和隐私，但可能阻碍生产力和效率的提高。

(3) 道德公正观理论。这要求管理者公平、公正地贯彻和加强规则，保护那些可能缺少代表或话语权的利益相关者的利益，但容易助长一种使雇员降低风险承诺、创新和生产效率的权利意识。

(4) 社会契约整合理论。这种观点要求道德决策的制定应当根据实证因素(是什么)和规范因素(应当是什么)来进行。该理论提倡基于两种“契约”的整合：①通过“社会一般契约”来确定可接受的基本原则；②通过“具体的契约”来处理社区成员之间可接受的行为方式。

大部分商人对道德行为持功利态度，这一观点与效率、生产力和高利润等目标相一致。使公司最大化地提升利润，为组织内绝大多数人谋取最大的利益，进而获取大多数组织成员的支持，常常是组织管理层为自己某些不符合道德甚至非法行为进行辩解的有效方式。

随着管理领域的发展，为大多数人的利益牺牲少数人的利益(即“多数人的暴政”)的功利主义观点需要改变。强调个人权利和社会公正的新趋势意味着管理者需要以非功利标准为基础的道德准则，而依据个人权利和社会公正等标准来制定决策，比依据效率和利润的效果等功利标准制定决策含有更多的模糊性，这对管理者来说无疑是一个严峻的挑战。

二、影响管理道德的因素

一个管理者的行为合乎道德与否，是管理者道德发展阶段、个人特征、结构变量、组织文化和道德问题强度相互作用的结果。缺乏强烈道德感的人，如果他们受规则、政策、工作规定或强文化准则的约束，那么他们做错事的可能性很小。相反，非常有道德的人，可以被一个组织的结构和允许或鼓励非道德行为的文化所腐蚀。此外，管理者更可能对道德强度很高的问题制定出符合道德的决策。影响管理道德的因素有以下几点。

(1) 道德发展阶段。研究表明，道德发展存在三个水平，每一个水平包含两个阶段，如表 11-3 所示。在每一个相继的阶段上，个人道德判断变得越来越不依赖外界的影响。

表11-3　道德发展阶段

水平	阶段	描述
前习俗： 是非选择建立在个人后果的基础上	第一阶段	严格遵守规则避免物质惩罚
	第二阶段	仅当符合其直接利益时才遵守规则
习俗： 道德价值存在于不辜负他人的期望之中	第三阶段	做周围的人所期望的事情
	第四阶段	通过履行你所赞同的准则的义务来维护传统秩序
原则： 个人希望摆脱他们所属的群体或一般社会的权威，确定自己的原则	第五阶段	尊重他人的权利，支持不相关的价值观和权利，不管其是否符合大多数人的意见
	第六阶段	遵循自己选择的道德原则，即使它们违背了法律

如表 11-3 所示，第一个水平称为前习俗水平。在这个水平上，个人仅当物质惩罚、报酬或互相帮助等个人后果卷入时，才对正确或错误的概念做出反应。当演进到习俗水平时，表明道德价值存在于维护传统秩序和他人的期望之中。而在原则水平上，个人做出明确的努力，摆脱他们所属的团体或一般社会的权威，确定自己的道德原则。通过对道德发展阶段的研究，人们得出以下几个结论。

其一，人们以前后衔接的方式通过六个道德发展阶段。他们逐渐地顺着阶梯向上移动，一个阶段接着一个阶段地移动，而不是跳跃式地前进。

其二，不存在道德水平持续发展的保障，发展可能会停止在任何一个阶段上。

其三，大部分的成年人处于第四个道德发展阶段，他们被社会准则和法律所约束。

其四，一个管理者达到的阶段越高，他就越倾向于采取符合道德的行为。例如，处于第三阶段的管理者，可能制定将得到周围人支持的决策；处于第四阶段的管理者，将寻求制定尊重公司规则和程序的决策，以成为一名“模范的公司公民”；处于第五阶段的管理者，更有可能对他认为错误的组织行为提出挑战。

(2) 个人特征。进入组织的每一个人都有一套相对稳定的价值观。价值观是关于对与错的基本信条、准则，这些信条是个人早年从父母、老师、朋友或他人那里发展起来的。每个组织中的管理者，经常有着明显不同的个人准则。有以下两种个性变量影响人们的行为，这些行为的依据是个人的是非观念。

其一，自我强度。这是衡量个人自信心强度的一种个性尺度。自我强度得分高的人比得分低的人更有可能克制冲动，并遵从自己的判断。也就是说，自我强度高的人更有可能做他们认为正确的事。可以预料，自我强度高的管理者将比自我强度低的管理者在道德判断和道德行为之间表现出更强的一致性。

其二，控制点。控制点是衡量人们相信自己掌握自己命运程度的个性特征，分为内控和外控。内控的人相信他们控制着自己的命运，而外控的人认为其一生中会发生什么事全凭运气和机遇。从道德的观点来看，外控的人不大可能对其行为后果负个人责任，更有可能依赖外部力量。相反，内控的人更有可能对其行为后果承担责任，并依据自己的内在是非标准来指导自己的行为。可以预料，内控的管理者将比外控的管理者在道德判断和道德行为之间表现出更强的一致性。

(3) 结构变量。结构变量包括以下几项。

其一，组织结构设计有助于管理者道德行为的产生。如果结构设计能使模糊性和不确定性最小化，就更有可能促进管理者的道德行为。

其二，正式的规则和制度可以减少模糊性。职务说明书和明文规定的道德准则可以促进行为的一致性。

其三，上级的行为对个人道德或不道德行为具有强有力的影响，人们注视着管理层在做什么，并以此作为什么是可接受的和期望于他们的行为的标准。“上行下效”“上梁不正下梁歪”，说的就是这个道理。

其四，最好的绩效评价系统应该是既能够评价管理者的绩效结果，也能够评价他们所采取的手段和方式。因为仅以成果进行评价会使管理者“不择手段”地追求成果指标。

其五，报酬的分配方式、奖赏和惩罚越依赖于具体的目标成果，管理者实现那些目标的压力和在道德标准上妥协的可能性就越大。

其六，时间、竞争、成本和工作的压力越大，管理者就越有可能放弃他们的道德标准。

(4) 组织文化。组织文化的内容和力量也会影响道德行为。一种可能形成较高道德标准的文化，是一种高风险承受力、高度控制，以及对冲突高度宽容的文化。处在这种文化中的管理者，将被鼓励进取和革新，将意识到不道德的行为，并对他们认为不现实的或不喜欢的期望或需要，自由地进行公开挑战。

强文化比弱文化对管理者的影响更大。如果文化的力量很强并且支持高道德标准，它会对管理者的道德行为产生非常强烈且积极的影响。例如，强生公司有一种长期承诺为顾客、雇员、社会和股东履行义务的强文化。当年，有毒的泰诺胶囊在商店货架上被发现时，美国各地的强生公司的雇员，在强生公司还未发表有关中毒事件的声明之前，就自动地将这些产品从商店撤走了。并没有人告诉这些雇员在道德上什么是对的，但他们知道，强生公司期望于他们做的是什么。而在一种弱文化环境中，管理者更可能以亚文化规范作为行为的指南，工作群体和部门准则将强烈影响弱文化组织中的道德行为。

(5) 道德问题强度。对道德问题的重要性的认识可能会影响管理者对道德行为的态度。例如，一位主管如果认为私自拿一些办公用品回家不算什么，那么他很可能会在贪污公司公款的事件中受牵连。一般更大强度的问题能促使更道德的行为。与决定问题强度有关的六个特征如下。

其一，某种道德行为的受害者(或受益者)受到多大程度的伤害(或利益)？一般地，更多的受害者及受害程度越大，越容易激发更道德的行为。

其二，多少舆论认为这种行为是邪恶的(或善良的)？例如，对于考试作弊，社会上越是更多人具有羞耻感，就越能激发出更道德的行为。

其三，行为实际发生和将会引起可预见的危害(或利益)的可能性有多大？例如，“带病提拔”的政府官员，比获得提拔的一位清廉官员更容易腐败。

其四，在该行为和它所期望的结果之间，持续的时间是多久？例如，减少现有退休人员的退休利益，比减少现有年龄在 40～50 岁的雇员的退休利益具有更直接的后果。

其五，在社会、心理或物质上，你认为你与该种邪恶(或有益)行为的受害者(或受益者)有多么接近？例如，家人被解雇远比一个多年未见面的远房亲戚被解雇对你的影响更大。

其六，道德行为对有关人员的集中作用有多大？例如，担保政策拒绝 10 个要求得到 1 万美元担保金的人的改变，比拒绝 1 万个要求得到 10 美元担保金的人的改变影响更为集中。

上述六个要素决定了道德问题的重要性。当一个道德问题对管理者很重要时，我们有理由期望管理者会采取更道德的行为。

三、改善道德行为

广泛的道德行为具有明显改善组织道德风气的潜力。如果高层管理者确实想减少其组织中的不道德行为，那么有许多事情可做，具体如下。

(1) 雇员甄选。招聘过程中，一个组织的雇员甄选过程(包括面试、笔试、背景测试等)，应当被用来剔除道德上不符合要求的求职者，排除道德上可疑的候选人。甄选过程应被视为是了解个人道德发展水平、个人价值准则、自我强度和控制点的一个机会。

(2) 道德准则和决策规则。道德准则是表明一个组织的基本价值观和它希望雇员遵守的道德规则的正式文件。一方面，道德准则应尽量具体，以向雇员表明他们应以什么精神从事工作；另一方面，道德准则应当足够宽松，从而允许雇员有判断的自由。

斯蒂芬•罗宾斯(Stephen P. Robbins)对 83 家企业的道德准则进行调查后发现，大多数道德准则的内容可分为 3 类：①做一个可靠的组织公民；②不做任何损害组织的不合法或不恰当的事情；③为顾客着想。表 11-4 按被提到的频率的顺序列出了各种类型所包含的道德变量。

表11-4　83家企业道德准则的变量分类

类型 1：做一个可靠的组织公民
1. 遵守安全、健康和保障规则
2. 表现出礼貌、尊敬、诚实和公平
3. 禁止生产非法药品和酒精
4. 管理好个人财务
5. 出勤率高和准时
6. 听从监督人员的指挥
7. 不说粗话
8. 穿工作服
9. 禁止上班携带武器
类型 2：不做任何损害组织的不合法或不恰当的事情
1. 合法经营
2. 禁止付给非法目的报酬
3. 禁止行贿
4. 避免有损职责的外界活动
5. 保守秘密
6. 遵守所有的反托拉斯法和贸易规则
7. 遵守会计规则和管制措施
8. 不以公司财产谋取私利

(续表)

9. 雇员对公司基金负有个人责任
10. 不宣传虚假和误导信息
11. 制定决策不考虑个人利益
类型 3：为顾客着想
1. 在产品广告中传递真实的信息
2. 以最大能力履行分派的职责
3. 提供最优质的产品和服务

不过，道德准则的效果在很大程度上取决于管理当局是否持支持，以及如何对待违反准则的雇员。当管理当局认为它很重要，经常强调它的内容，并当众谴责违反准则的人时，道德准则便能为一个有效的道德计划提供强有力的基础。

此外，劳拉•南希(Laura Nash)提出了 12 个问题作为指导管理者制定决策时处理道德问题的决策规则，如表 11-5 所示。

表11-5　检验企业决策道德的12个问题

1. 你准确地确定问题了吗
2. 如果你站在对方的立场上，你将如何确定问题
3. 这种情况首次发生你会如何处理
4. 作为一个人和作为公司的一员，你向谁和对哪些事表现忠诚
5. 在制定决策时，你的意图是什么
6. 这一意图和可能的结果相比如何
7. 你的决策或行动可能伤害谁
8. 在你做决策前，你能和受影响的当事人讨论问题吗
9. 你能确信你的观点在长时间内将和现在一样有效吗
10. 你的决策或行动能问心无愧地透露给你的上司、CEO、董事会、家庭或整个社会吗
11. 如果你的行动为人所了解，那么它的象征性潜力是什么？如果被误解了，又该如何
12. 在什么情况下，你将允许发生意外

(3) 高层管理的领导。道德准则要求高层管理者以身作则，至少在言行方面，高层管理者所做的比他们所说的更重要，否则就会出现“上梁不正下梁歪”的现象。

高层管理者还可通过奖惩机制来建立文化基调。选择谁或什么事作为提薪奖赏或是晋升的对象，将向雇员传递强有力的信息。例如，以不正当的方法取得重大成果的某位经理获得了晋升，他的行为向所有人表明那些不正当的方法是可取的。鉴于此，管理人员在发现错误行为时，不仅要惩罚做错事的人，而且还要公布事实，让人人看到结果。这就传递了另一条信息：做错事要付出代价，但对于揭露、反馈此类不正当行为的员工，则应该给予奖励。

(4) 工作目标。管理者应该制定既清晰又切实可行的工作目标。当目标清晰且现实时，它会减少雇员的困惑并使之受到激励而不是惩罚。但如果目标对雇员来说不现实，明确的目标也可能引起道德问题。在不现实的目标压力下，即使有道德的雇员也会持“不择手段”的态度。

(5) 道德培训。越来越多的组织开始设立研讨会、专题讨论会和其他培训项目，以灌输组织的行为标准，阐明什么行为是可以接受的、什么是不可以接受的，尝试改善道德行为。不过，人们的价值体系在年轻时就已经形成了，因此从小开始在家庭中接受良好的道德教育是非常有必要的。当然成年后也可以加强道德培训，这种培训有助于提高个人道德发展水平，即使没有取得任何结果，也会增强人们对经营道德问题的意识。

(6) 综合绩效评价。绩效评价必须关注道德标准，一个组织如果想使它的管理者坚持高道德标准，它必须在绩效评价过程中包含道德方面的内容。

(7) 独立的社会审计。一种重要的制止非道德行为的因素是害怕被抓住的心理。按照组织的道德准则评价决策和管理的独立审计，提高了发现非道德行为的可能性。这种审计可以是一种例行评价，如财务审计；也可以是抽查性质的，并不预先通知。为了审计报告的真实性和公正性，审计员应对组织的董事会负责，并直接将审计结果呈交董事会。这种做法可以强化审计员的独立性和职业操守，也减少了被审计的组织报复审计员的机会。

(8) 正式的保护机构。为了保护那些处于道德困境中的员工，使其能够坚持按自己的判断行事而不必担心受到惩戒或报复，组织应设立一个专门的保护机构，并建立相关的申诉过程。可以通过两种途径来实现：①任命道德咨询员。当雇员面临困境时，他们能够向咨询员寻求指导；道德咨询员的作用就相当于一块共鸣板，一条让雇员开口讲述自己道德问题产生的原因、发表自己意见的渠道。当各种选择明确后，咨询员应该扮演促成“正确”选择的倡议者的角色。②设立道德官员，用以设计、指导和修改组织所需的道德计划。

当然，孤立地看上述 8 个行动可能不会产生多大的影响，但将它们全部或绝大部分作为综合计划的一部分来实施，便具有明显改善组织“道德气候”的潜力。不过，随着社会的变迁，社会对组织的道德要求也在不断地发生规律性的变化，甚至社会对什么是“恰当行为”的期望增长，要快于企业提高其道德标准的能力，这时，管理者必须不断地把握这些变化中的期望，否则，现在可以接受的道德标准放在未来可能是一种拙劣的指南。

四、政治倾向的道德基础

在激烈的意识形态争论中，左派和右派都认为自己是正义的，指责对方是非道德的。为什么会出现相互冲突的“正义之心”呢？有人认为，这是因为左派和右派关注的领域和利益不同，他们争论的焦点无非是政治议程的轻重缓急。但也有学者指出，左派和右派所谓的“道德”本身就不一样，他们用来评判善恶的标准并不同源。

社会心理学家、纽约大学教授乔纳森•海特(Jonathan Haidt)认为，道德的功能在于对个体的自私进行一定程度的压制，从而使社会生活成为可能。从起源来看，道德可以分为两类：一类道德直接起源于对个体的保护，如不受侵犯的自由与权利；另一类道德则起源于集体生活的规范，如对权威和秩序的服从。乔纳森•海特通过研究与提炼，将纷繁复杂的道德归纳为五种道德基础：伤害/照顾(harm/care)；公平/互惠(fairness/reciprocity)；集体/忠诚(ingroup/loyalty)；权威/尊重(authority/respect)；纯洁/神圣(purity/sanctity)。前两种为个体型道德基础，后三种则为关系型道德基础。

有研究表明，保守派和自由派拥有不同的心理学特质。乔纳森•海特在此基础上提出假设：保守派和自由派评判善恶的标准也不尽相同。换言之，保守派和自由派对上文五种道德基础的敏感程度和信服程度有显著差异。

如果该假设成立，那么首先需要明确左派和右派在评判善恶时会各自“调用”哪些道德标准。为此，乔纳森•海特对1613名成年被试者展开实验，首先收集了他们的基本信息，并要求他们对自己的政治倾向进行自评，随后对被试者提问：“当你评判某事对错时，下述考虑事项在多大程度上和你的评判相关？” 乔纳森•海特为每种道德基础提供了3个相关选项。

乔纳森•海特依据5组(每组3个)相关选项构建了表示道德基础的5个潜变量，并将政治倾向、年龄、性别、收入、教育设定为影响潜变量的显变量，同时还设定了不同国家间的比较模型。结果表明，政治倾向对道德基础有显著的影响，政治倾向越左的受访者更多地依赖于个体型道德基础而更少地依赖于关系型道德基础。年龄、性别、收入、教育对道德基础的依赖情况没有显著影响。并且，个体道德基础的相关性总体上高于关系道德基础；被试者的政治倾向越偏左，他对于两种道德基础依赖程度的差值就越大。

随后，乔纳森•海特进行了第二项研究，为每种道德基础设定了4个积极的表述，要求被试者对这些表述进行同意或不同意的评判。之后，乔纳森•海特又进行了第三项研究，要求被试者回答“给你多少钱愿意打破道德禁忌”。结果表明：①总体上，个体型道德基础的得分要高于关系型道德基础，而这种差距在越偏自由派的个体中越明显；②总体上，个体型道德基础的代价要高于关系型道德基础，这种差距在越偏自由派的个体中越明显；③保守派并不比自由派忽视个体型道德基础，只是他们对各个道德基础的关注更为平均。

出于生态效度的考虑，乔纳森•海特在第四项研究中走出了实验室，收集了美国两个政治倾向最为明显的教堂(自由派的Unitarian和保守派的Southern Baptist)的布道词，通过词频分析来检验不同道德基础的相关词组在布道词中的频率分布。结果表明，自由派的教会会更频繁地使用个体型道德基础相关词汇。

经过四项研究的检验，乔纳森•海特得出结论，人类的道德可以归纳为五种道德基础：伤害/照顾；公平/互惠；集体/忠诚；权威/尊重；纯洁/神圣。不同政治倾向有着不同道德基础的支撑。自由派更侧重个体型道德基础，而保守派则对各项道德基础平均用力。乔纳森•海特认为，不同的道德信念是政治纷争的一大起源，而道德基础理论提供了一种测量和研究道德信念的重要手段。随着研究的深入，人们能够更好地理解政治行为背后的道德动机。

本章提要

1. 古典观认为，管理者的社会责任仅是使股东的财务回报最大化；与此对立的社会经济观认为，管理者应承担更大的社会负责。

2. 社会责任是指组织追求有利于社会的长远目标；社会响应是指企业对社会压力做出反应的能力。前者要求工商企业决定什么是对的、什么是错的；而后者则是由社会准则引导的。

3. 大量研究表明，在公司的社会参与和经济绩效之间，存在一种正相关关系。现有的证据并未表明对社会负责的行动会显著降低公司的长期经济绩效。

4. 道德是指判断行为是非的规则或原则。

5. 道德的功利观按照成果或后果制定决策。道德的权利观寻求尊重和保护个人的基本权利。道德公正观理论寻求公正、公平地贯彻和强化规则。社会契约整合理论则强调道德决策的制定应当根据“是什么”和“应当是什么”来进行。

6. 一个管理者的行为合乎道德与否，是管理者道德发展阶段、个性特征、结构变量、组织文化和道德问题强度相互作用的结果。

7. 道德发展有三个水平，每一个水平由两个阶段组成。第一阶段和第二阶段仅受人们的个人利益影响；第三阶段和第四阶段受他人期望的影响；第五阶段和第六阶段受个人认为正确的道德原则的影响。

8. 一个综合的道德计划应包括：雇员甄选，道德准则和决策规则，高层管理的领导，清晰且切实可行的工作目标，道德培训，综合绩效评价，独立的社会审计和正式的保护机构。

案例分析

❖ 案例 11-1

汤姆斯•塔尔科特已在道康宁公司(Dow Corning)做了 24 年的材料工程师。他的工作是帮助公司为乳房植入物制造商开发硅酮凝胶。但当公司转向生产一种更具流动性的凝胶来制造更柔软、更逼真的植入物时，他辞职了。塔尔科特担心这种更薄的凝胶会破裂或渗漏，从而严重危害人体健康。他的这一担心 15 年来一直没有引起公司总经理的注意。

尽管道康宁公司的硅酮凝胶植入物曾在动物体内进行过全面试验，并且 200 多万妇女接受了这些植入物的事实表明，其无健康危害，但公司的权威地位受到了怀疑。塔尔科特可能是正确的，道康宁公司不仅没有在几十年中意识到植入物的渗漏问题，而且还试图掩盖问题的发生。

报纸、联邦药品管理局(FDA)及国会小组的调查披露了公司的备忘录。公司仓促地将产品投放市场，以至于这些产品中，有的没有经过试验，有的简化了检查硅酮是否从植入物中渗漏的动物试验。内部备忘录揭露道康宁公司向妇女、医药专家及联邦药品委员会的管理者误报其研究结果。这些备忘录表明该公司很早就知道硅酮可能会从乳房植入物中渗漏出来，流入妇女体内。在几十年的否认和从中作梗之后，道康宁公司终于承认了它不是一贯诚实的。它为自己辩解，之所以未能早些公布备忘录是因为害怕给妇女们造成恐慌。然而即便如此，也不可能完全消除使用该公司植入物的妇女们的疑虑。随后，公司发布声明，愿意为任何想要摘除乳房植入物而又无力支付手术费的妇女支付费用。与此同时，公司宣布已经撤换了首席执行官，旨在向公众及主要机构表明它严肃处理了植入物问题。此后不长时间，道康宁公司为了避免可能的诉讼，宣称它将勾销 9400 万美元的利润，并退出植入物生意的行当。

资料来源：社会责任与管理道德. 道客巴巴文档[EB/OL]. http://www.doc88.com/. 作者有删改

道康宁公司的隐瞒行为是公司不负责任的一个罕见例子，还是仅是职业道德败落的另一典型呢？回答起来不容易。有大量证据表明，道德(或道德缺乏)是一个普遍的问题。

❖ 案例 11-2 | 老木匠造房子

有个老木匠即将退休，他和老板说要离开建筑行业，回家与妻子儿女享受天伦之乐。老板舍不得他的好工人走，问他是否能帮忙再建一栋房子，老木匠答应了。但是后来大家都看得出来，老木匠的心早已不在工作上，他用的是软料、次料，出的是粗活，手工非常粗糙，工艺做得更是马虎。房子建好后，老板把大门的钥匙递给了他，说：“这是我送给你的退休礼物。”老木匠顿时目瞪口呆，羞愧得无地自容。如果他早知道是在给自己建房子，那他肯定不会这么做了，现在他得住在一栋粗制滥造的房子里！

资料来源：老木匠故事的启示. 百度文库[EB/OL]. http://wenku.baidu.com/. 作者有删改

管理启示：不可否认，老木匠曾经是一个优秀的员工，给公司创造过很多财富，但在职业生涯的最后一刻没有做好本职工作，忘记了自己的职责。作为一名员工，时时刻刻都应该认认真真地对待自己的工作，责任在先并做到善始善终，这才能给公司带来更多的利润，自己也将得到丰厚的回报。在工作时，也应当坚守自己的职业道德，承担相应的社会责任，而不是投机取巧，否则最终吃亏的还是自己。

思考与练习

一、单项选择题

1. 管理道德是一种特殊的(　　)。

A. 社会公德　　B. 家庭美德　　C. 职业道德　　D. 生活道德

2. (　　)对管理者而言，可以说是立身之本、行为之基、发展之源。

A. 人际关系　　B. 管理道德　　C. 分配能力　　D. 组织设计

3. 管理道德受个人利益支配，按怎样对自己有利制定决策。这属于道德发展的(　　)。

A. 前习俗层次　　B. 后习俗层次　　C. 习俗层次　　D. 原则层次

4. “做你周围人所期望的事”对应的道德发展层次是(　　)。

A. 前习俗层次　　B. 后习俗层次　　C. 习俗层次　　D. 原则层次

5. “遵守自己选择的伦理准则，即使这些准则违背了法律”对应的道德层次是(　　)。

A. 前习俗层次　　B. 后习俗层次　　C. 习俗层次　　D. 原则层次

6. 管理道德的主体是(　　)。

A. 抉择者　　B. 责任者　　C. 管理者　　D. 普通员工

二、名词解释

社会责任　　管理道德

三、简答题

1. 从社会责任的社会经济观角度来看，古典观的缺陷是什么？

2. 有关道德的四种观点，哪一种在你的朋友圈子中最为流行？为什么？

四、应用分析题

1. 假设一家多产品公司的社会责任是生产合格的安全产品。同样，这家公司随时对其生产的每件不安全产品做出反应：一旦发现产品不安全，就立刻从市场上收回。那么，在收回了10次后，公司能被认为是承担了社会责任吗？或者，公司能被认为具有社会响应能力吗？

2. 讨论观点：“从长期来看，那些不以社会认为负责的方式使用权力的人将会失去权力。”

3. “企业的营生就是生意。”请你从古典观和社会经济观的角度分别加以评述。

参考文献

[1] 斯蒂芬•罗宾斯，玛丽•库尔特. 管理学[M]. 11 版. 李原，孙健敏，黄小勇，译. 北京：中国人民大学出版社，2012.

[2] 斯蒂芬•罗宾斯，玛丽•库尔特. 管理学[M]. 9 版. 孙健敏，黄卫伟，王凤彬，等译. 北京：中国人民大学出版社，2008.

[3] 斯蒂芬•罗宾斯，玛丽•库尔特. 管理学[M]. 7 版. 孙健敏，黄卫伟，王凤彬，等译. 北京：中国人民大学出版社，2004.

[4] 刘志坚. 管理学原理与案例[M]. 广州：华南理工大学出版社，2014.

[5] 周三多，陈传明. 管理学[M]. 4 版. 北京：高等教育出版社，2014.

[6] 彭小兵，谢丹. 管理学基础[M]. 重庆：重庆大学出版社，2017.

[7] 彼得•德鲁克. 德鲁克管理思想精要[M]. 李维安，译. 北京：机械工业出版社，2007.

[8] 乔治•凯林，凯瑟琳•科尔斯.破窗效应：失序世界的关键影响力[M]. 陈智文，译. 北京：生活•读书•新知三联书店，2014.

[9] 周三多，陈传明，鲁明泓. 管理学——原理与方法[M]. 5 版. 上海：复旦大学出版社，2014.

[10] 郑立梅，陈晓东，刘丽. 管理学基础[M]. 2 版. 北京：清华大学出版社，2011.

[11] 王利平. 管理学原理[M]. 4 版. 北京：中国人民大学出版社，2017.

[12] 弗莱蒙特•E. 卡斯特，詹姆斯•E. 罗森茨韦克. 组织与管理：系统方法与权变方法[M]. 4 版. 北京：中国社会科学出版社，2000.

[13] 刘云柏. 中国儒家管理思想[M]. 上海：上海人民出版社，2015.

[14] 乔纳森•海特. 正义之心[M]. 舒明月，胡晓旭，译. 杭州：浙江人民出版社，2014.

附录A 学生如何进行管理案例的课堂讨论

在大多数情况下，管理类的教学除了理论知识的传授以外，还包括在整个教学过程中随时穿插大量的案例教学。大学生教育的最终目标，其实就是帮助受教育者一生能够不断地自我教育。因此，从某种意义上看，管理类的教学也是一种以学生为中心的教学模式，学生的准备和主动参与直接决定案例教学效果。

1. 端正学习姿态

对于包括“管理学”在内的任何课程的学习有两种非常重要的学习姿态：一种是“永远都要坐前排”；另一种是“买件红衣服穿”。

做任何事情，态度决定高度。在大学课堂中，上课经常迟到、不爱读书、不愿参与互动、不愿回答教师提问的同学，都会选择坐在后排或靠后就座。与此相反的同学，一般会尽量选择前排就座。实际上，“永远都要坐前排”是一种积极的人生态度，是一种一往无前的勇气和争创一流的精神。选择“坐在前排”，就是把这种积极的人生态度转化为具体行动。

歌德说，善于捕捉机会者为俊杰。美国钢铁大王卡耐基小时候路过一处建筑工地时，看到有位老板模样的人正在指挥工人建百货大楼，便向他请教成功的秘诀，老板回答：“第一，勤奋；第二，买件红衣服穿。”“买红衣服？”“你看我有这么多员工，都穿清一色的蓝衣服，只有那个穿红衬衫的，他与众不同的穿着让我认识他，所以我将要请他做我的副手。”卡耐基深受启发，在他以后的经营理念中，个性化生产、个性化营销是公司最重要的信条。如果我们手中有一项工作，那么，竭尽全力把它做到最好，要在业绩上超过所有人，不要表现得和别人一样，要成为所在群体中突出的那一个。如果我们想让别人注意到我们，就必须坚持付出、保持专注，成为一个不平凡的人，为自己创造机会。

2. 课前充分准备

管理学的案例教学力图把管理实践中客观发生的事件以背景、事件和过程的形式进行描述，在课堂上要求教师、学生站在案例“当事人”的角度去思考问题和反思，不管有没有管理经验，都要设身处地地进行角色扮演。为什么要这样做呢？其实这种学习方式所隐含的逻辑是：学习者能设身处地地理解决策者和管理者的角色，站在他们的角度去思考问题，体验、感受所扮演的角色的处境，以便为公司做出切实可行的分析和决策。

然而，学生要从案例教学中受益，就必须在课前阅读案例，确保理解案例的背景和描述的信息，有时甚至还要理解其中的图表、财务数据等信息，多问为什么。然后进行小组讨论，小组成员要相互自由地、开放地贡献自己的看法与思路，充分讨论甚至辩论。尽管这种讨论并不意味着所有成员会就某个问题达成完全一致的意见，但是，思考、倾听、讨论有助于每个成员相互学习、检查和审视自己的决策思路与误区，理解其他人看问题的角度和态度，提高对不同思路和看法的包容性，这样才能有效学习案例。

3. 课堂深度参与

在共同参与下，案例讨论可以逐渐演变为类似于董事会的决策会议，或者模拟公司中高级管理人员的会议场景。同时，也有必要服从教授的调度和引导。这是一种从具体的管理现象或管理实践到一般的商业规律，再到将管理理论运用到具体的商业环境和决策的学习思路。

4. 课后总结反思

在课堂上，教授通常会向学生介绍一些问题的分析框架和知识要点，但并不鼓励学生照搬这些分析框架，也不会简单地告诉学生应该如何做，教授最多会在点评、总结或回答学生的提问时提出他自己的观点和看法。这是因为，一方面，教授可能不如学生了解学生自己所处的环境；另一方面，学习的目的是让学生针对自己的境遇(可以是模仿的)和所处的商业环境灵活运用教科书中的知识和理论，提高管理能力，如决策能力、组织能力、沟通能力、应变力及领导力。这时，学生就要不断反思，思考在自己的企业和所处的商业环境下，怎么去管理企业、激励或领导下属，怎么运用教科书中的管理知识去解决现实问题。当然，课堂教学的重点是培养学生的思考和分析能力，学生不要期望在课堂上学到能解决所有问题的知识。

附录B 管理学——也许对自己无用，对别人有用

学习管理学的人，却不一定会管理；教管理学的人，也不一定能管理。这里所说的“会管理”“能管理”是指管理实践，不是指会吹牛皮。据说哈佛大学商学院的历任院长很少用自己所学、所授的管理学知识来管理商学院，尽管哈佛商学院确实是管理人才的摇篮。

也许你会问，哈佛商学院的 MBA 毕业生不是已经学会了管理吗？其实那是表象。会管理的毕业生不是进入哈佛商学院后才会管理，而是多半进入商学院之前就会管理了。因为大家都知道，商学院招收的 MBA 学员要有一定的管理经验和工作业绩。

在给学生上“管理学”课时，我曾反复强调过这样一个观点：人的智商在很大程度上是天生的，几乎不能通过教育来提高智商(智商只有被发掘和未被发掘之别)；同样地，一个人的管理能力，在很大程度上(至少 60%)是天生的，尽管后天的努力也非常重要，但只占据了较小的比例。古今中外，很多善于管理的人，他们从来就没有学习过管理学。这样的例子不胜枚举，江浙、粤港一带很多，成渝地区也不少，还有晋商、徽商。相反，如果我们本身就是一个和事佬，即便我们是管理学博士，被评为了管理学教授，甚至是管理学的博士生导师了，依然只是一个和事佬，不懂如何去管理和领导人。

不过，话又说回来，是不是学管理学就没用了？答案是否定的，学管理学有用着呢！当然这里所说的“有用无用”是因人而异、因事而异、因境而异、因景变迁的。例如，一个本来就有管理能力的人，学了管理学就如虎添翼。一个管理天赋不高的人，学了管理学也能给别人出主意，但自己去管理，多半没戏。不过，虽说赵括的纸上谈兵使自己沦为后人的笑柄，但我坚信，赵括的纸上谈兵加上赵奢的实践能力，一定能创造战争奇迹。这就是所谓的“团队合作”“智慧经济”。例如，著名的徽商胡雪岩，他家大业大，取得了令人瞩目的业绩，他不是管理学博士，也不是海归，但他懂管理。可是，他最终一败涂地，落了个查抄、治罪的下场，原因在于他虽然会管理，但他不懂现代管理。

因此，不管我们有没有管理天赋，既然选择了学管理，就认真学下去。况且，谁知道自己有没有管理天赋呢？将来真正实践了才能知道。与其在这里杞人忧天、浑浑噩噩、自怨自艾，还不如趁着年轻好好学习，说不定将来大有出息。

就管理类专业毕业生的职业出路来说，如果有管理天赋(通常能在大学生涯中体现、体味和体会出来)，那么自然就应该去从事广义上的管理工作，别犹豫、别浪费、别放弃。但即使学习了管理学，也不能保证一定能成为出色的管理者。因此，学习管理学的人，如果感觉自己不适合从事管理工作，则可以选择从事教学工作，将自己的管理知识传授给他人；或者选择做管理顾问，为他人提供意见和建议，帮助别人进行有效管理。当然，选择后者就意味着扮演“顾问”“智囊”等角色，类似于古代的“军师”或“谋士”。